Heide Oehms

Karma-Erkenntnis – warum?

„Schritte"

In dieser Reihe erscheinen exemplarische Arbeiten
mit experimentellem anthroposophischen Charakter.

„Schritte" heißt:

Die Autoren wagen

Schritte in neue, unbekannte Gebiete;
Schritte auf dem Schulungsweg;
Schritte als Ausdruck des In-Bewegung-Seins, des Unterwegs-Seins.

Heide Oehms

Karma-Erkenntnis – warum?

Innere Entwicklung als Grundlage geistiger Fähigkeiten

Verlag Urachhaus

ISBN 3-8251-7255-4

Erschienen 1999 im Verlag Urachhaus

Umschlagbild: Heide Oehms
Druck: WB-Druck, Rieden

Inhalt

ANHANG

Einleitung und Dankesworte

Aus der Erfahrung der letzten Jahre erwuchs das Bedürfnis, die Früchte dieser Erfahrung einem größeren Menschenkreis zugänglich zu machen.

Durch die Zusammenarbeit mit den Menschen, die vertrauensvoll zu mir hingefunden haben, ist mir ein Wissen zuteil geworden und konnten sich meine Fähigkeiten entfalten. Dies wäre ohne die Einblicke in seelische und geistige Tiefen verschiedener Individualitäten so nicht möglich gewesen. Für das Vertrauen in meine Arbeit möchte ich ihnen allen danken und besonders denjenigen, deren Beispiele ich anführen durfte, wie auch den Freunden, die das Manuskript im »Rohbau« gelesen haben und mir wertvolle Ratschläge geben konnten.

Es ist ein sensibles Unterfangen, von eigenen geistigen Wahrnehmungen zu sprechen und gleichzeitig Inhalte vergangener Lebensläufe von jetzt lebenden Personen preiszugeben. Aus Gründen des persönlichen Schutzes musste völlige Anonymität dieser Persönlichkeiten gewahrt und manche Einzelheiten auch verfremdet oder leicht verändert werden, ohne dass ihr Sinn und Wahrheitsgehalt dadurch beeinträchtigt wurde. Wenn diese teilweise sehr intimen Inhalte nun einer größeren Öffentlichkeit übergeben werden, ist die Hoffnung damit verbunden, dass die Leser im Bewusstsein der Tatsache, dass Individualitäten mit ihren Sorgen und Problemen und dadurch mit ihrer Verletzbarkeit real mit diesen Inhalten verbunden sind, diese als Anregung zur eigenen Hinterfragung und Ergreifung eines geistigen Weges auffassen. Ein behutsamer und achtungsvoller Umgang ergibt sich aus dieser Tatsache.

Nicht unerwähnt soll die unkomplizierte und förderliche Zusammenarbeit mit dem Verlag bleiben, die sehr zum Gedeihen dieses Buches beigetragen hat.

Trierweiler, 3.11.1998

Karmische Ahnungen als natürliche Fähigkeit der allgemeinen Entwicklung der Menschheit in gegenwärtiger und künftiger Zeit

Was vor einigen Jahren noch nicht möglich erschien: über Reinkarnation und Karma zu sprechen, ist für viele Menschen heute ein Anliegen geworden. Auch außerhalb anthroposophischer Kreise rechnen immer mehr Menschen mit der Möglichkeit, schon auf dieser Welt gelebt zu haben und auch wieder in einem neuen Leben zu erscheinen. Vielfältig liegen auch schon Erinnerungen mehr oder weniger konkreter Art vor. Es gibt mittlerweile eine umfangreiche esoterische Literatur, in welcher spontan aufgetretene Erinnerungen an frühere Leben beschrieben werden und vor allem zahlreiche Berichte von sogenannten Rückführungen. Darüber herrscht nun nicht nur Jubel sondern vielfach wird dem auch mit Skepsis, Ängstlichkeit und Ablehnung begegnet. Gerade auch innerhalb anthroposophischer Zusammenhänge kann diese Haltung angetroffen werden, obwohl Rudolf Steiner in seiner Voraussage für dieses Jahrhundertende auf eine natürliche Zunahme karmischer Rückschau wie auch Vorausschauerlebnisse hinweist.

Die allgemeine Entwicklung der Menschheit verläuft nicht linear, sondern es sind von Zeit zu Zeit Umwälzungen und Sprünge zu beobachten. So leben wir momentan in einer solchen Zeit, in der nicht nur gewaltige technische Veränderungen unser Weltbild und Lebensgefühl beeinflussen, es ist vor allem auch eine Bewusstseinsveränderung auf vielen Gebieten zu verzeichnen.

Die vielen negativen Auswirkungen sollen hier erwähnt werden, aber nicht das Thema sein. Es sind da Orientierungslosigkeit, allgemeiner Werteverlust, Suchtverhalten, zunehmende Gewaltbereitschaft zu beobachten. In Wahrheit sind wir alle davon betroffen, wir alle stehen am Abgrund, nur die Weise, mit diesem Abgrund umzugehen, unterscheidet sich jeweils gewaltig. Habe ich den Mut, das, was als geistige Wahrnehmung, vielleicht vorerst nur als Dunkelheit erlebbar, in mich hereinwirkt anzunehmen – diesem Druck, dieser Masse, die aus dem

Nichts aufzusteigen scheint, zu begegnen? Flucht in die Krankheit, Depression und Sucht ist nur allzu verständlich und erscheint oft als der einzige Ausweg. Im positiven Fall beginnt nun eine Suche nach Erklärungen, nach Lösungen. Diese werden in mannigfaltigen Therapierichtungen und Welterklärungsmodellen angeboten.

Eines dieser vielen Angebote ist die Anthroposophie mit ihren einzelnen Fachgebieten. Da erhebt sich gleich die Frage: Ist Anthroposophie nur eine Alternative unter vielen anderen? Ist sie nicht viel mehr, viel tiefgreifender und umfassender als alles andere? Wenn man Anthroposophie so versteht und praktiziert wie Rudolf Steiner sie gemeint hat, kann man sagen: ja, sie ist mehr als alles andere. Wenn man aber sieht, wie wenig der eigentliche Impuls Rudolf Steiners, durch Geistesschulung zur Geisterkenntnis zu gelangen, praktiziert wurde und wird, kann man nicht mehr uneingeschränkt zu dieser Bejahung stehen. Die heutigen anthroposophischen Zusammenhänge leiden oftmals an einem unlebendig gewordenen Lehrgebäude, das es eigentlich gar nicht geben kann, weil es von seinem Urheber so nie gemeint war.

Weil Rudolf Steiner wusste, dass die Entwicklung im Laufe dieses Jahrhunderts viele Menschen an die Schwelle geistiger Erfahrung bringen wird, hat er uns das Rüstzeug in seinem umfangreichen Werk zur Verfügung gestellt, damit wir gestärkt aus diesen oft bedrohlich wirkenden Erlebnissen hervorgehen.

Zu den von ihm genannten Entwicklungen gehört ein neues ätherisches Hellsehen als natürliche Veranlagung, welches bei einer immer größer werdenden Anzahl von Menschen in Erscheinung tritt. Damit einher geht die Fähigkeit, Geschehnisse aus vergangenen Leben wieder ins Bewusstsein treten zu lassen. Hinzu kommt aber auch die Vorahnung, wie ein zukünftiger Ausgleich für jetzige Taten zu geschehen habe.

Das wesentlichste Ereignis in unserer gegenwärtigen Zeit ist das Erscheinen Christi im Ätherleibe eines Engels, im Allgemeinen als das »Erscheinen des Christus im Ätherischen« bezeichnet. Genauso, wie zur Zeitenwende Christus im physischen Leibe eines Menschen lebte und wirkte, verbindet er sich in unserer Zeit mit dem Ätherleibe eines Engels, um dadurch für immer mehr Menschen, welche neue hellseherische Fähigkeiten entwickeln, sichtbar und erfahrbar zu werden. Dadurch tritt auch eine Veränderung innerhalb der Ätherwelt der Natur ein.[1] Die Mensch- und Welterlösung erreicht eine neue Stufe, welche aber erfordert, dass der Mensch aktiv mitwirkt. Nichts, was im guten Sinne geplant ist, geschieht automatisch, automatisch tritt nur Chaos ein. Alles, was im positiven Sinne wirken soll, muss aktiv ergriffen werden. Es gibt wohl Gnadenmomente im Seelenleben eines jeden Menschen. Aber sie müssen erkannt und gewollt werden.

So sind es zwei Aufgaben, die der heutige Mensch erkennen und ergreifen kann: die Umgestaltung der eigenen Wesensglieder, die durch Karmaerkenntnis möglich wird und die Mitarbeit an der Durchchristung der Erde, die durch die Verbindung mit dem gegenwärtig in der Elementarwelt wirkenden Christus geschieht. Liebende Hingabe an Natur und Menschheit durch die Verbindung mit Christus ist das Zauberwort aller höheren Entwicklung.

Der Schwerpunkt der vorliegenden Arbeit ist Reinkarnation und Karma. Darüber hinaus wird auch die Begegnung und der Umgang mit geistigen Wesen beschrieben werden, da sie die Verbindung zu höheren Welten und karmischen Einblicken erst möglich machen. Grundlegendes anthroposophisches Wissen in Verbindung mit konkreten Erfahrungen soll zur Darstellung kommen.

Darstellung von Schulungsmethoden, um diese neuen Anlagen zu sinnvollen Fähigkeiten zu entwickeln

Aus dieser für den abendländischen Menschen neuen Situation heraus hat Rudolf Steiner Schulungswege entwickelt, die ein verstärktes Bewusstsein zum Ziel haben, welches Grundvoraussetzung zur Erkenntnis wirklicher, geistiger Zusammenhänge ist. Es sind kraftbringende Wege, die Prüfungssituationen nicht scheuen und alle trancehaften, mediumistischen Zustände ausschließen. Die einzelnen Übungen sollen hier nicht dargestellt werden. Sie können im Original studiert werden oder in weiteren Arbeiten zum Thema.[2]

Eine kurze Darstellung der Grundelemente dieser neuzeitlichen, abendländischen Geistesschulung ist aber Voraussetzung für das Verständnis der weiteren Ausführungen. Grundsätzlich bietet sie mehrere Ansatzpunkte, so dass man auch von mehreren Wegen sprechen kann, die aber doch aus einer einheitlichen Idee hervorgegangen sind. Die unterschiedliche Veranlagung der Menschen macht es notwendig, ganz individuell die persönliche Ausgangslage und den daraus folgenden Aufbau der Übungen herauszufinden.

Von vielen anderen, vor allem den östlichen Wegen, unterscheidet sich der *anthroposophische* Weg dadurch, dass er von *Seelenübungen* ausgeht. Im *indischen Yoga* stehen *Körper-* und spezielle *Atemübungen* im Vordergrund. Diese Übungen dürfen nur unter strenger Führung durch einen Guru unternommen werden. In dem von Rudolf Steiner gegebenen Weg wird auf selbstständiges Arbeiten gebaut. Der Lehrer ist hier der freundschaftliche Ratgeber und greift nicht in die selbstständigen Entscheidungen des Schülers ein. Sein Rat sollte ernst genommen werden, aber er lässt den Schüler frei. Ein Verhältnis gegenseitigen Vertrauens ist die Grundlage auf allen Wegen.

Das Ziel dieser Schulung ist es, zuerst eine allmähliche Umwandlung des Seelenlebens zu erreichen. – Zuvorderst steht die Beherrschung des Gedankenlebens. Alle Triebhaftigkeit im Denken, d.h. das normale Irrlichtelieren der Gedanken soll systematisch abgebaut werden. Das geht nur über eine willenshafte Verstärkung des Gedankenlebens, indem man sich bewusst einen bestimmten Gedanken vorsetzt und diesen über mehrere Minuten im Bewusstsein festhält, in einer bestimmten Reihenfolge durchdenkt und sich dabei nicht von hereindrängenden anderen Gedanken beirren lässt. Solche Gedankenübungen sind in vielfachen Variationen möglich, es ist aber günstig, einen bestimmten Aufbau über einen längeren Zeitraum beizubehalten.

- Unerlässlich ist darüber hinaus die Erringung eines klaren, logischen Denkens. Dazu gibt es unterschiedliche Möglichkeiten, die je nach den individuellen Bedürfnissen gewählt werden können.
- Der naturwissenschaftlich veranlagte Mensch hat im Umgang mit diesen Disziplinen eine gute Voraussetzung. Der möglichen Gefahr der Einseitigkeit kann durch ein besonderes Augenmerk auf die Phantasiekräfte begegnet werden. Auch innerhalb des naturwissenschaftlichen Denkens spielen diese schöpferischen Kräfte eine wichtige Rolle. Sie müssen bewusst gepflegt werden.[3]
- Die Beschäftigung mit Philosophie und im Besonderen mit Steiners Schulungswerk »Die Philosophie der Freiheit«[4] ist ein weiterer Grundstein im Fundament des anthroposophischen Weges. Für Menschen, denen diese Bereiche verschlossen sind, kann das
- Studium geisteswissenschaftlicher Schriften diese Aufgabe erfüllen. Dieses muss in jedem Fall bis zu einem gewissen Grade betrieben werden, weil Kenntnisse der geistigen Zusammenhänge des Menschen und der Welt notwendig sind, um die geistigen Erlebnisse verstehen und Fehler und Gefährdungen vermeiden zu können.
- Auch der künstlerische Pfad, wenn er als Schulung begriffen wird, kann reinigend auf Gedanken- und Gefühlsleben wirken. Hier haben wir schon die Verbindung zum Bereich der weiteren notwendigen Seelenübungen.
- Wie der Denkpol, muss auch der Gefühls- und Willensbereich durchgearbeitet werden. Diese zielstrebige Arbeit bewirkt eine Katharsis im Astralleib, der Seele des Menschen.

Wichtig ist, das Augenmerk auf eine Harmonisierung von Denken, Fühlen und Wollen zu lenken. Deshalb muss auch im exakten Denken, innerhalb der Naturwissenschaft, das Phantasieelement entdeckt werden. Phantasie ist die eigentliche Bildekraft innerhalb des Weltgeschehens und kann mit Aufmerksamkeit überall gefunden werden. Die Kunst hat die Aufgabe, dieses Allgemeine im Besonderen zu pflegen und dadurch schöpferische Kräfte freizusetzen.

Jede Kunst hat innerhalb des Schulungsweges ihre besondere Aufgabe. Da der Mensch verschiedene Wesensglieder in sich trägt, ist es notwendig, in einer Geistesschulung bewusst diese Bereiche auszubilden.

- Der *physische Leib* gibt uns im äußeren Leben die Basis für unser Dasein, für unsere Handlungen. Er bewegt sich im Raum und braucht einen Umraum, um sich entfalten zu können. Die Kunst der *Architektur* steht zu ihm in besonderer Beziehung. Ein harmonisch gestaltetes Gebäude gibt uns die körperliche und in der Folge auch seelische Aufrichtekraft, die wir zu unserer Entfaltung brauchen.
- Der *Lebensleib,* auch *Ätherleib* genannt, baut unseren Körper auf und erhält ihn am Leben. Er bildet und plastiziert die Organe und Leibesformen und es ist die Kunst der *Bildhauerei* und Plastik, die im Besonderen auf den Ätherleib aufbauend wirkt.
- Der *Astralleib* trägt in sich die höheren Seelenglieder. Er ist der Sternenleib und schafft die Verbindung zum Geist.
- Die *Empfindungsseele,* der Bereich des Astralleibes, in welchem die Triebe und Gefühle angesiedelt sind, wird in besonders starkem Maße durch die *Malerei* erzogen. Die Malerei bildet die eigentliche Grenze zwischen äußerem und seelisch-geistigem Erleben. Sie hat die Aufgabe, die Brücke zum Übersinnlichen zu bilden.
- Die *Verstandesseele* ist die Trägerin der Vernunft und wird durch die *Musik* belebt und zu ihrer zweiten Eigenschaft, der *Gemütsseele* erhoben. Die Musik bereitet die Ichhaftigkeit der Bewusstseinsseele vor.
- Die *Bewusstseinsseele* ist die Trägerin des menschlichen Geistes, des *Ichs,* und dieses ist wiederum in weitere Gliederungen ausdifferenziert. *Geistselbst, Lebensgeist* und *Geistesmensch* sind die höheren Eigenschaften des menschlichen Geistes, die erst durch eine Geistesschulung vervollkommnet werden sollen. *Gedankenkunst* im philosophischen Bilden, *Dichtung, Sprachkunst* und *Eurythmie* wirken besonders auf diese zukünftigen Wesensglieder.[5]
- Die Bewusstseinsseele als das Seelenglied, das gegenwärtig ausgebildet werden soll, muss sorgfältig betrachtet werden. Sie ist der See-

lenteil der Aufmerksamkeit und Entscheidungsfähigkeit und damit das eigentliche Freiheitselement im Menschen. Innerhalb der Bewusstseinsseele leuchtet das höhere Ich des Menschen auf. Deshalb ist es für den heutigen Menschen notwendig, mit der Bewusstseinsseele an den unteren Wesensgliedern zu arbeiten. Nur so kann die Seele in sich festen Halt gewinnen. Durch Übungen, auf die am Ende des Buches noch eingegangen wird, werden die Wesensglieder so umgearbeitet, dass zuerst die Empfindungsseele *Manas*, mit einem deutschen Wort »Geistselbst« genannt, hervorbringt. Die im Astralleib befindlichen Chakren werden dadurch entwickelt. Auf einer weiteren Stufe beginnt sich die Verstandesseele, die in den Ätherleib hinein wirkt, zu *Buddhi*, zu Deutsch »Lebensgeist«, umzuwandeln. Das Bewusstsein wirkt über die Chakren in den Ätherleib hinein. Auf einer noch späteren Stufe gestaltet das Ich die Bewusstseinsseele, die ihren Sitz im Nervensystem und den Sinnen hat, zu *Atma*, dem Geistesmenschen um.

Dieser Zustand bedeutet, dass der physische Körper in feinere geistige Substanz umgeschmolzen wird. Das wird der rein geistige Auferstehungsleib sein, der uns endgültig mit Christus vereint. Er ist als der Stein der Weisen von Alchimisten erstrebt worden. Die Erlangung dieser hohen Stufe der Entwicklung kann erst geschehen, wenn ein größerer Teil der Menschheit dazu reif ist. Wer glaubt, jetzt schon dieses Ziel erreichen zu sollen, läuft Gefahr, wesentliche Entwicklungsschritte zu überschlagen. Eine engelartige, geistige Frühgeburt könnte das Ergebnis sein. In esoterischen Stunden und Vorträgen weist Rudolf Steiner auf diese Möglichkeit hin und hat aus diesem Grunde auch vor Yoga-Übungen gewarnt. Sie setzen im Körper an und übergehen die gedankliche Auseinandersetzung mit modernen Denkrichtungen wie Marxismus und Existenzialismus und auch den Fragen der Denkschulung. Damit ist nicht gemeint, dass Menschen, die diese Wege praktizieren nicht klug wären. Doch sie scheuen es oftmals, durch den Nullpunkt der Gottesferne zu gehen. Der ist aber zur Erringung der Freiheit unumgänglich. Der Christusruf am Kreuz: »Mein Gott, warum hast du mich verlassen!« muss erlebt werden, ehe Erkenntnis und Freiheit stattfinden können. Auch Rudolf Steiner ist durch Momente der Gottverlassenheit hindurch gegangen, ehe er sein Christus-Erlebnis haben konnte. Vor dem, was er als »Das Gestandenhaben vor dem Mysterium von Golgatha« benennt, musste er sich intensiv mit geistverneinenden Philosophien bis zur Selbstidentifikation auseinandersetzen.[6]

Verschiedene Methoden karmischer Rückschau

Hier geht es darum, die verschiedenen Arten karmischer Erkenntnis bei Rudolf Steiner und in der Folge auch nicht-anthroposophische Methoden zu beschreiben. Es soll ein Versuch sein, Verwirrungen und Unklarheiten über die unterschiedlichen Methoden zu erhellen und damit zu beseitigen. Manchmal wird von Vortragsrednern und Autoren der Eindruck vermittelt, als gäbe es verkehrte und richtige Methoden der karmischen Rückschau. Das ist nur bedingt zutreffend und entspringt einer ängstlichen, dogmatischen Gemütsverfassung. So wie die Menschen alle nach einem Grundprinzip nach denselben Gesetzen konstituiert sind, sind sie doch individuell in ihrer Wesensart verschieden, und so können die geistigen Methoden und Erlebnisweisen individuell abweichend sein. Es gibt ein geistiges Grundgesetz, nach welchem alle Prozesse verlaufen, wie sie aber ergriffen und erlebt werden, kann sehr unterschiedlich gehandhabt werden.

Selbstverständlich können Fehler und Entgleisungen unterlaufen, wenn keine ernsthafte Selbsterkenntnis betrieben wird und der Wille zur Geistesschulung zu schwach ist. Aber unter der Voraussetzung, dass diese Bedingungen erfüllt werden, können Irrtümer vermieden und alle Ängstlichkeit überwunden werden.

Von Rudolf Steiner gibt es verschiedene Beschreibungen und Anleitungen zur karmischen Rückschau. Am eindrucksvollsten kann das in seinen Mysteriendramen miterlebt werden. Die Hauptgestalt, Johannes Thomasius, durchlebt dramatische Stufen geistiger Entwicklung, in deren Verlauf die Auseinandersetzung mit den verschiedenen Doppelgängergestalten steht, die alsbald zur karmischen Rückschau führt. Gerade Johannes Thomasius, aber auch die anderen Gestalten der Dramen durchlaufen vielfältige Irrungen durch Unwissenheit und Versuchungen, ehe tieferes Wissen und Gewissheit erlangt werden können. Die geistige Führergestalt des Benediktus ist in entscheidenden Momenten der Entwicklungsschritte anwesend, um durch seinen weisen, wissenden Rat, die Wege zu begleiten. Es wird deutlich, dass der Weg nicht ohne Fehler und Versagen gegangen werden kann. Es geht nicht um Vermeidung von Fehlern, sondern um ein Lernen aus Irrtümern, um dadurch zum Ziele zu gelangen.

Des Weiteren gibt es Vorträge, welche Übungswege zu ersten karmischen Einsichten aufzeigen. Da ist einmal die Frage nach dem eigenen Dasein, nach der eigenen Befindlichkeit, nach der Ursache von Krankheit und Schicksalsschlägen der Ausgangspunkt der Fragestellung. Im anderen Falle steht der karmische Zusammenhang mit anderen Menschen oder Menschengruppen im Vordergrund. Bei den bekanntesten von Rudolf Steiner gegebenen Übungen wird jeweils von äußerlich beobachtbaren Ereignissen ausgegangen. In dem Vortragszyklus »Wiederverkörperung und Karma«[7] wird ein tatsächliches oder fiktives Schicksalsereignis zugrunde gelegt, welches während eines längeren Zeitraumes meditativ in einer bestimmten systematischen Weise betrachtet wird. In diesem Falle geht es darum, die karmische Ursache eines zumeist negativen, gelegentlich auch positiven unverhofften Ereignisses in einer früheren Inkarnation zu suchen. Rudolf Steiner macht deutlich, dass man nicht von gedanklichen Vorstellungen ausgehen soll, sondern dass man sein Leben nach den Ereignissen, die man als unangenehm, als nicht gewollt oder als zufällige Schicksalsschläge erlebt hat, betrachten soll und sich aus diesen Anteilen eine Gestalt konstruiert, die aus Gefühls- und Willenssubstanz besteht. Ein Beispiel wird angeführt, in dem man sich bei einem Unfall, den man erlitten hat, vorstellen möge, man selber habe die Umstände, die diesen Unfall verursacht haben, als »unsichtbarer Mensch« herbeigeführt, man hätte sich die Hindernisse selber in den Weg gelegt, und dieser unsichtbare Mensch in einem hinge mit einem vergangenen Leben zusammen. Wenn man solche Beobachtungen immer und immer wiederholt, tauche allmählich ein inneres Bild auf, welches mit der Situation des betreffenden Lebens zusammenhängt.

Unsere jetzigen Vorstellungen, unsere jetzigen Begabungen hängen in dieser Form nicht mit früheren Leben zusammen. Sie sind eine Metamorphose anderer Fähigkeiten und Tätigkeiten unserer damaligen Leben. Um an das Tatsächliche der früheren Leben zu gelangen, sollen wir eine »Gefühls- und Willenserinnerung« entwickeln. Situationen, in denen wir Sympathie und Antipathie entwickeln oder zu gewissen Erregungen neigen, deuten auf eine karmische Ursache hin. Eine Selbstbeobachtung über lange Zeit kann karmische Grundtendenzen ans Licht bringen.

Der andere Fall, die Ergründung des karmischen Zusammenhangs mit anderen Menschen, wird ausführlich in dem Vortragszyklus »Esoterische Betrachtungen karmischer Zusammenhänge, Band 2« beschrieben.[8] Auch dort geht man von extremen, positiv oder negativ erlebten Ereignissen aus und vertieft sich am Abend meditativ in dieses Geschehen, auch in die Gefühle, Empfindungen und Willensimpulse, die dadurch ausgelöst wurden, um beim Erwachen am Morgen die dann erfolgenden Stimmungen, Gedanken oder auftauchenden Bilder zu beobachten.

Diese Übung wird in vier Schritten, über vier Tage aufgebaut:

In der *ersten Nacht*, nach der meditativen Versenkung in das Geschehen, dessen Ursache man ergründen will, gestaltet der schlafende Astralleib außerhalb des physischen und ätherischen Leibes das Bild des Erlebnisses in den äußeren Äther hinein. Damit ist die allgemeine Lebenskräftesubstanz der Erde gemeint, die nicht physisch, sondern geistig aufzufassen ist.

In der *zweiten Nacht* wird das Bild vom Astralleib in den eigenen Ätherleib eingeprägt, und der Ätherleib arbeitet in der nächsten Nacht das Bild aus.

In der *dritten Nacht* wird vom Ätherleib das Bild in den physischen Leib eingeprägt, und der physische Leib arbeitet in der nächsten Nacht das Bild aus.

Der physische Leib vergeistigt in der *vierten Nacht* das Bild so, dass eine vergrößerte Umgestaltung des Bildes erfolgt, die wie eine Art Wolke den Menschen umgibt. Mit diesem verwandelten Bilde erwacht man am vierten Morgen. In diesem Bild steckt der Wille drin, aber er ist noch gefesselt. Wenn man auf diesen gefesselten Willen aufmerksam wird, dann verwandelt er sich zum seelischen Auge und das Bild kann als Ereignis aus einer früheren Inkarnation wahrgenommen werden.

Dieses Vorgehen wird über viele Tage oder gar Wochen wiederholt, bis klare Zusammenhänge manifest werden. In aktuellen Anlässen, bei Menschenbegegnungen und Auseinandersetzungen im positiven wie im negativen Sinne sowie bei Schicksalsereignissen kann auf diese Übung nicht verzichtet werden.

Die Akasha-Chronik

Dass karmisches Rückschauen überhaupt möglich und erlernbar ist, hat seinen Grund in der Beschaffenheit des menschlichen Äther- und Astralleibes einerseits und in dem Vorhandensein des Weltengedächtnisses, der Akasha-Chronik, die im Weltenäther eingeschrieben ist, andererseits. Karma-Erkenntnis ist nichts anderes, als sich Zugang zu den, dem normalen Alltagsbewusstsein verborgenen Regionen der persönlichen Akashachronik des eigenen Äther- und Astralleibes zu verschaffen oder, wenn fremdes oder allgemeines Karma erkannt werden soll, zur allgemeinen Akasha-Chronik vorzudringen. Dieses Letztere erfordert selbstverständlich höher ausgebildete Fähigkeiten als die im eigenen Inneren befindliche karmischen Essenz aus früheren Inkarnationen ins Bewusstsein zu heben.

Wenn der Mensch nach dem Tode erst seinen Ätherleib, später nach dem Kamaloka oder in der christlichen Tradition Fegefeuer genannten Läuterungsstand – der nachtodlichen seelischen Reinigung – seinen Astralleib des vergangenen Lebens ablegt, bleibt jeweils eine Essenz der wesentlichen Ereignisse des vergangenen Lebens aufbewahrt, die dem ewigen Wesenskern des Menschen, dem höheren Ich, angegliedert ist.

Gleichzeitig wird alles, was jemals geschieht, der Akasha-Chronik eingeprägt. Diese hat drei Regionen: eine untere, in der alle jemals geschehenen Ereignisse, auch die bedeutungslosen, eingeschrieben sind, eine mittlere, in der die wesentlichen, bleibenden Geschehnisse verzeichnet sind und die höchste, in welcher die durch Christus verwandelten, erlösten Taten im Zustand der Dauer vorhanden sind. Die mittlere, aber vor allem die untere Schicht sind in ständiger Veränderung. Nicht nur die fortlaufenden Ereignisse verursachen diese Bewegung, sondern erkanntes und geläutertes Karma bewirkt in der mittleren Region eine Änderung, die auch auf die anderen Schichten eine Auswirkung hat.

Die mittlere und hohe Region sind für eine umfangreiche Karmaerkenntnis von Bedeutung, da nur die wesentlichen Ereignisse einen sinnvollen Zusammenhang ergeben und dann durch einen geistigen Transformationsprozess der Christusregion eingegliedert werden können.

Der Ätherleib als der Träger des Gedächtnisses kann auch als Zeitenleib bezeichnet werden. Der eigene Ätherleib ist die »persönliche Akasha-Chronik«, und alle individuelle Vergangenheit kann in ihm geschaut werden. Das Ich mit seiner Seele hatte die Erlebnisse und der Ätherleib des Menschen kann sie wieder rückspiegeln.

»Die Erlebnisse werden durchsichtig wie Glas, und dahinter steht wie eine mächtige Welterinnerung das werdende Karma, die objektive Erinnerung. Und man wird gewahr, dass der Mensch nicht nur in sich drinnen hat die schattenhaften Erinnerungen an das Erdenleben, sondern dass eingegraben ist um ihn herum in den Weltenäther, in die Akasha-Chronik sein Karma. Dadrinnen ist die schattenhafte Erinnerung; da draußen ist die kosmische Erinnerung unseres Schicksals durch die Erdenleben hindurch. … Würden wir uns einen Menschen vorstellen und diese schattenhaften Erinnerungen in ihm, wir müssten sie wie eine kleine Wolke in dem Gebiete seines Kopfes vorstellen – da, wo der Kopf übergeht in den Leib –, welche allmählich immer schattenhafter wird gegen den Leib hin. Indem der Mensch so durch die Welt geht, ist er umgeben wie von einem ätherischen Nebel, in dem eingeschrieben sind alle Erlebnisse, aber auch alles das, was vom vorigen Leben in ihm eingeschrieben ist. Wir haben eine innere Erinnerung, und wir haben die Erinnerung der Welt außer uns. Jeder Mensch ist mit dieser Aura umgeben. Nicht nur in uns hinein ist erinnerungsgemäß eingegraben das gegenwärtige Erdenleben, sondern um uns herum sind die Erdenleben des Menschen eingegraben. … Der Mensch hat nicht nur ein Gedächtnis in sich, der Mensch hat ein aurisches Gedächtnis um sich herum.«[9] In diesem Vortrag werden von Rudolf Steiner in ähnlicher Weise wie in dem vorgenannten die Karmaübungen über mehrere Tage und Nächte beschrieben. Vor allen Dingen aber wird auf die Geduld hingewiesen, die man aufbringen muss, um an wirkliche geistige Erkenntnisse heranzukommen. Zwanghaftes Spekulieren vereitelt jede wahre Erkenntnis.

Weitere Methoden bei Rudolf Steiner

Neben den oben genannten Übungen beschreibt Rudolf Steiner an anderer Stelle unter dem Titel »Makrokosmos und Mikrokosmos« das Ausdehnen des Ätherleibes in die Vergangenheit, um an diesen Zeitenstrom zu gelangen.[10]

In diesem sehr aufschlussreichen Vortrags-Zyklus entwickelt Rudolf Steiner die zwei Polaritäten geistigen Erlebens anhand alter Einweihungspraktiken, um daran anschließend den modernen Rosenkreuzerweg zu beschreiben.

In den nördlichen Kulturen gab es vorwiegend den schamanischen Einweihungsritus, der mit Hilfe der Ekstase zu einem Heraustreten des Astralleibes aus dem Körper ohne ichhaftes Bewusstsein in den Makrokosmos, das heißt den außermenschlichen Bereich der Natur- und Geistwesen führte. Es war zwar ein astrales Bewusstsein vorhanden, aber das Ich war herabgedämpft.

In den südlichen Kulturen, repräsentiert durch Ägypten, wurde der mystische Weg der Versenkung in das eigene Innere, den Mikrokosmos, praktiziert. Das war damals nur durch die strenge Führung durch einen Guru oder Hierophanten möglich, der den Einzuweihenden in einen hypnoseartigen Tiefschlaf versetzte und während dreier Tage das Ich des Betreffenden in die eigene karmische Vergangenheit versetzte. Der Ätherleib wurde in die Zeit zurück ausgedehnt, und darin konnte die Vererbung durch die Vorfahren, wie auch die eigenen früheren Inkarnationen geschaut werden.

Als Erstes lernte man auf diese Weise die vergessenen und verdrängten Ereignisse des momentanen Lebens bis in die frühe Kindheit kennen. Danach trat man in die Region des Vorgeburtlichen ein und erlebte noch einmal die geistigen Zustände bis zu dem vorherigen Tod, um danach an das vorige Leben zu gelangen. So wurde durch mehrere Leben fortgefahren, um dadurch das Bewusstsein von Unsterblichkeit zu erlangen.

Was in alten Zeiten nur unter der strengen Führung des Eingeweihten im hypnotischen Zustand möglich war, soll der heutige Mensch durch die Geistesschulung allmählich, aber nun unter Aufrechterhaltung des vollen Ichbewusstseins erüben. Der Lehrer ist jetzt nur noch der Ratgeber oder Übungsanleiter. Der Schüler bleibt frei und muss sich in eigener Verantwortung die geistigen Fähigkeiten und die karmische Rückschau erarbeiten. Dabei kann er sich wohl vorübergehend helfen lassen, es dürfen aber niemals hypnotische Zustände oder Abhängigkeiten entstehen.

Einen weiteren Ansatz in der Methode der Karma-Erkenntnis beschreibt Rudolf Steiner in dem Zyklus »Vorstufen zum Mysterium von Golgatha«: In der ersten Stufe der Meditationsübungen lernt man ein *leibfreies Denken* zu entwickeln, ein solches Denken, das nicht mehr am äußeren Sinnesgeschehen hängt. Er gibt dazu einen Spruch: »Die Weisheit lebt im Licht«. Dadurch erlangt man allmählich die Fähigkeit, sein Lebenspanorama und vorgeburtliche Zustände zu schauen. Diese Stufe der Meditation reicht aber noch nicht aus, um frühere Inkarnationen zu erkennen. Dazu muss eine weitere Stufe der meditativen Vertiefung erreicht werden. Das *Gefühl muss die Gedankenmeditation durchdringen.* Das kann durch den folgenden Spruch geschehen: »Die Weisheit erstrahlt in dem Licht«. In diesem Gedanken sollen wir in enthusiastischem Gefühl leben, dann lernen wir, die Kraft, die wir sonst in der Sprache verwenden, zurückzuhalten und sie in die Fähigkeit zu verwandeln, die das Zurückschauen in vergangene Leben möglich macht. Bis zum Urbeginn der Erde können wir uns durch genügendes Training dieser Meditationsart zurückversetzen. Um frühere planetarische Zustände zu ergründen, muss eine dritte meditative Kraft errungen werden. Durch den Spruch: »Die Weisheit der Welt erstrahlet im Lichte« können wir unseren Willen in die Meditation hineinbringen.[11]

Diese neu errungene Art des Denkens und des Fühlens wird so zur Fähigkeit von Imagination und Inspiration, als Voraussetzung der Erkenntnis des eigenen Karmas. Und das spirituell verwandelte Wollen wird zur Intuition und führt zu noch weiter reichenden Erkenntnisfähigkeiten.

Um die Erinnerungen der Akasha-Chronik zu aktivieren, sind nicht die normalen Gedächtniskräfte gefordert. Es ist eine anschauende Erinnerung, die tatsächlich noch einmal in die Erlebnisse hineinführt, sie noch einmal lebendig erfahrbar macht. Nicht die normale gehirngebundene Vorstellung kann diese Rückschau hervorbringen, sondern man muss die sowohl im Lebensleib wie auch im Astralleib gebundenen Extrakte aus früheren Leben, die unbewusst immer gegenwärtig sind, wieder aktivieren. Es ist nicht nur ein Zurückdenken, es ist ein *Zurückgehen, ein Zurücksteigen in der Zeit* vonnöten, also ein durch den *Willen* hervorgebrachtes *Erleben*. Man steigt noch einmal in die reale vergangene Situation ein, hat noch einmal die damit verbundenen Gefühlserlebnisse zumindest in Andeutung, mitunter aber sehr heftig; auch die Stimmungen und Sinneseindrücke können für Momente wieder deutlich werden. Geruchs-, Geschmacks- sowie Seh- und gelegentlich auch Hörerlebnisse können sehr intensiv gegenwärtig sein. Ebenso können momentane körperliche Veränderungen vorübergehend eintreten, wenn in einem Leben ein Ereignis zu einer Deformierung des Körpers geführt hat, als Folge von Folterung oder gewaltsamem Tod.

Wird so etwas noch einmal bewusst durchlebt, verschwinden oftmals die unbewusst vorhandenen damit verbundenen Ängste oder gesundheitlichen Störungen.

Voraussetzung solchen Erlebens ist eine Lockerung und die dadurch möglich werdende Ausdehnung des Ätherleibes, die von Rudolf Steiner als allgemein beginnende Entwicklung unserer heutigen Zeit beschrieben wurde. Viele Übungen des Schulungsweges dienen ebenfalls dieser Lockerung, haben darüber hinaus aber noch die Aufgabe, Ordnung in das ganze Gefüge unserer Wesensglieder zu bringen, um möglichen Gefährdungen und Irrtümern, die durch ein zu früh erwecktes Hellsehen auftreten können, vorzubeugen. Sie sind deshalb unerlässlich.

Karmamethoden aus der neueren esoterischen Praxis

Zu den von Rudolf Steiner angeführten Karmaübungen, die zu karmischen Knotenpunkten hinführen sollen, wurden im Laufe dieses Jahrhunderts weitere Methoden entwickelt. Vorwiegend aus der psychologischen Praxis stammt die sogenannte Rückführung unter Hypnose. Der Klient oder Patient wird hierbei unter Ausschaltung oder Herabdämpfung seines Bewusstseins an den Ursprung seiner heutigen Krankheit oder seines Lebensproblemes zurückgeführt. Es kann sich dabei um ein traumatisches, verdrängtes Erlebnis, das aus der jetzigen Inkarnation stammt, handeln oder aber in einem früheren Leben urständen. Das Ich des Betreffenden ist während dieses Vorganges ausgeschaltet und wird durch das Ich des Hypnotiseurs überlagert. Das hat gewisse Vorteile, vor allem aber birgt es erhebliche Nachteile und Gefahren in sich. Der Vorteil ist, dass Eigenwünsche und Vorstellungen ganz ausgeschaltet sind. Der Nachteil ist, dass das eigene Ich durch ein anderes Ich dominiert wird, wodurch eine Abhängigkeit entstehen kann, wenngleich nicht muss. Ein weiterer Nachteil kann darin gesehen werden, dass die Erlebnisse nicht in jedem Fall ins Bewusstsein steigen, sondern vom Therapeuten registriert werden. Auch dadurch kann eine Schwächung des Ichs eintreten. Es kommt dabei viel auf die Moralität des Therapeuten an, darauf, wie er das auffängt, lenkt und leitet. Eine solche Methode mag in schweren seelischen Konfliktsituationen Linderung bringen und damit segensreich sein, ist aber im Zusammenhang mit einer Geistesschulung, die Höherentwicklung und Stärkung des Ichs zum Ziele hat, nicht angemessen.

Viele Psychologen und Therapeuten haben sich in den vergangenen Jahrzehnten verstärkt esoterischen Wegen und Übungen zugewandt. Sie sind durch ihre Erfahrungen in Grenzbereiche vorgestoßen, haben Grenzen überschritten und spürten die Notwendigkeit, die materialistischen Grundlagen der gängigen medizinischen Weltanschauung immer mehr zu überwinden und die offenkundigen, geistigen Zusammenhänge tiefer zu verstehen. Aus diesen Einsichten und Erfahrungen heraus wurden sanftere Methoden der Rückführpraxis entwickelt. Es ist heute möglich, bei voller Erhaltung des Wachbewusstseins, d.h. unter Ichkontrolle, tief in die Vergangenheit zurückzutauchen. Sehr individualisierte Methoden haben sich in den letzten Jahren herausgebildet. Es scheint durchaus von dem individuellen Hintergrund des Geisteslehrers oder therapeutischen Begleiters abzuhängen, wie die geistige Welt durch diesen wirkt.

In Amerika, aber auch in Europa wurden schon zu Beginn dieses Jahrhunderts Hypnosetechniken entwickelt, die aber aus den schon genannten Gründen nicht als Karmaforschungsmethode verwendet werden sollten. In Amerika ist man sehr viel experimentierfreudiger als in Europa. Das hatte zur Folge, dass große Versuchsreihen gestartet wurden und man erstrebte, die Phänomene durchschaubar zu machen. Am bekanntesten ist Helen Wambach geworden, die über tausend Menschen in leichter Trance in ihre Vergangenheit führte. Es stellte sich heraus, dass bei zunehmender Übung, immer weniger Hypnose oder Trance notwendig wurden und bei vielen Probanden auch die Fremdführung durch Eigenführung ersetzt werden konnten. Ihr Schüler Chet B. Snow ist durch sein Buch: »Zukunftsvisionen der Menschheit« im deutschsprachigen Raum bekannt geworden. Es werden dort Versuche mit vielen hundert Menschen dargestellt, die jetzt außer in ihre karmische Vergangenheit auch in mögliche, zukünftige Leben geführt wurden. Interessant war da vor allem, dass die Ergebnisse dieser Vorausschauen sich in drei große Gruppen gliederten. Sie deuten sehr darauf hin, dass in der Zukunft drei ganz unterschiedliche kulturelle Strömungen bestehen werden, was in etwa auch mit Rudolf Steiners Zukunftsschauen übereinstimmt.[12]

In Deutschland sind die Hypnosetherapeuten Thorwald Detlefsen und sein Schüler Rüdiger Dahlke am populärsten geworden. In Büchern, Fernsehschauen und Zeitschriften wurden die Praktiken und ihre Ergebnisse vorgestellt.

In den letzten Jahren ist die hypnosefreie Rückführung besonders von Jan Erik Sigdell propagiert worden.

Darüber hinaus gibt es seit vielen Jahren Therapeuten und andere

Individualisten, die aufgrund dieser vielfältigen Erfahrungen eigene Methoden entwickelt haben.

Nach meinen Erfahrungen und Untersuchungen liegt es im Plane der fortschrittlichen geistigen Wesenheiten – das sind die mit Christus verbundenen Engel, die geistigen Führer der Einzelmenschen, Erzengel, die geistigen Führer der Völker und die noch höher stehenden Zeitgeister, die die Entwicklungsepochen lenken –, dass eine größere Anzahl geeigneter Menschen Einblick in ihr Karma bekommt, um an der Umwandlung alter Verhaltensmuster und der Auflösung karmischer Verstrickungen zu arbeiten. Die positiven Anteile früherer Leben können wieder ins Bewusstsein treten und zu neuen Fähigkeiten verwandelt werden. Es muss eine nicht zu kleine Gruppe von Menschen geben, die ihre Vergangenheit in positive Zukunftskräfte verwandeln kann, um am Menschheitsfortschritt zu wirken. Im Angesicht unserer Niedergangskultur ist dabei für den verantwortungsbewussten Zeitgenossen keine Zeit zu verlieren.

Man könnte dem entgegenhalten, dass man doch geduldig seine Entwicklung abwarten solle, und wenn die Zeit reif sei, kämen schon die karmischen Erkenntnisse von alleine. Das ist aber nur bedingt richtig. Es ist in der Geistesschulung wie in jeder anderen Schule auch: Wenn man nicht übt und lernt, bleibt man auf dem Stand, den man schon hatte. Ein begabter Klavierschüler lernt vielleicht sehr schnell einige Stücke, aber zur Meisterschaft führt auch für ihn nur ein langer emsiger Weg.

Man muss also etwas tun, um die vorhandenen Begabungen zu entwikkeln. Und wenn es im Karma liegt, diese Fähigkeit zu entwickeln, ist das nicht nur eine Möglichkeit, sondern auch eine geistige Pflicht der Menschheit gegenüber, die in der Zukunft auf weiter fortgeschrittene Helfer angewiesen ist. Die Zeitepochen verlaufen in Kreisen, spiralförmig. Unser jetziges Zeitalter steht unter der Führung des Zeitgeistes Michael. Damit hängt die Möglichkeit zusammen, eine spirituelle Entwicklung anzustreben. In etwas über hundert Jahren beginnt ein anderer Zeitregent mit seiner Herrschaft. Das bietet wieder andere Entwicklungsaufgaben. Man kann durchaus in einer Entwicklungsphase etwas versäumen und muss dann sehr lange auf eine neue Gelegenheit warten.

Kurzer biographischer Einschub

Bevor ich die von mir angewandte Methode ausführlicher beschreibe, möchte ich einiges zu meiner Biographie anmerken.

Gewisse Erlebnisse in der Kindheit haben ihre Erklärung und ihr Verständnis erst durch meine Karmaerkenntnis im fortgeschrittenen Alter erhalten. Sehr früh schon tauchten Bilder und Gefühle auf, die in dem jetzigen Leben keinen Sinn machten. Es fehlte aber damals, so etwa im Alter von etwa acht bis zehn Jahren, die begriffliche wie auch gefühlsmäßige Möglichkeit, dieses einzuordnen. Das war im Grunde genommen für den späteren Erkenntnisprozess ein großer Vorteil. In der damaligen Situation löste es allerdings manche Beklemmungen aus. Eine Gewissheit, vor langer Zeit und schon oft gelebt zu haben, drängte sich überraschend, willensartig in mein Kinderleben hinein. Es gab niemanden, mit dem das besprochen werden konnte. Andere Situationen traten auf, da empfand ich klar, bis in körperliche Schmerzen hinein, die keine physische Ursache hatten: Es gab ein Leben, das liegt noch nicht lange zurück und es hat dramatisch geendet. Es waren kurze Momente in bestimmten Situationen, wo so etwas aufblitzte, dann wieder vergessen oder verdrängt wurde. Als ich etwa zehn bis elf Jahre alt war, kam es zu einer Berührung des Elternhauses mit Anthroposophie. Durch Freunde der Eltern wurden die Gedanken von Reinkarnation und Karma hineingetragen und diskutiert. Nun wurde manches verständlich, was im tiefsten Innern als Gewissheit lebte.

Aber der Lebensweg ging über verschlungene Pfade. Andere Erlebnisse mussten gemacht werden, und in der Zeit der Jugend wurde diese frühe Erkenntnis durch das kirchliche Dogma überdeckt. Gerade in dieser Zeit, die eine Zeit der Vertiefung christlicher Meditation war, fanden wieder einschneidende Erlebnisse statt, die für meine spätere Erkenntnis wichtig waren. Der kirchliche Glaubenszwang führte allerdings zu sonderbaren gedanklichen Konstruktionen, um das Erlebte mit der

Glaubensvorschrift zu vereinbaren. Ein vorgeburtliches Dasein in göttlichen Welten musste es geben, denn ich lernte immer wieder Menschen kennen, von denen ich mit Sicherheit wusste, dass ich sie schon kenne und mit ihnen schon Erlebnisse hatte. Aber Reinkarnation war eben nicht erlaubt, und so habe ich diese gemeinsamen Leben in einen rein geistigen Zustand verbannt. Auch wurde klar gewusst, dass die Kinder, die geboren werden wollten, schon vorher da waren, dass sie »hereinschauten«, bevor die Empfängnis stattfand. Es war klar, dass vier Kinder beschlossen hatten, in unsere Familie einzutreten, und trotz schwacher körperlicher Konstitution war ich bereit, ihnen das Tor zum Eintritt in die Welt zu sein.

Wie eine Befreiung wirkte die neuerliche Begegnung mit Anthroposophie im achtundzwanzigsten Lebensjahr. Die Überwindung des Kirchenchristentums forderte eine gewisse Zeit, doch dann war ein volles Ergreifen dieses, den Konflikt zwischen Erleben und Glauben lösenden Weltbildes möglich. Es folgten viele Jahre des vertiefenden Studiums und das Ergreifen des anthroposophischen Schulungsweges und der künstlerischen Tätigkeit.

Geistige Erlebnisse bekamen jetzt eine andere Qualität, wurden bewusst beobachtet und konnten verstanden werden. Aber sie waren immer noch zufällig und konnten nicht willensmäßig gesteuert werden.

Diese Situation forderte die Suche nach einem auf dem Schulungswege fortgeschrittenen, erfahrenen Menschen, der als Ratgebender zur Seite stehen könnte. Diese Hoffnung wurde lange Zeit nicht erfüllt. Es wurde immer mehr klar, dass führende Anthroposophen, Vortragsredner und Schreibende, die brillante Fähigkeiten auf vielen Gebieten aufweisen, doch vorwiegend aus dem reichen Fundus der Mitteilungen Rudolf Steiners schöpfen und nur selten über eigene geistige Erfahrungen verfügen. Wer selbst solche Erfahrungen hat, hat dafür eine geschärfte Wahrnehmung. So verliefen solche Begegnungen immer wieder enttäuschend.

In meinem Suchen traf ich andere Suchende, die sich in ähnlicher Situation befanden. Im Laufe unserer gemeinsamen Arbeit und unseres Ausschauhaltens nach Hilfen auf dem Wege machten wir die Entdekkung, dass es außerhalb der anthroposophischen Kreise durchaus Initiativen gab, die durch andere Schulungswege unterschiedlicher Art die Erfahrungen machten, die wir suchten. Einige von uns befassten sich mit Alchimie, mit Kabbala oder suchten Aufklärung in den Schriften des »Golden Dawn«, andere hatten mehr Zugang zu neueren psychologischen Praktiken und Studien. Konkrete Forschung im esoterischen Bereich war außerhalb anthroposophischer Kreise längst Realität geworden. Nur innerhalb dieser Kreise war nichts Neues aufzuweisen. Man zehrte aus dem Nachlass Rudolf Steiners. Wir tauschten uns über unsere verschiedenen Studien und Erfahrungen aus und machten auch gemeinsame Übungen und halfen uns gegenseitig.

So versuchten wir miteinander und jeder auf seine Weise mit diesen verschiedenen Ansätzen unsere Wege zu bereichern. Mein Weg und die Übungen waren immer auf die Grundlage der Anthroposophie gebaut. Das praktische Hineingehen in die geistige Welt konnte aber nun mit Hilfe neu erlernter Methoden systematisch erübt werden.

Hintergrund meiner Weltsicht

Sowohl die von Steiner gegebenen Übungen wie auch die Erfahrungen der psychologischen Entwicklung sind in meine Tätigkeit eingeflossen. Damit meine ich das Herstellen des *bewussten* Kontakts mit geistigen Bereichen. Mit hypnotischen und tranceartigen Zuständen habe ich nie experimentiert. Sorgfältig habe ich die einzelnen Schritte am Werk Steiners überprüft und nur solche Methoden gewählt, die damit im Einklang stehen. Obwohl meine geistige Heimat ganz in der Anthroposophie gesehen werden kann, erlebe ich mich frei von dogmatischem Umgang mit Rudolf Steiners Hinweisen und Anweisungen, die ich lieber als Anregungen auffassen möchte. Eine wirkliche, spirituelle Praxis kann auch nur jenseits zwanghaft verstandener Vorschriften gedeihen. Soweit es sinnvoll aus den beschriebenen Erlebnissen hervorgeht, wird selbstverständlich eine Begründung oder Erklärung aus Steiners Werk hinzugezogen werden.

Jeder Mensch hat unterschwellig hellseherische Fähigkeiten. Sie sind nur durch das Tagesbewusstsein so überlagert, dass sie bei den meisten Menschen gar nicht, bei manchen nur gelegentlich ins Bewusstsein treten. Die Frage: warum weiß ich nichts von meinen vergangenen Leben und von geistigen Wesen, die mich angeblich umgeben sollen?, ist naheliegend und wird auch oftmals gestellt. Das Tagesleben ist laut, hell und zwingend. Es fordert unsere ganze Aufmerksamkeit. Die normalen Erinnerungen sind dagegen schon sehr schattenhaft und können leicht, vorübergehend oder dauerhaft, verdrängt werden. Nur extreme Erfahrungen freudiger oder leidvoller Natur bleiben stärker und lebendiger im Gedächtnis haften. Weit zurückliegende Ereignisse und die frühe Kindheit sind nur als dumpfes Gefühl, vielleicht noch als mit Sinneseindrücken unterlegte Bildfetzen im Seelengrund erahnbar.

Dieses gilt verstärkt für die vorgeburtlichen Zustände und die vergangenen Leben. Die temperamentsmäßige Grundstimmung, die unser

Leben durchzieht, ist oftmals Hinweis auf dieses unbewusste Wissen um die vergangenen Ereignisse. Es ist nicht so sehr das augenscheinlich wahrnehmbare Temperament, sondern eine feinere Grundnuancierung, die erst bei subtiler Beobachtung deutlicher wird. Aber auch dumpfe Ahnungen, die sich in manchen Fällen in Krankheiten oder quälenden Seelenzuständen niederschlagen können, sind Hinweis darauf, dass ein reiches unbewusstes Leben parallel zu den wachen Tagesereignissen vorhanden ist. Schicksalsschläge und Ereignisse wie die eben genannten lassen uns nach dem Grund derselben fragen. Diese Frage erzeugt das Bedürfnis, Licht in das Dunkel dieser Untergründe hinein zu bringen. Kämen wir allerdings mit dem vollen Erinnerungswissen der vergangenen Leben in die Welt, wäre uns die freie Entfaltung genommen. Wir würden in Bewusstseinslähmung nur zurückschauen und ein Ergreifen der gegenwärtigen Aufgaben wäre kaum möglich. Der Sinn zahlreicher Leben liegt geradezu im Vergessendürfen, um mit neuen Kräften in einer veränderten Kultur neue Lebenserfahrungen machen zu können. Erst wenn eine gewisse Reife erlangt worden ist, kann die Erinnerung an frühere Schicksale förderlich wirken.

In der heutigen Zeit stößt der Erklärungsuchende schneller als in früheren Jahrzehnten auf den Karmagedanken. Eine tiefere Auseinandersetzung mit dem Karmagesetz ist unumgänglich. Doch wird man sehr bald feststellen können, dass die verschiedenen Traditionen ganz unterschiedliche Auffassungen vertreten.

Der *östliche* Karmagedanke sieht vorwiegend den negativen Aspekt: Krankheit und Leiden als Strafe für vergangene Untaten. Das Ziel vieler östlichen Wege ist, sich möglichst schnell aus dieser Schicksalsbürde durch entsprechende asketische und Yoga-Übungen zu befreien.

Der *christlich* geprägte Karmagedanke fußt auf der Vorstellung einer geistigen Evolution des Menschen und der Erde, in welcher Krankheit und Leiden der Höherentwicklung dienende Faktoren sind und als unentbehrlich für jeden geistigen und kulturellen Fortschritt gelten. Das heißt nicht, dass Leiden herbeigewünscht werden sollen, auch nicht, dass Krankheiten nicht behandelt werden sollen, sondern sie können als Prüfungs- und Lernereignisse aufgefasst werden, wodurch sie eine Wendung zum Positiven erfahren. Ziel des christlichen Weges ist nicht Selbsterlösung, sondern durch Mitwirkung an der Erlösungstat Christi, die gesamte Menschheit und Welt in einen höheren Seinszustand zu verwandeln. Die Hingabe an Christus bedeutet hier nicht: *Rette deine Seele*, sondern: *Du kannst nur wahrhaft selig sein, wenn alle Menschen und Wesen der Welt in diesen Verwandlungsprozess mit einbezogen sind, und so lange wirst du an den Aufgaben dieser Erde arbeiten und dich zu einem nützlichen Glied der Menschengemeinschaft heranerziehen, bis dieses Werk durch Christus vollendet ist.*

Dadurch nur gewinnt der Schulungsweg und die Arbeit am Karma einen Sinn, wenn man Fähigkeiten erhält, seine Mitmenschen zu fördern. Nicht die Befreiung von eigenen Leiden ist das Ziel. Es kann sogar geschehen, dass man manches Mal das Leiden eines anderen Menschen mitträgt oder ganz auf sich nimmt.[13]

Nachdem eine Grundlage in den allgemeinen, spirituellen Kenntnissen erarbeitet worden ist, was am sinnvollsten durch das Werk Rudolf Steiners geschehen kann und vielleicht Ergänzung durch aktuelle weiterführende Literatur[14] findet, kann das Bedürfnis auftreten, über die doch im Theoretischen verbleibenden Erklärungen hinaus Kenntnisse über das eigene Karma zu erlangen.

Die von mir angewandte Methode schließt die von Rudolf Steiner gegebenen Karmaübungen nicht aus, sondern kann methodisch aus der anthroposophischen Meditation abgeleitet und als Ergänzung dazu gesehen werden. Die bekannten Textstellen, in denen Rudolf Steiner Karmaübungen angeregt hat, sind von ihm nicht ausschließlich gemeint. Darüber hinaus gibt es im Vortragswerk viele Hinweise über den Vorgang der Geistes- und Karmaforschung. Gesicherte karmische Erkenntnisse sind nach Rudolf Steiners Tod kaum gemacht worden. Das muss nicht an Rudolf Steiner gelegen haben. Vielmehr scheint Ängstlichkeit, die Verantwortung für sich selbst zu übernehmen, eine der Ursachen zu sein, die viele seiner Schüler vor geistiger Erfahrung zurückschrecken ließ und lässt. Die Angst, Fehler zu machen, ist weit verbreitet, aber sie ist ein Verhinderungsgrund geistiger Entwicklung.

Bevor die Hintergründe dieser Befürchtungen näher beleuchtet werden, sollen grundlegende erste Schritte an der Schwelle zur geistigen Welt beschrieben werden.

Die Verbindung mit dem Engel

Der Engel als persönlicher Schutzgeist ist in unserem Kulturkreis aus der christlichen Tradition bekannt. Für viele Zeitgenossen wird er allerdings nicht mehr als Realität gesehen, bestenfalls noch im Bereich der Kinder als märchenhafte Erscheinung geduldet. Aber in den vergangenen Jahren war doch in weiten Kreisen eine erstaunliche Zuwendung zu dem Bereich himmlischer Wesen zu verzeichnen. Manche benennen diese Wesen lieber nicht, sie sagen »Geistführer«, auch »geistiges Kraftfeld« oder Ähnliches. Es kommt hier sicher nicht so sehr auf die Bezeichnung an, sondern auf den Begriff: Was oder wer verbirgt sich hinter diesen verschiedenen Benennungen?

Durch Rudolf Steiner haben wir eine sehr genaue Beschreibung dessen erhalten, was wir uns unter einem Engel und noch weiteren, höheren Wesenheiten vorzustellen haben. Seine Darstellungen gehen weit über die kirchliche Tradition hinaus, die nicht über so differenzierte Vorstellungen verfügt. Wie auch die christlich-jüdische Tradition geht er von neun Stufen von über dem Menschen und unter der höchsten Gottheit stehenden hierarchischen Wesenheiten aus.[15] In der »Geheimwissenschaft im Umriss« sowie in vielen Vortragszyklen führt uns Steiner in die komplexe Entwicklungsgeschichte dieser höheren Wesen ein, aus der gleichzeitig die Welt und der Mensch hervorgegangen sind. Man erfährt, dass wir innig mit dem ganzen Kosmos und allen geistigen Bewohnern dieser geistigen wie auch physischen Welten verwoben sind. Das heute übliche Weltbild, nach dem wir uns nur als Staubkorn in einem als sinnlos erscheinenden All erleben können, verliert seine Bedeutung. Mensch und Welt verschmelzen zu einer Einheit, die erlebbar ist. Vor diesem Hintergrund bleibt dann auch der Gedanke an eine als Engel bezeichnete Wesenheit nicht mehr phantastisch oder abstrakt, sondern kann wirklich zum Erlebnis werden, was nichts Befremdliches mehr an sich hat.

Der Engel ist ein Glied derjenigen Hierarchie, die dem Menschen am nächsten steht. Er hat seine *Ich-Entwicklung* in einem früheren Weltenzyklus durchlaufen und seine Aufgabe ist es, einen ganz bestimmten einzelnen Menschen auf seinen Wegen durch die Inkarnationen zu begleiten. Solange der Mensch seine geistige Führung nicht selbst übernehmen kann, trägt er Sorge für dessen Schicksal. Das kleine Kind steht noch stark in der Obhut seines Engels, der erwachsene Mensch wird an »langer Leine gehalten«, mitunter auch ganz von dem Engel verlassen. Das kann sowohl aus einem positiven wie auch einem negativen Grunde geschehen. Der positive Grund tritt ein, wenn der Mensch durch Eigenentwicklung der Führung entwachsen ist, was im Verlauf einer Geistesschulung eintreten kann. Auch der Engel kann dann höhere Entwicklungen antreten und andere Aufgaben übernehmen. Oft tritt dann eine höhere geistige Wesenheit mit anderen Aufgaben an diese Stelle, was dann auch diesen Menschen zu höheren Aufgaben befähigt. Der negative Fall, der in der heutigen Zeit öfter auftritt, tritt ein, wenn sich der Mensch durch geistlose Weltanschauung oder durch böse Taten den Zusammenhang selber abschneidet und dem Engel seine Wirksamkeit unmöglich macht.

Noch etwas Weiteres kann eintreten. Auch der Mensch hat einen Einfluss auf die Entwicklung des Engels, er ist diesem gegenüber verantwortlich. Durch geistige Trägheit können luziferische Geister die Übermacht über den Menschen gewinnen und in der Folge auch über den Engel, so dass dieser in seiner Entwicklung behindert werden kann und selber luziferische Eigenschaften annimmt. (Die luziferischen Geister werden von mir im Zusammenhang mit den Doppelgängern näher beschrieben werden.)

Das höhere Selbst

Anders als der Engel, der uns begleitet und Helferwesen ist, aber eine eigenständige Individualität darstellt, ist das höhere Selbst des Menschen aufzufassen. Dieses höhere Selbst sind wir selber und sind es doch noch nicht. Es ist der ideale, reine, heilige Anteil in uns und zugleich über uns. Als wir in urferner Vergangenheit durch die in der Bibel »Elohim« genannten Schöpferwesen unseren ewigen Wesenskern erhielten, war dieser Wesenskern, das Ich, noch ungetrennt vom göttlichen Urgrund und von kindlicher Güte erfüllt. Die luziferischen Wesen, in der Entwicklung zurückgebliebene Engel, erlangten Zugang zu unserer Seele (Astralleib) und konnten dort ein niederes, triebhaftes Ego einpflanzen. Dadurch war die Einheit des Ich gestört und ein höherer Teil erhob sich aus der Seele. Er ist sündlos und doch individuell. In ihm sind die positiven Erfahrungen vieler Leben vorhanden, er kennt aber auch unser Versagen. Er hat das höhere Wissen unserer Lebensziele und ist immer mit der Christusaura verbunden. Unser Alltags-Ich ist erd- und triebgebunden und kann sich erst allmählich durch Erkenntnisprozesse und den daraus folgenden Willensakten dem höheren Teil in uns annähern.

Und doch ist es das niedere Ich, das diesen Entschluss der Annäherung fassen muss. Wie kann man ohne überschauendes Wissen zu diesem Entschluss finden? Das Ziel kann geahnt werden, aber der Weg, es zu erreichen, kann durch die undurchschaute Ausgangssituation verschleiert sein.

In der Regel beginnt die Suche nach geeigneten Methoden, ausgelöst durch eine tiefe innere Sehnsucht, die halbbewusste Gewissheit des eigenen geistigen Ursprungs zur vollen Klarheit zu bringen, oftmals auch nach schweren Lebenskonflikten und Sinnkrisen bis hin zu schweren Erkrankungen.

Die Chakren im Hinblick auf das höhere Selbst

Im Laufe der Studien verschiedener Methoden wird man bemerken, dass ein besonderes Augenmerk auf die Chakren zu wenden ist. Da gibt es allerdings die unterschiedlichsten Auffassungen in den verschiedenen Schulungen. Hier sollen im Wesentlichen die anthroposophischen Gesichtspunkte berücksichtigt werden.

Die Arbeit an der *Ausbildung der Chakren*, der geistigen Wahrnehmungsorgane, ist Grundlage aller höheren Erkenntnis. Dies ist ein langer Weg unermüdlicher Übung. Die Chakren oder Lotusblumen sind geistige Organe im Astralleib, die in Urzeiten beweglich waren und ein traumhaftes Hellsehen hervorbrachten. Durch die immer stärker werdende Zuwendung der Menschen zur äußeren Welt und den dadurch entstehenden Materialismus verloren diese Organe ihre Beweglichkeit und das Hellsehen versiegte. Um ein zeitgemäßes geistiges Wahrnehmen auszubilden, dürfen wir nicht mehr die alten tranceartigen Zustände anstreben, sondern müssen in zielstrebigem Aufbau ein neues, wachbewusstes Hellsehen und Hellhören erarbeiten. Ein wesentlicher Teil des Schulungsweges besteht in der bewussten, willentlich erstrebten Ausbildung der Chakren.

Aber das heißt nicht, dass nicht schon am Anfang des Weges an der Verbindung mit dem höheren Selbst gearbeitet werden kann und soll. Umso aussichtsreicher ist die weitere Entwicklung. Eine möglichst genaue Vorstellung dieses Wesensgliedes ist eine gute Voraussetzung, um diese Verbindung zu finden. Meditative Versenkung in diese Vorstellung ist der zweite Schritt. Der Ort der Wirksamkeit sind alle Chakren, besonders aber Herz- und Scheitelchakra. Eine willenshafte Konzentration auf eines dieser Chakren kann die Verbindung erfahrbar machen. Die Bitte um Selbsterkenntnis wird vorausgegangen sein, sie ist ja die Grundlage dieses Strebens.[16]

Vorbereitende Übungen

Alle folgenden Beschreibungen von Übungen, die zu konkreten geistigen Erfahrungen führen sollen, können selbstverständlich von jedem vorgenommen werden. Es kann allerdings sein, dass anfangs die spirituelle Kraft und das Durchhaltevermögen nicht ausreichen und Erfolge ausbleiben. In einem solchen Fall ist es ratsam, sich unter Anleitung diese Fähigkeiten zu erarbeiten. Das gilt im Besonderen für die Doppelgängerübung wie auch die ersten karmischen Rückschau-Versuche. Ebenso wie man Fertigkeiten im äußeren Leben schneller und besser unter Anleitung lernt, ist es auch in diesem Bereich. Der Lehrer oder Therapeut stellt seine reiche Erfahrung, aber auch seine spirituelle Kraft zur Verfügung, so lange und so oft, bis die eigene Fähigkeit gewachsen ist.

Bevor man mit einer solchen Übung beginnt, ist es ratsam, sich mit einem geistigen Schutzraum zu umgeben. Das kann folgendermaßen geschehen: Man stelle sich selber in einem geistigen Lichtraum vor, diese Vorstellung muss zur starken Empfindung werden. Dann umgebe man im Geiste diesen Lichtraum mit einer dunkelblau-violetten Schutzhülle mit der Bitte, vor störenden und bösen Einflüssen abgeschirmt zu sein. Ein Gebet oder Mantram – es eignet sich dazu das Vaterunser ebenso wie ein Spruch von Rudolf Steiner – nicht nur gedanklich, sondern auch gefühlsmäßig durchdrungen und willenshaft konzentriert meditiert, leitet die Begegnung mit dem höheren Selbst ein.[17]

Auch wenn es bei der ersten Übung dieser Art nicht gleich erfahrbar ist, das Licht und die Gegenwart des Geistes nicht so erscheint, wie es erwartet wurde, beginnt trotzdem ein Prozess, der bei regelmäßiger, geduldiger Übung diese Verbindung schafft. Allmählich wird es lichter im Kopf- und Herzbereich, Ätherströme werden als sanftes Kribbeln wahrgenommen. Zuerst wird der Ich-Punkt der Stirne, zwischen den Augenbrauen als vorläufiger Mittelpunkt des Chakra-Systems verspürt. Im Verlaufe der Entwicklung wird im Kehlkopf- und Herzzentrum ebenfalls diese Wahrnehmung erscheinen. Viel später werden auch die unteren Geistorgane durch diese Strömungen erreicht, die wiederum das Scheitelchakra eröffnen. Dann erst kommt das höhere Ich zur vollen Wirksamkeit, aber am Beginn kann diese anfängliche Wahrnehmung schon wesentliche Erfahrungen bringen.

In ähnlicher Weise wird die Verbindung mit dem Engel geübt. Im Gegensatz zu dem höheren Selbst, welches als Kraft-Licht durch uns selber wirkt, nur gelegentlich symbolisch als Gestalt wahrgenommen werden kann, erscheint der Engel als in Licht- oder Farbgewänder gehüllte Gestalt außer uns. Als Wesenheit, die ernst um uns besorgt ist, uns seit Urzeiten kennt, steht sie mit dem hohen Selbst in liebevoller, wissender Verbindung, während das niedere Selbst in Unwissenheit seinen Dummheiten und Fehlern erliegt, weil es sich von dieser Region getrennt erlebt.

In diesem oben beschriebenen Lichtraum versuche man die Anwesenheit des Engels zu erspüren. Das Sehen ist oft nur erahnbar. Die innere geistige Frage an ihn ist wesentlich: Wer bist du? Wie ist dein Name? Wie soll ich sein? Was missfällt dir an mir usw.? Es müssen individuelle Fragen sein, aus einem ehrlichen, unegoistischen Bemühen entsprungen. *Auch hier ist es so, dass zu Beginn vielleicht nichts oder wenig geschieht. Erst ein regelmäßiges, geduldiges Üben wird zu intensiveren Erlebnissen führen.*

Die ersten so gewonnenen Erfahrungen sind individuell unterschiedlich, doch treten in vielen Fällen intensive, nur kurz dauernde Bilder auf. Es können aber auch anfangs Farberscheinungen, die wie ein Schleier die eigentlichen Bilder überdecken, auftreten. Diese Erscheinungen haben einen anderen Charakter als normale Vorstellungen und Erinnerungen. Sie haben Eigendynamik und sind nicht willkürlich veränderbar, vergehen aber sehr schnell wieder, huschen nur durchs Bewusstsein. Es sollen später weitere Beschreibungen und Beispiele gegeben werden. Auch Hörerlebnisse, die in Form von unvermittelten inneren Eingebungen auftreten, lassen die Verbundenheit mit außermenschlichen Regionen zur Gewissheit werden. Es ist selbstverständlich kein Wahrnehmen sinnlicher Art. Es ist unhörbares Hören und unsehbares Sehen. Der Charakter der Erscheinungen kann anfangs so »dünn« sein, dass man sie kaum fassen kann. Und das ist die eigentliche Schwierigkeit bei dieser Art der Erkenntnis. Nur durch *gesteigerte Aufmerksamkeit*, die immer wieder geübt werden muss, sind diese Eindrücke festzuhalten. Aus diesem Grunde und aus der Unsicherheit, ob die Erlebnisse wirklich Realitäten darstellen, gelingt es den meisten Menschen nicht, an wirkliche sichere geistige Erfahrungen heranzukommen.

Ein weiterer Verhinderungsgrund, vor allem für karmische Erkenntnisse, sind die sogenannten Doppelgänger. Die Beschaffenheit und Eigenart dieser vielfältigen Wesen muss bekannt sein, ehe die weiterführende Karma-Übung beschrieben wird.

Doppelgänger

Es gibt im Wesentlichen drei Kategorien dieser Begleiter des Menschen.

Zu einem frühen Zeitpunkt der menschlichen Entwicklungsgeschichte haben die schon genannten, in ihrer Entwicklung zurückgebliebenen Engel, die Scharen *Luzifers,* Zugang zur menschlichen Seele, dem Astralleib, bekommen. Dieses Geschehen wird in der Bibel in der Geschichte vom Sündenfall gleichnishaft erzählt. Auch in anderen Mythologien finden sich diese Urereignisse verborgen. In der germanischen Mythologie ist es Loki, der Verwirrung bringt. So kann man in vielen alten Sagen von diesem Tatbestand der Versuchermächte erfahren. Es ist die Seele mit ihren Trieben und Leidenschaften, die attackiert wird. Dieses luziferische Wesen, was Engel werden möchte, es aber aus eigener Kraft versäumt hat, kann und soll durch uns erlöst werden und wird dadurch zum Helfer. Dies ist möglich geworden durch die Erlösungstat Christi. Mit seiner Hilfe dürfen wir durch die Umgestaltung unseres Astralleibes auch den gefallenen Engel erlösen. Doch zu Beginn des Schulungsweges, wenn erste geistige Wahrnehmungen auftreten, wird in der Regel auch Luzifer in irgendeiner Form als Verführer in Erscheinung treten. In klassischer Form finden wir solche Ereignisse in den Mysteriendramen Rudolf Steiners dargestellt. Im individuellen Erleben können vielerlei Varianten dieser Widersacher auftreten. Da gilt es, durch Erfahrung und Aufmerksamkeit die Täuschungsmanöver dieser Geister zu entlarven. Schöne Gestalten nehmen sie zuweilen an, warme schwüle Gefühle können sie erzeugen oder sich auch in kalter Weisheit äußern. Je nachdem wie sich der Mensch entwickelt hat, ist auch sein luziferisches Gegenbild individuell beschaffen. Diese Geister sind Meister in der Verwandlungskunst.

Eine andere Kategorie Doppelgängerwesen werden in anthroposophischer Terminologie *ahrimanische Geister* genannt – eine von Rudolf

Steiner aus dem Persischen übernommene Bezeichnung, die er aus dem Grunde gewählt hat, weil in der urpersischen Kultur die Menschen eine stärkere Verbindung mit der Materie eingingen und als Folge davon mit diesen Wesen bewusster konfrontiert wurden. Zugang zum menschlichen Ätherleib (Lebenskräfte) hatten sie allerdings schon viel früher erhalten. Etwa seit der Mitte der atlantischen Epoche konnten sie auf Luzifers Spuren den Menschen an die Erde ketten. Es sind hohe Geister, die in der Bildung der Materie wirken und damit für die Erdenentwicklung notwendig sind. Soweit der Mensch Materie ist, im Skelett, im Stoffwechsel-Gliedmaßensystem wirken sie berechtigt mit hohen hierarchischen Wesen zusammen. Verführerisch und zerstörerisch wirken sie, wenn sie unser Denken ergreifen und uns zu Materialisten machen wollen. Sie sitzen im Ätherleib und können von dort aus agieren und auch die Gesundheit zerstören, indem sie Lebenskräfte absaugen, wenn der Mensch in belasteter, schlechter Umgebung leben muss.

Darüber hinaus gibt es noch regionale ahrimanische Geister, die in bestimmten Territorien gehäuft auftreten und dadurch mehr Möglichkeiten haben, die Menschen an die Güter der Erde zu binden. Dies ist besonders in jenen Gegenden der Fall, in denen die Gebirge in Nord-Südrichtung verlaufen, wie zum Beispiel in Amerika.[18] Es ist ein reiches Aufgabenfeld, diese Wesen zu durchschauen und zu lernen, mit ihnen umzugehen, um damit auch an ihrer Erlösung zu arbeiten. Die wird aber erst in einer späteren Zeit der Weltentwicklung geschehen können. Doch ist es wichtig, die Seele des Menschen und innerhalb dieser das Denken vor dem Zugriff dieser Verführer zu bewahren.

Die Widersacher der fortschrittlichen, d.h. spirituellen menschlichen Entwicklung beabsichtigen ein eigenes Reich, die sogenannte »Achte Sphäre«, aus den negativen Früchten menschlicher Taten zu errichten.[19] Deshalb ist es wichtig, volle Aufmerksamkeit auf die Tätigkeit dieser Wesen zu lenken.

Es gibt noch eine weitere Kategorie, die eigentlichen, urbösen Mächte. Sie werden an späterer Stelle ausführlicher beschrieben.

Der karmische Doppelgänger, der auch der *kleine Hüter der Schwelle* genannt wird, ist kein eigenständiges Geistwesen wie die vorgenannten, sondern ein Geschöpf unserer eigenen Taten und Untaten. Durch die Einwirkungen der zuvor geschilderten Versuchermächte haben wir uns in vielen Leben fehlerhaft verhalten, uns in Schuld verstrickt, sind von einem einstigen Zustand der Reinheit in Schuld gefallen. Kein Mensch ist davon ausgenommen. Die Notwendigkeit der Entwicklung neuer Fähigkeiten und Bewusstseinsformen, zu denen unser heutiges intellektuelles Vermögen zählt, schließt Fehler und schwerste Verschuldungen mit ein. Die Folgen tragen wir als karmisches Gepäck mit uns herum.

Das geht folgendermaßen vonstatten: Jede Tat hinterlässt, wie schon beschrieben, eine Spur in der Akasha-Chronik und gleichzeitig im Astralleib des Menschen. Dort, in diesem bildet sich aus Astralsubstanz ein Gegenbild, welches eine Eigendynamik annimmt. In jeder vergleichbaren Situation tritt dieses kraftgewordene Bild wieder in Aktion und drängt den betreffenden Menschen wieder zu einer vergleichbaren Tat. Im positiven Sinne, bei guten Taten, heißt das »Lernen«. Jede nachfolgende Tat wird besser und vollkommener. Die Folgen eines Fehltrittes treten durch diese Kraft genauso objektiv, aber in ihrer Wirkung viel unangenehmer in Erscheinung. In geringem Maße erleben wir diese bei schlechten Gewohnheiten und schon etwas massiver bei Süchten.

Von Leben zu Leben, in den Zeiten zwischen Tod und neuer Geburt, kommt noch hinzu, dass dieser durch Untaten gespenstig gewordene Teil in uns von den Kräften der ahrimanischen und luziferischen Schichten des Erdinneren angezogen wird und aus diesen Schichten eine negative Aufladung erfährt, während die Seele nach dem Tode mit ihren positiven Anteilen durch höhere geistige Sphären schreitet und dort gute Impulse und Vorsätze für ihr zukünftiges Leben aufnimmt. Kurz vor der Geburt wird dem Menschen dieses Wesen als negativer Teil des Doppelgängers angegliedert. Das ist das Problem, das karmische Gepäck, welches wir als Ballast mit uns herumschleppen. Wir sind voller guter Impulse, möchten unsere Mitmenschen lieben und fördern, aber gerade dort schlägt der Doppelgänger am stärksten zu.

Ein Beispiel: Man begegnet den Menschen wieder, mit denen man in früheren Leben Konflikte hatte. Der Wille, den Schaden auszugleichen, ist die Anziehungskraft. Der Doppelgänger verursacht, dass der alte Groll sehr bald wieder aufsteigt oder der Trieb, dem Anderen zu schaden, unwiderstehlich stark wird, oft nur unterschwellig, während man im Oberbewusstsein meint, man tue nur Gutes.

Es ist nur selten so, dass der einmal Geschädigte an dem anderen

Rache übt. Das mag bei gegenseitigem starken Hass vorkommen. Viel häufiger ist es so, dass eine frühere negative Tat oder dementsprechendes Verhalten gegenüber einer Person, den Impuls erzeugt hat, die Tat auszugleichen. Im Glauben, diesen Ausgleich leisten zu können – das ist natürlich unbewusst –, schleichen sich subtil die Doppelgängerwirkungen ein, und obwohl man gut sein möchte, gelingt es nicht. Man schafft es nicht, über den eigenen Schatten zu springen. Dadurch entsteht das in der Psychologie bekannte Phänomen der Hassliebe. Menschen erleben sich innerhalb von Partnerschaften und in Eltern-Kind-Beziehungen unglücklich aneinander gekettet. Aber auch Lehrer-Schüler-Konflikte, Streitereien und Disharmonien in Kollegien und am Arbeitsplatz haben in unerkanntem Karma ihren Ursprung.

Daraus wird ersichtlich, dass nur erkanntes Karma wirklich gelöst und erlöst werden kann. Schuldzuweisungen und vermeintliche Fehler des Anderen werden durch eine wirklich sorgfältig betriebene Karmaforschung in ein anderes Licht gerückt.

Von diesen unbewusst oder halbbewusst hereinwirkenden Doppelgängereinflüssen sind die tatsächlichen Doppelgängerbegegnungen zu unterscheiden. Jeder, der ein solches Erlebnis mit seinem Doppelgänger hatte, weiß, dass es ein einschneidendes Erlebnis war und ist. Oftmals sind es längere Perioden im Leben, in denen solche Erlebnisse verstärkt auftreten. Es gibt unzählige Varianten der Doppelgängererscheinungen, und jeder kann mehrere Facetten dieses Wesens in sich tragen. Eine davon ist von Rudolf Steiner in seinem Schulungsbuch[20] in klassischer Weise dargestellt worden. Zum Vorerleben und Miterleben sind auch hier die Mysteriendramen zu nennen. Dort treten Luzifer wie auch Ahriman in ihren speziellen Eigenschaften auf, um die Geistesschüler in Verwirrung zu führen. Je nach Charakter der einzelnen Individuen ist auch die Wirksamkeit der Verführermächte individuell abgestimmt. So erliegt die Hauptgestalt Johannes Thomasius in ganz anderer Weise der luziferischen Versuchung und anschließend dem Zugriff Ahrimans als Capesius oder Dr. Strader. Und in wieder anderer Weise wird die Geistesfreundin Maria mit diesen Wesen konfrontiert. Der karmische Doppelgänger tritt auch in unterschiedlichen Aspekten, je nach Lebenslage, auf. Das Studium oder, noch besser, das Miterleben der Dramen auf der Bühne helfen zu einem tieferen Verständnis dessen, was gemeint ist. Es wäre aber irreführend, zu glauben, es müsse in jedem Fall eine Gestalt, die beinahe physisch wahrnehmbar wäre, auftauchen. Es kann ebenso eine reine Krafterscheinung sein, eine massive, gefühlsmäßige oder willensartige Bedrohung, die einen schier umzuhauen droht. Während der labilen Einschlaf- oder Aufwachphase geschehen leicht Hereinwirkungen auch sichtbarer Art, die aber in der Regel nicht festgehalten werden können und dadurch leicht verdrängt werden. Als dunkle angsteinflößende Gestalt oft merkwürdigen Aussehens, gelegentlich auch nur als Erscheinung eines Körperteiles wahrnehmbar, weist sie auf ihren karmischen Ursprung hin.

Wie kann man all die erwähnten Wesen sicher unterscheiden? Diese Frage bewegt viele strebende Menschen. Die Angst, den Versuchermächten zu verfallen, ist so groß, dass manch einer aus diesem Grunde vor geistigen Erlebnissen zurückschreckt. Diese Angst ist aber unbegründet, wenn man sich mit den Eigenschaften der Wesen vertraut gemacht hat. Man kann sie genau prüfen, so wie wir auch im physischen Leben unsere Mitmenschen prüfen und kennen lernen können. Es ist wie bei der Passkontrolle, sie müssen sich ausweisen, wenn man sie daraufhin anspricht. Alle geistigen Wesen haben eines gemeinsam: sie können und dürfen nicht lügen. Sie können uns zwar zu Irrtum und Lüge verführen, sie können sich auch tarnen, aber wenn wir sie direkt ansprechen, müssen sie sich offenbaren.

Die luziferischen Wesen haben, da sie hinter ihrer regulären Entwicklung zum Engel zurückgeblieben sind, eher eine Ähnlichkeit mit einem Engel, sie können sehr schön sein und dadurch verführerisch wirken. Doch gleiten sie sehr schnell in kitschige oder aufdringlich schwüle Erscheinungsformen ab. Es gibt auch den kalten weisheitsvollen Luzifer, der in stolzer Weise nur in reinen geistigen Gefilden leben möchte. Bei längerer Beobachtung im Gespräch wird sich das Wesen in jedem Fall verraten.

Ahriman ist deutlicher als böser Geist zu erkennen. Seine harten, dunklen Formen und seine knarrige, abgehackte Sprache ist schwerer zu verbergen. Aber auch er versucht unerkannt zu bleiben. Auch hier wird das Gespräch und die direkte Frage Klärung bringen. Genauso wie wir im physischen Leben unseren Freund Max Müller nicht mit der Freundin Gabi Schneider verwechseln, besteht auch im Geistigen die

Möglichkeit, die spezifischen Merkmale wahrzunehmen, und wenn die Wesen sich maskiert haben, fordern wir sie auf, die Maske abzulegen und sich zu entlarven.

Weitere Erscheinungsformen werden in einem späteren Kapitel beschrieben.

Eine Möglichkeit, sich in Besonnenheit diesem Komplex zu nähern, besteht in einer bewusst herbeigeführten Übung, die im folgenden Kapitel dargestellt werden soll.

Übung zum Gewahrwerden des Doppelgängers

Alle geistigen Unternehmungen sollten immer mit der zuvor beschriebenen Verbindung mit dem hohen Selbst und dem Engel eingeleitet werden, dadurch ist man geschützt und erhält die notwendige Führung. Zusätzlich können noch allgemeine oder persönliche Kraft- und Schutzsymbole meditiert werden. Von Rudolf Steiner ist da im Besonderen das Rosenkreuz gegeben worden.[21] An anderer Stelle macht er Ausführungen über den Merkurstab, der ein wichtiges Hilfsmittel zur Konzentration ist.[22] Diese Hinweise mögen an dieser Stelle genügen.

Nach dieser Vorbereitung geht man mit der Bitte, dem Doppelgänger begegnen zu dürfen, einen Schritt in den Lichtraum und stellt sich aktiv ein weiteres symbolhaftes Gebilde vor. Es kann das ein Tempel, eine Kirche oder anderer sakraler Bau sein. Wichtig ist nur, dass er auch eine Krypta oder ein Kellergeschoss hat. Dieser Bau steht für das eigene Dasein im Geistigen. Seine Beschaffenheit, seine Einrichtungsgegenstände spiegeln, wenn man sich unbefangen darauf einlässt, den eigenen momentanen Entwicklungsstand. Man versuche nun, sich diesem Gebäude zu nähern. Falls es etwas weiter weg steht, muss ein Weg gefunden werden. Hier ist schon zu beobachten, ob es Mühe macht oder der Pfad leicht erklommen werden kann. Hat man den Bau erreicht, wird die Frage nach einer Tür gestellt. Ist sie vorhanden, versucht man sie zu öffnen. Vielleicht erscheint hier schon ein Schwellenhüter, vielleicht wartet er aber erst im Inneren des Tempels. In jedem Fall muss diese Gestalt genau angeschaut werden: wie ist sie gekleidet, zeigt sie ihr Gesicht oder ist sie verhüllt, trägt sie Waffen oder Werkzeuge?

Nun ist es ratsam, mit dieser Gestalt in ein Gespräch zu kommen. Gibt sie den Eintritt frei, so kann man die Gegenstände des Raumes betrachten. Sie haben immer, wenn auch teilweise in symbolischer Form, mit dem eigenen Dasein und vielfach mit Ereignissen früherer Inkarnationen zu tun. Sie sind also genau zu betrachten, im Bewusstsein festzuhalten und nach der Übung aufzuschreiben. Diese Eindrücke verflüchtigen sich sehr schnell, deshalb ist es gut, anfangs in kurzen Intervallen die Übung zu unterbrechen und Notizen zu machen. Wenn das Bedürfnis aufkommt, weitere Aspekte des Doppelgängers zu erkennen, kann diese Übung wiederholt und fortgesetzt werden.

Beim nächsten Mal steigt man hinab in die Krypta oder das Kellergewölbe. Da können nun schaurige Gestalten oder Gegenstände in Erscheinung treten. Neben Tod und Teufel sind wilde tierartige Wesen, oder auch Folterwerkzeuge dort zu finden. An der Stärke der Aktivität dieser Gesellen und Gegenstände kann man erspüren, wie sehr man ihnen noch in Form von Trieben und ungeläuterten Eigenschaften verhaftet ist. Wenn sie lebloser oder unbeteiligt wirken, deuten sie auf schon zum großen Teil überwundene Fehler und Schwächen hin.

Die Erscheinungsweise kann auch schon auf karmische Zusammenhänge symbolisch hinweisen. Hat man es geschafft, diesem Anblick und der Bedrohung stand zu halten, beginnt nun der wichtige Teil der Arbeit: die geistige Transformation. Sie darf man nicht versäumen, da sonst die Gefahr besteht, dass die Gespenster zu aktiv werden und einen möglicherweise stärker bedrohen. Jetzt ist der Lichtraum, den man zuvor aufgebaut hat, notwendig. Die Engel verbinden ihn durch einen Lichtkanal mit der geistigen Welt. Hier hindurch werden alle erschienenen Gestalten und Gegenstände der geistigen Welt übergeben mit der Bitte um Verwandlung. Oftmals kann man erfahren, dass es einige Mühe macht, sich von diesen karmischen Belastungen zu befreien, aber mit Hilfe der Engel wird es gelingen, und im Laufe der Zeit spürt man, dass tatsächlich etwas geschehen ist. Solche Transformationsprozesse kann man in der Meditation wiederholen, wenn man das Gefühl hat, die Erscheinungen bedrängen wieder oder neue Doppelgängeraspekte tauchen auf und bedrohen einen.

Die Widersacher können zahlreiche Facetten annehmen

Sowohl der luziferische wie auch der ahrimanische und der karmische Doppelgänger sind an den Ort der Entstehung ihrer Wirksamkeit gebunden. Das bezieht sich auf die jeweilige Inkarnation und auf das Wesensglied und den Körperteil. Im extremsten Falle kann in den neun Wesensgliedern des Menschen jeweils ein Exemplar jeder Kategorie anwesend sein. So etwas hat natürlich schwerste psychische Erkrankungen zur Folge, die allerdings nicht in jedem Fall von den Mitmenschen als solche erkannt werden müssen. Es kann sein, dass diese Wesen erst einmal »schlafen«, um dann in bestimmten, extremen Situationen auszubrechen. Jeden dieser speziellen Aspekte kann man zurück an seinen karmischen Entstehungsort und Zeitpunkt verfolgen. Der kann mitunter in ferner Vergangenheit liegen. Erst wenn alle wesentlichen Knotenpunkte erkannt sind, nicht nur im Symbol, sondern auch an Ort und Zeit in der damaligen Konfliktsituation, kann die Transformation dauerhaften Erfolg haben. Dabei darf nicht übersehen werden, dass solche schwierigen Ereignisse ihre Wurzel wiederum in noch viel früheren Inkarnationen haben können. Oftmals liegt ein früher Ursprung in der atlantischen Zeit. Das bedeutet, dass der karmische Umwandlungsprozess ein jahrelanger Erkenntnisweg sein muss. Es ist nichts damit gewonnen, einige wenige Leben zu kennen, die vielleicht markant hervortreten und dadurch schnell gefunden werden. Nur ein systematisches Erforschen auch der verborgenen Winkel kann karmische Reinigung bewirken.

Ein Beispiel kann das verdeutlichen: Bei einer Persönlichkeit trat während der ersten Imagination in der Gegend des Unterleibes eine schwarze, bedrohende Gestalt auf. Der Betreffende ahnte schon vorher, dass damit ein schweres karmisches Vergehen zusammenhing. Das wurde durch diese Imagination zur Gewissheit. Nach sieben weiteren Sitzungen, in denen viele positive Leben zum Vorschein gekommen waren, tauchte endlich das mit Bangen erwartete Ereignis empor: Er hatte in einer weit zurückliegenden Inkarnation seinen karmischen Bruder aus einem Machtrausch heraus im Genitalbereich schwer verletzt. Dieser konnte zwar damals ärztlich behandelt und auch schon durch den Täter ein anfänglicher karmischer Ausgleich geschaffen werden, doch es war aus der Situation heraus eine tiefe Verschuldung entstanden, die karmische Verwirrung durch Jahrtausende nach sich zog. Durch die Erkenntnis und anschließende Transformation wurde der schwarze Doppelgängeranteil verwandelt mit der Folge, dass auch eine nachhaltende seelische Befreiung erreicht werden konnte. Ein schwerer seelischer Druck, der aus dem Unterleib aufstieg, erfuhr seine Lösung.

Imagination – ihre Möglichkeiten und ihre Grenzen

Bevor nun die Darstellung meiner Methode der Karmaforschung weiter vertieft wird, ist es notwendig, den Umgang mit *Imaginationen* näher zu beschreiben. Die gegebenen Übungen sollen zu Imaginationen führen, der ersten Stufe übersinnlicher Wahrnehmung. Es ist wichtig, diese Stufe zu erfahren und sich darin auszukennen. Genauso wie in der Grundschule das Lesen, Schreiben und Rechnen gelernt werden muss, um sich mit diesen Fähigkeiten das weitere Wissen aneignen zu können, ist es auch auf dem geistigen Wege. Die Aneignung eines klaren Denkens und ein gründliches Studium okkulten Wissens sind die Grundlage aller folgenden Schritte, wenn sie zum Heile gereichen sollen. Wird dieses nicht beachtet, treten die Gefährdungen auf, von denen oft berichtet wird.[23] Die Stufe der Imagination, die in der Folge der Gedankenmeditation und Konzentration auftritt, darf nicht übergangen werden, und es ist gut, sie als Erkenntnismittel immer hinzuzuziehen, auch wenn man allmählich lernt, andere geistige Wahrnehmungen zu gebrauchen wie Inspiration und Intuition. Stufenweise sollen diese Fähigkeiten wachsen, wobei durchaus schon während der Imaginationen die weiteren höheren Wahrnehmungen hereinwirken können.

Die Imagination ist die erste Stufe übersinnlicher Wahrnehmung als Folge eines willensmäßig verstärkten Denkens. Sie hat bildhaften Charakter und ist vergleichbar mit dem Sehen, obwohl der Vergleich etwas hinkt. Man darf nicht ein sinnlichkeitsähnliches Sehen erwarten, sondern es ist ein Auftauchen einer sicht-, fühl-, gelegentlich auch schmeck- und riechbaren Erscheinungsform. Man könnte es »sehendes Wissen« nennen. Auf jeden Fall sind die anfänglichen Imaginationen sehr schattenhaft und dünn. Sie müssen von *Visionen* unterschieden werden, die zumeist eindringlich, wenig freilassend wirken und auch ohne geistige Schulung auftreten können. Sie haben im Gegensatz zu den Imaginationen ihren Ursprung im Stoffwechsel-Willenspol und sind *verhinderte Intuitionen*. Visionen deuten oft auf einen krankhaften Prozess hin und sollten nicht angestrebt werden, allerdings müssen sie nicht unbedingt schädlich sein, wenn sie richtig eingeordnet werden. Eine Gefahr ist die falsche Bewertung solcher Erscheinungen, die zu wahnhaften Vorstellungen führen kann.[24]

Wirkliche Imaginationen beginnen, wenn das Stirnchakra durch Konzentrationsübungen aktiviert wird. Auch Kehlkopf- und Herzchakra sollten schon eine gewisse Ausbildung erfahren haben, umso zuverlässiger sind die imaginativen Erkenntnisse.

Imaginationen sind keine Vorstellungen. Das muss klar gewusst werden. Das lebendige Denken ist die Vorbedingung der Imagination, die in der Folge der Meditation als Kraftwirkung aus dem frei werdenden Ätherleib aufsteigt. Der Engel webt die Bilder in den Astralleib ein, der Ätherleib macht sie sichtbar. In dem leer gemachten wachen Bewusstsein erscheint das Material oder die »Leinwand«, auf die das höhere Selbst mit der Hilfe geistiger Wesen seine Wahrheiten sichtbar und fühlbar macht. Dieses Sehen unterscheidet sich stark vom Augensehen. Es ist manchmal schattenhaft, scherenschnittartig, manchmal ragt es wie ein Blitz mit überklarer Deutlichkeit herein, um gleich wieder verschwunden zu sein, und hinterlässt doch eine reale Gewissheit. Imaginationen unterscheiden sich durch eine ganz andere *Verbindlichkeit* vom Gedanken- und Vorstellungsleben.

Noch höhere Bewusstseinsebenen sind *Inspiration und Intuition*.

Die *Inspiration* bildet sich im Bereich des Fühlens aus. Höhere geistige Wesen wirken nun nicht nur über die symbolische Bildsprache, sondern unmittelbar über Klang und geistiges Wort. Auch ein Schauen kann hier auftreten, aber auch dieses ist jetzt dichter, greift stärker ein. Das ahnende Wissen der Imagination bekommt auf dieser Stufe eine durchschauende Gewissheit. Die Inspiration wirkt viel tiefer in den Ätherleib hinein. Kehlkopf- und Herzchakra haben sich schon zu zuverlässigen Organen entwickelt.

In der *Intuition* geschieht ein Verschmelzen mit dem anderen Wesen. Seien es andere Naturwesen, Elementargewalten oder höhere Hierarchien – das Erleben gewinnt *Unmittelbarkeit*, und jegliche, bisher noch mögliche Unverbindlichkeit verschwindet. Das bewirkt *wesenhafte Erkenntnisgewissheit*. In diesem höheren Sinne gemeinte Intuitionen können nur über die voll ausgebildeten Chakren erfahren werden. Diese Entwicklung setzt eine Läuterung des unteren Bereiches, des Willenspoles voraus, d.h. eine Umwandlung der Triebnatur, was zu einem Erwachen in diesem Bereich führt, der sonst schlafend seinen Impulsen und Instinkten folgt. Doch erfolgt auch diese Entwicklung stufenweise, je nach Entwicklungsgrad der einzelnen Chakren. Allmählich verschmelzen Basischakra und Scheitelchakra zu einem Strom, durch den die höheren Hierarchien unmittelbar sprechen und wirken können.

Erst das Zusammenwirken der drei übersinnlichen Erkenntnisstufen kann zu Erkenntnisgewissheit führen. Doch Teilerkenntnisse gibt es in jeder der genannten Stufen und sie können auf dem Wege der Entwicklung sehr hilfreich sein, wenn man sich dessen bewusst ist, dass sie noch nicht die endgültige Wahrheit, sondern nur ein Zwischenglied dazu sind.

Am Schluss des Buches soll Weiteres zum Schulungsweg und zu den höheren Bewusstseinszuständen ausgeführt werden.

Die ersten geistigen Bilder, die durch die Übungen erscheinen, haben durchweg realen Symbolcharakter. Da ist es notwendig, sich in der okkulten Sprache auszukennen. Nur ein jahrelanger Umgang mit diesen Metaphern gibt genügend Sicherheit, diese Form geistiger Botschaften zu verstehen. Auch hierbei ist es unumgänglich, den reichen Fundus der Anthroposophie als Grundlage zu nehmen. Darüber hinaus bietet die Psychologie und die Traumforschung sehr brauchbare Schlüssel zum Verständnis geistiger Bilder. Wenn man längere Zeit mit diesem Bereich umgeht, entdeckt man in der unerschöpflichen Vielfalt eine über die ganze Welt ausgebreitete Gesetzmäßigkeit in Form von Mythen, Märchen, Sagen und Legenden. Es gibt nichts in diesem Bereich, was nicht alle Menschen verbindet und doch tritt es im einzelnen Menschen sehr individuell auf. Die geistige Welt ist immer wahr, wir müssen nur lernen, sie zu verstehen. Sehr häufig kann man diese Erfahrung machen: Manche sehr rätselhafte Bilder oder Handlungsabläufe können oft zu Beginn nicht verstanden werden, man will nicht den Sinn begreifen. Im Verlaufe weiterer Erfahrungen erst wird deutlich, worauf mit dem früheren symbolischen Geschehen hingedeutet werden sollte.

Da ist es wichtig zu unterscheiden: Was ist allgemeines Urbild, welches ist die Symbolik eines bestimmten Kulturkreises und was entstammt dem persönlichen Karma?

Urbilder

Der *Paradiesesmythos* ist ein solches Urbild. In allen Kulturen gibt es Welterschaffungserzählungen, die im Kern übereinstimmen, aber natürlich je nach dem Territorium, auf dem sie entstanden sind, eine sehr unterschiedliche Ausschmückung erfahren haben. Je nach karmischer Herkunft können die Ursprungsmythen als geistige Realität in uns als Abdruck vorhanden sein und im Verlaufe imaginativer Erkenntnisse aus den Untergründen aufsteigen. Es kann geschehen, dass man sich unvermittelt am Baum der Erkenntnis befindet, dieser umwunden ist von der Schlange, ja sogar, dass man selber Akteur in dem Geschehen ist. Wer bei einem solchen Erlebnis allerdings denkt, das wäre eine eigene Inkarnation, könnte auf eine falsche Spur kommen. Solche Erlebnisse, die tief berühren können, deuten auf den allgemeinen Ursprung des Menschengeschlechtes, den jeder in seiner physischen wie auch seelischen Vererbung in sich trägt. Rudolf Steiner gibt eine ausführliche Beschreibung des Sinnes solcher inneren Erfahrungen.[25] Für mich war es interessant, dass gerade bei Menschen, die keine oder nur geringe anthroposophische Vorkenntnisse hatten, welche ich in Imaginationen führte, diese und ähnliche Erlebnisse unvermittelt auftauchten und große Überraschung auslösten. Bei dem mit dem Studium solcher Inhalte vertrauten Anthroposophen müssen sie nicht zwangsläufig erscheinen, da sie auf andere Weise verinnerlicht sind.

Weitere Urbilder, die in unserem Kulturkreis häufig geschaut werden, hängen mit dem Gralsgeheimnissen, der Siegfriedsage, aber auch mit dem griechischen und germanischen Sagenkreis zusammen.

Diese Bilder deuten meistens auf bestimmte Entwicklungsphasen der Seele hin, manchmal auch auf eine bestehende, gegenwärtige Problematik. In gewissen Fällen kann es auch ein Hinweis auf einen tatsächlichen karmischen Zusammenhang mit dem zugrunde liegenden Geschehen sein. Wenn das der Fall ist, erscheinen sehr bald schon reale fortlaufende Ereignisse aus diesem Leben, die in Einzelheiten auch sehr von den bekannten Geschichten abweichen können. Die Sage ist eine Mysteriendichtung, in einer bestimmten Absicht verfasst, aber fußend auf einem wirklichen Geschehen, das beispielhaft für vieles steht. Das gilt besonders auch für den Gralsumkreis, der sowohl historische Grundlagen im neunten Jahrhundert hat, darüber hinaus aber für Entwicklungsnotwendigkeiten einer jeden Menschenseele urbildhaft steht. Im Gralsgeschehen ist unsere moderne Bewusstseinsentwicklung von Parzival und seinen Mitstreitern vorweg genommen worden. Parzival ist der Repräsentant der Entwicklung der Bewusstseinsseele. Er geht durch Verschuldungen und Gottesferne. Durch finstere Jahre des Zweifels findet er die ihm zugedachte Aufgabe der Erlösung des Amfortas, des Repräsentanten der sündig gewordenen Verstandesseele.

Besonders eindrucksvoll und tiefgreifend sind die Ereignisse der Heilsgeschichte. Oftmals wirken einzelne Bilder oder ganze Handlungsabläufe des Christuslebens in die Imaginationen herein. Das hängt in erster Linie damit zusammen, dass die Christustat jeden Menschen betrifft. Christus hat sein Lebenstableau, alle Ereignisse seines makellosen Lebenslaufes geopfert und der Erde einverwoben. Aus diesem Grunde kann jeder Mensch, der eine innige Beziehung zu Christus aufgebaut hat, Zugang zu diesem Tableau bekommen. Wenn solche Bilder auftauchen, liegt dem auch oft ein mystisches Erleben einer früheren Inkarnation zugrunde. In einigen Fällen kann aber auch damit gerechnet werden, dass die betreffende Person tatsächlich im Umkreis Christi gelebt hat. Hier gilt, wie bei den Sagen und Mythen: Es müssen in karmischen Rückschauen tatsächliche, sinnvolle Zusammenhänge des ganzen Lebens erlebt werden, erst dann kann Gewissheit erlangt werden. Dieses ist besonders sorgfältig zu prüfen und muss möglichst von mehreren geistig forschenden Personen auch bestätigt werden. Nur so kann der Gefahr falscher Identifikation mit bestimmten Namen vorgebeugt werden. Denn bei vielen frommen Seelen, manchmal auch weniger frommen, ist der Wunsch groß, sich im Umkreis Christi als Jünger oder weibliche Begleiterin wieder zu finden.

Mythologische Tiere

Es ist noch das reiche Gebiet mythologischer Tiere zu erwähnen. Viele Menschen kennen innerhalb ihres Traumlebens Erlebnisse mit Tieren. Auch wenn sie nicht unmittelbar in einer Umgebung mit Tieren leben, spielen sie doch innerhalb der Träume manchmal eine merkwürdig dynamische Rolle. Es sind auch vielfach gar keine Haustiere, sondern wilde und wild lebende Tiere, die zudem noch eine Tendenz zur grotesken Veränderung zeigen. Sie können gelegentlich unser nächtliches Leben dramatisch bewegen.

Diese Wesen haben eine starke Beziehung zu unserem Seelenleben. Innerhalb der Träume deuten sie auf zumeist noch ungeläuterte Seeleneigenschaften hin oder sie dienen der Kontrolle geistiger Prüfungssituationen und Entwicklungsschritte. Man lernt während des Schulungsweges diese Abläufe beobachten und deuten.

Anderes Gewicht haben solche Erscheinungen innerhalb der Imagination. Außer der genannten Bedeutung können tiefer liegende karmische Grundzüge erhellt werden. Da sind die vier apokalyptischen Tiere zu nennen und ebenso die Tiergottheiten der ägyptischen, indianischen und anderer archaischer Kulturen zu beachten. Sie deuten auf grundlegende Prägungen innerhalb des inneren Seelengefüges hin, die oftmals ihre Grundlage in der atlantischen Epoche haben. Es ist damit nichts Negatives gemeint, sondern sie bilden Einflüsse hoher geistiger Wesen ab, die, wollten sie in direkter Weise wirken, von uns nicht verstanden werden könnten. Sie können ihren Einfluss nur durch diese Gestalten bewusst machen.

Auch auf diesem Gebiet ist es wichtig, unablässig sein Wissen und seine Erfahrungen zu erweitern, um nicht in der Flut merkwürdiger Bilder in die Irre zu gehen.

Eine gute Schule, um auf diesen Gebieten zu sicheren Urteilen zu kommen, ist die Beschäftigung mit Märchen. Sie sind im Grunde nichts anderes als wahre Imaginationen. Der Grundaufbau der Märchen ist bei fast allen Völkern ähnlich. Variationen bestehen im Wesentlichen nur durch regionale Sitten und Besonderheiten. Innerhalb der Anthroposophie gibt es grundlegende Werke der Märchendeutung.[26] Sie sind eine gute Hilfe, wenn nicht eigene Ideen zum Verständnis vorhanden sind. Ist das Grundmuster einmal begriffen worden, wird man sehr bald immer mehr Sicherheit im Lesen dieser okkulten Sprache erlangen.

Eine spezielle Kategorie *geistiger Tiere* ist von Rudolf Steiner im roten Fenster des Goetheanums dargestellt worden. Sie bedrohen uns an der Schwelle zur geistigen Welt, wenn unsere Läuterung noch nicht gründlich genug stattgefunden hat. Sie sitzen in unserem Denken, Fühlen und Wollen als Vorurteil, Zweifel, Hass auf Geistiges und Spott gegenüber dem Geistigen.

Die in farbiges Glas geschliffenen Fenster des Goetheanums, die Deckenmalerei und ebenso die plastischen Formen des Baues und der Säulen können durch meditative Versenkung ein tiefes Verständnis geistiger Wahrbilder erwecken.

Symbolische Zeichen und die Notwendigkeit einer Schutzmeditation

Zu diesen zeichenhaften, uralten magischen Symbolen gibt es ebenfalls verschiedene Literatur.[27] Auch dieses Wissen muss man sich bis zu einem gewissen Grade aneignen. Es ist sicher den meisten nicht möglich, alle Texte gründlich zu studieren, aber einen gewissen Überblick sollte man sich verschaffen, denn auch diese Symbole beruhen auf im Menschen und Kosmos begründeten Tatsachen. Die kabbalistischen Schriften, die Freimaurer- und Rosenkreuzer-Tradition bieten eine Fülle okkulter Zeichen, die aber in der heutigen spirituellen Praxis nur eingeschränkt brauchbar sind. Rudolf Steiner hat in der Esoterischen Schule die für uns wichtigen Zeichen beschrieben und unterschiedliche Meditationsanweisungen dazu gegeben. Die bekanntesten sind die Tierkreiszeichen, die Planetensymbole und Hexagramm und Pentagramm. Auch Kreuz und Merkurstab – Caducäus – sind wichtige Schutzzeichen.

Das Pentagramm – Fünfstern – ist das Zeichen des Ätherleibes, dessen Ströme in der Form des aufrechten Pentagrammes durch den Menschen fließen. Gleichzeitig hängt es mit dem Solarplexuschakra zusammen. Die Einflüsse der Planeten auf den Menschen können durch die Meditation des Pentagrammes in einer bestimmten Weise gefördert werden. Das Hexagramm – Sechsstern – ist das Zeichen des Astralleibes und gehört zum Nabelchakra. Es besteht aus zwei ineinandergeschobenen Dreiecken.

Der Caducäus kann, wie die anderen Zeichen, unter verschiedenen Gesichtspunkten meditiert werden. Er ist das Symbol von Tag und Nacht und von Inkarnation und Exkarnation und überhaupt für die Entwicklungsrhythmen des Menschen und der Welt. Besonders, wenn man unter Konzentrationsschwierigkeiten leidet, kann die Vorstellung des hell leuchtenden Stabes, umwunden von der dunklen und hellen Schlange eine Hilfe zur Überwindung dieses Übels darstellen.

Das Buch Thot ist der ägyptischen Einweihung entsprungen. Rudolf Steiner formuliert das folgendermaßen: »Diejenigen, die eingeweiht waren in die ägyptischen Mysterien, verstanden das Zeichen für Tarot zu lesen. Sie verstanden auch das Buch Thot zu lesen, das aus 78 Kartenblättern bestand, in welchen alle Weltgeschehnisse vom Anfang bis zum Ende, von Alpha bis Omega verzeichnet waren und die man lesen konnte, wenn man sie in der richtigen Reihenfolge verband und zusammensetzte.«[28] Die letzten Nachklänge sind uns in der Form der zweiundzwanzig sogenannten »großen Arcana« erhalten geblieben. Als Spielkarten tauchten sie im dreizehnten Jahrhundert zuerst in Marseille auf. Es war ein Auftauchen im wahren Sinne des Wortes: Die Gralsmysterien, die sich mit der Katharerbewegung zusammengeschlossen hatten, hüteten diesen jahrtausendealten Schulungsweg, der in diese Karten hineingeheimnist ist. Man kann von einer uralten Verbindung der Mysterienstätten untereinander ausgehen. Mit der Profanierung der ägyptischen Kultur, wurden wesentliche geistige Geheimnisse in die verborgenen Druidenheiligtümer gerettet. Dort wurden sie Grundlage eines esoterischen Christentums. Als letztes Vermächtnis der Gralskultur und zugleich als einziges Geheimnis, was öffentlich gemacht werden konnte, wurde dem einfachen Volk und besonders dem *fahrenden Volk* der Tarot in Form eines Kartenspieles übergeben. In der heutigen Zeit ist der Umgang mit dem Tarot leider vielfach entartet und zur Wahrsagerei verkommen. Vor einem solchen Gebrauch muss gewarnt werden. Wenn man ihn aber als Meditationsinhalt nimmt, können tiefe Geheimnisse aufleuchten.

Andere wesentliche Einweihungsgeheimnisse mussten die Katharer mit in den Tod nehmen. Niemals durften sie der Kirche anheim fallen und damit für die Menschheit verloren gehen. In geistiger Weise haben sie überdauert und können in der Zukunft wieder ins Bewusstsein ehemals Wissender eintreten.

Geistiger Schutz ist eine Notwendigkeit bei allen geistigen Verrichtungen, welcher durch den Umgang mit Symbolen erreicht werden kann. Die Frage könnte jetzt entstehen: wozu ist ein solcher Schutz erforderlich, wenn doch ein Engel, ein höheres Selbst und weitere Geistwesen für uns sorgen?

Im Geistbereich ist es wie im äußeren Leben auch. So wie hier für das kleine Kind die Eltern Sorge tragen und Schutz geben, mit zunehmendem Alter das Kind aber der Fürsorge entwächst und selber wissen muss, wann und wie es sich schützen kann, entwächst der Mensch durch die allgemeine Entwicklung innerhalb der Evolution der Eingriffsmöglichkeit durch geistige Wesen. Der Sinn des Fortschrittes besteht in einer immer größer werdenden Eigenverantwortlichkeit, die aus unserer zunehmenden Freiheit resultiert. Die menschliche Seele ist der Kampfplatz der unterschiedlichen geistigen Kräfte, die als Widersacher schon beschrieben worden sind, mit den uns gut gesonnenen geistigen Mächten. Während wir uns im irdischen Bewusstsein durch unsere Sinne mit der Außenwelt verbunden fühlen, uns aber gleichzeitig als durch unsere Haut von ihr abgetrennt erleben, sind unsere höheren Wesensglieder die Lebensgrundlage *anderer* Wesen, ungetrennt. So wie wir Luft und Wasser mit allen Naturreichen teilen, dringt auch der Geist unbegrenzt in uns ein. Nur bilden verschiedene Bewusstseinsebenen unterschiedliche Reiche.

Zutritt zu unseren Wesensgliedern, die innerhalb dieser Reiche leben, haben alle geistigen, astralen und ätherischen Bewohner dieser Welten. Die ärgsten Feinde unserer menschlichen Entwicklung sind dämonische Geister luziferischer, ahrimanischer und asurischer Kategorien. Es gibt aber auch Elementarwesen guter und schädlicher Art. Diese haben kein eigenes Ich, sondern sie dienen dem höheren Ich eines Engels oder Erzengels und noch höheren Hierarchien. Sie sind mit diesen verbunden, wie mit dem Menschen die Zellen seines Körpers verbunden sind, aber sie haben eine größere Selbstständigkeit, Beweglichkeit und Bewusstheit als die Zellen. Sie bewirken das Entstehen und Vergehen und unterliegen ihm nach einer gewissen Dauer. Nicht nur die guten geistigen Mächte haben solche dienstbaren Wesen, auch Verführermächte und Dämonen sind von ihnen umgeben. Die können sich verselbstständigen und bilden dann die Astral- und Äthersubstanz gespenstartiger Wirkungen unsichtbarer und manchmal auch wahrnehmbarer Art und ragen damit in uns hinein.

Aus der Literatur sind mannigfaltige Erzählungen bekannt: In Märchen und Sagen hören wir von Feen, Sylphen, Nixen, Elfen, Wassermännern, Erdmännlein, Gnomen und Kobolden. Auch große Dichter wie *Goethe* haben sich nicht gescheut, diese Bereiche der Elementarwelt ernst zu nehmen und in ihre Dichtungen miteinzubeziehen. Es sei nur auf die Stelle im *Faust, Erster Teil* hingewiesen, wo Faust den Erdgeist beschwört und dessen Kraftwirkungen zu spüren bekommt.

Ebenso können sich Menschen als geistige Wesen mit unserer eigenen geistigen Substanz verbinden, gewollt oder ungewollt. Alle wunschgeprägten Gedanken und Gefühle positiver und negativer Art schaffen solche Verbindungen. Unerklärliche Krankheiten und Schwächungen können hier ihre Ursachen haben. Noch intensiver werden die Folgen solcher unglückseliger Verbindungen, wenn diese Seelen als Verstorbene hereinwirken. Das soll in einem gesonderten Kapitel eingehender behandelt werden.

Schutzmeditation

Zum Erfragen eines persönlichen geistigen Schutzsymboles kann folgende Übung dienen:

Die Verbindung mit dem Engel und dem hohen Selbst innerhalb des Lichtraumes ist der Beginn. An diese Führerwesen kann nun die Bitte ergehen, ein solches persönliches Symbol gezeigt zu bekommen. Man trifft die Vereinbarung, dass man einen erst bildlich vorgestellten, dann durch Willenskraft imaginativ erschauten Berg *ersteigen* will. Auf dem Gipfel dieses Berges steht eine kleine Kapelle. Die wird man in der Erwartung betreten, dass sich dort das gewünschte Symbol befindet. Es ist wichtig, die *astralen* und vielleicht sogar die *ätherischen Beine* zu bewegen, während der physische Körper in Ruhe verharrt. Wem diese Aufforderung zu befremdlich vorkommt, versuche es erst rein vorstellungsmäßig. Er wird merken, dass die Vorstellung allein nicht greift. Bei der zweiten oder dritten Übung wird die Vorstellung immer stärker willensdurchdrungen werden müssen, um zum Erfolg zu führen.

Das Erste, was man beim Betreten der Kapelle erblickt, ist das persönliche Symbol. Es kann auch sein, dass eine Gestalt erscheint, die weitere wichtige Gegenstände zeigt. Man kann in diesem Falle noch weitere Informationen erfragen. Außer den genannten abstrakten Zeichen, können die unterschiedlichsten Gegenstände einer bestimmten Individualität zugeordnet sein. Das hängt in den meisten Fällen mit der karmischen Vergangenheit zusammen. Kreuz und Kelch, aber auch Baum oder Blume, gewisse Tiere oder einfache Gegenstände sind mögliche Erscheinungen. Wichtig ist es, das, was man gesehen hat, zu verinnerlichen und sich damit zu verbinden, um es in der Meditation benutzen zu können. Aber auch in akuten Situationen, bei Gefahr usw. kann die Besinnung auf ein vertrautes inneres Bild eine große Hilfe sein. Durch den regelmäßigen Gebrauch gewinnt das Symbol an Kraft. Darauf beruht auch die Wirksamkeit der allgemeinen Symbole. Weil sie durch

Jahrtausende für etwas Bestimmtes stehen und von Menschen und göttlichen Wesen in diesem Sinne benutzt werden, besitzen sie ihre Kraft. In diesen Bereich der Kraftwirkungen gehören auch alle Rituale und religiösen Kulte. Durch vielfältige innige (inbrünstige) Wiederholung wird ein dauerhaftes magisches Kraftfeld aufgebaut.

Das kann allerdings bei Missbrauch auch in das Gegenteil verkehrt werden, wie wir es in den großen Religionsgemeinschaften durch lange Zeiträume wahrnehmen können. Dadurch entstehen Gruppendoppelgänger, die sogenannte Egregore. Solche Egregore sehr mächtiger Art begleiten die Kirchen durch ihre Geschichte. Diese Wesen ahrimanischer Natur vernebeln das Bewusstsein großer Menschengruppen. Auch in kleineren Gruppierungen und okkulten Gemeinschaften sind solche Wesen am Werk.

Dieser Tatsache sollte man sich bewusst sein, da sie auch in die persönliche Meditation hineinwirken können. Fast jeder fühlt sich einer Menschengruppe direkt oder indirekt zugehörig oder verpflichtet. Dadurch werden gemeinsame Bewusstseinsfelder gebildet, die eine geistige Realität darstellen, auch wenn man äußerliche Distanz wahrt. In allen Symbolen sind Wirksamkeiten enthalten, die in ihr Gegenteil umschlagen können, wenn nicht verantwortungsvoll damit umgegangen wird. Ein verantwortungsvoller Umgang ist ein Grundgesetz für alle geistigen Übungen.

Der Heimatort oder Empfangsraum in der Geistwelt

»Meister, es ist gut, dass wir hier sind; wir wollen drei Hütten bauen, dir eine und Mose eine und Elia eine.«[29] Dieses Geschehen im Christusleben kann als Urbild und Vorbild eines christlichen Einweihungsweges stehen. Das Bauen einer Hütte im Geistigen gehört zu den elementaren Grundlagen einer soliden Geistesschulung.[30] Dieser »Wohnort« im Geistigen dient als Empfangsraum für alle geistigen Kontakte, seien es Geistwesen oder Verstorbene, hier kann man mit ihnen in Kontakt treten, sie bitten und auch hinweg schicken, wenn es sich als notwendig erweist. Es ist der ureigene Raum und zugleich die Wohnstatt Christi. Hier finden die wesentlichen persönlichen Begegnungen statt. Zugleich ist er der Ausgangsort zu weiteren Bereichen höherer geistiger Ebenen. Von hier aus führen die Wege, hier stehen die Richttafeln, hier bekommt man Antworten auf seine Fragen.

Wiederum ist die Ausgangslage die Verbindung mit dem Engel und dem hohen Selbst, welche die Bitte um Hilfe und Führung bei dieser Unternehmung mit einschließt. Ist die Individualität reif genug, um diesen Bau zu beginnen, werden weitere Geistgestalten erscheinen, die Hilfen geben und Wege zeigen.

Die Begegnung mit höheren *Hütergestalten* kann jetzt stattfinden. Rudolf Steiner schildert in »Wie erlangt man Erkenntnisse der höheren Welten?« ausführlich den großen Hüter der Schwelle. Es besteht bei manchen geistig Übenden keine volle Klarheit darüber, wer er ist. Ist es der Archai Michael oder ein anderes hierarchisches Wesen?

Der Charakter dieses Schwellenhüters wird sehr anschaulich erfahrbar, wenn man die Mysteriendramen auf der Bühne miterlebt. Es gibt darüber hinaus verschiedene Hinweise im Vortragswerk Steiners.

Auch wenn man über längere Zeit mit den sogenannten Klassenstunden lebt, den von Rudolf Steiner seit 1924 gehaltenen Esoterischen Stunden für die Mitglieder der Freien Hochschule für Geisteswissenschaft, entwickelt sich ein Wissen über diese kosmische Geistgestalt.

Ich möchte mich hier nicht auf eine genaue Definition festlegen, sondern das, was mir selber erfahrbar ist, zugrunde legen. Höhere Geistwesen, beginnend mit dem Engel, sind immer Schwellenhüter. Auf jeder Entwicklungsstufe steht ein höheres hierarchisches Wesen und sie alle stehen miteinander in Verbindung, dienen dem Ziel, die Menschenseele mit Christus zu vereinen. Sie weisen die Wege und setzen auch mit Korrekturen an, sie sind Richter, richten uns auf und zeigen die Richtung an. Ihnen müssen wir folgen, wenn wir in der geistigen Welt weiterschreiten wollen. Alle negativen Eigenschaften werden vor ihnen bewusst. In großer Güte sind sie bereit, uns bei unserer Selbsterkenntnis und Umarbeitung zu helfen. Viele Orte im Geiste lernen wir mit der Hilfe der höheren Hierarchien kennen. Es sind Orte mit den dazu gehörigen Menschen, mit denen wir verbunden sind. Dort kann man wahrnehmen, ob diese Menschen geistig wach oder noch schlafend sind. Der Mittler und Lenker all dieser Helferwesen ist der Archai Michael, der auch das Antlitz Christi genannt werden kann.

Den uns zustehenden »Bauplatz« bekommen wir nun angewiesen und das Schaffen und Erbilden kann beginnen. Zahlreiche Helfer erscheinen, Engel und Elementarwesen sind mit uns die Tätigen, die das Gebäude errichten.

Innerhalb nur einer einzigen Meditationseinheit wird man diesen komplizierten Bau kaum schaffen. Es kann sich über Tage oder gar Wochen hinziehen, ehe ein einigermaßen befriedigendes Gebilde entstanden ist. Auch wird es im Laufe der Zeit immer so sein, dass ein Umbau stattfindet. Dieser Bau steht für unsere momentane geistige Entwicklung, d.h. das Gebäude kann anfangs schlicht und klein sein, sich aber in der Folge erweitern und auch die »Inneneinrichtung« wird sich den Erfordernissen der jeweiligen Aufgaben anpassen.

Wie ein Gebäude im Äußeren, muss auch dieses Geistgebäude instand gehalten werden. Der regelmäßige Besuch innerhalb der Meditation ist die unerlässliche Bedingung für die Stabilität der geistigen Heimat.

Das Hereinwirken Verstorbener als Hilfe und Gefahr

Die Verbindung mit verstorbenen Seelen ist nicht zu unterschätzen. Auch für sie können wir eine Lebensgrundlage abgeben. Nicht immer hat die Verbindung mit Toten eine positive Auswirkung, sondern nur in den Fällen, in denen der Verstorbene schon so weit an sich gearbeitet hat, im vergangenen Leben oder nach dem Tode, dass alle negativen Eigenschaften, Wünsche und Süchte überwunden sind. Es gibt sicher eine ganze Reihe solcher edlen Seelen, die uns hilfreich aus der anderen Welt beistehen wollen, aber die ungeläuterten sind in der Überzahl. In unserer materialistischen Zeit kann man von einem ungeheuren Ausmaß an ziellos umherschweifenden Seelen ausgehen. Sehr viele Seelen wissen gar nicht, dass sie tot sind. Da sie ein Weiterleben in einem jenseitigen Bereich während ihres physischen Daseins nicht für möglich hielten, sie sich aber als noch daseiend erleben, glauben sie nicht an ihren Tod. Sie halten sich in *den* irdischen Regionen auf, die für ihre Seelenlage »Nahrung« geben. Es besteht für sie die Möglichkeit, in die Auren offener oder geschwächter Menschen einzuziehen und dort ein Scheinleben zu führen. Sensible, meditativ veranlagte Menschen geben ein gutes »Futter« her. Deshalb ist es wichtig, immer wieder zu prüfen, ob sich jemand »angeheftet« hat. Für gewisse Verstorbene kann ein Meditant wie ein Fliegenfänger wirken. Deshalb ist es ratsam, vor jeder geistigen Übung den beschriebenen Schutzraum aufzubauen. Weitere Gefährdungen treten in allen schwächenden Situationen auf. Besonders bei schweren Erkrankungen, in Krankenhäusern während Operationen und bei Unfällen sind Einschlupfmöglichkeiten für irrende Seelen gegeben.

Dass man ein solcher, unfreiwilliger »Lebensspender« wird, kann schon in der frühen Kindheit geschehen, und viele unerklärlichen Schwächungen und Krankheiten physischer wie seelischer Art haben in solchen Besetzungen ihren Ursprung. Gerade in der Kindheit kann viel verdorben werden, auch durch eine unvernünftige Erziehung. Angsterzeugendes Verhalten von Eltern, Erziehern und Lehrern schwächt und schädigt die Aura des Kindes. Das Selbstwertgefühl des Kindes herabsetzende und zerstörende Attacken, aber auch die Vermittlung eines negativen, einengenden Weltbildes, wie es häufig durch die Kirchen geschieht, kann die Aura so schrumpfen lassen und sie mit »Rissen« versehen, dass ähnlich gestimmte Verstorbene leicht hineinschlüpfen können.

Ein mit Süchten behafteter Mensch wird zum Einfallstor für im Zustand der Sucht verstorbene Seelen. Wenn eine süchtige Seele Zugang zu einem »Opfer« findet, können Süchte erzeugt oder verstärkt werden. Gefährlich ist da schon Alkohol- oder Drogengenuss während des Besuches eines Ortes, an dem die entsprechende Stimmung herrscht, z. B. Disco, Kneipe und Ähnliches. Schwerste Süchte, schwerste Depressionen können in der Folge diese Persönlichkeit völlig entstellen. Ein anderes Ich attackiert das eigene Ich permanent, um seine Triebe zu befriedigen oder seine negative Grundstimmung auszuleben. Durch dieses gestörte Milieu können weitere ähnlich gesinnte Wesen angezogen werden und zu einer ganzen Schar anwachsen.

Der geistig Strebende und auch der Anthroposoph ist von solchen Gefahren nicht ausgenommen. Es sind bei ihnen vielleicht andere Seelen, die sich angezogen fühlen. Der Säufer und der Süchtige wird auf Dauer keine Nahrung finden. Aber die frischen Ätherkräfte, die durch eine gute Meditation aufgebaut werden, können der Stimmung und dem Bedürfnis eines verstorbenen Freundes oder Verwandten entgegenkommen. Das ehrliche Mitleid, die Sorge um einen lieben Verstorbenen aus dem Arbeitskreis kann schon genügen, dass dieser glaubt, das Versäumte nun auf so bequeme Weise haben zu können, und er heftet sich an den Betreffenden an. Ängstliches und damit falsches Mitleid, seelische Erschütterungen und eigene Unsicherheiten öffnen die Aura, machen sie porös, so dass nahestehende oder auch fremde Seelen einschlüpfen können.

Heißt das nun, dass man sich dicht machen soll, kein Mitleid, keine Gefühlsregung zulassen darf? Das kann sicher nicht im Sinne einer spirituellen Entwicklung liegen. Wie kann man aber vorbeugen, wie sich wieder befreien, wenn so eine Besetzung geschehen ist? Und vor allem: Wie ist diesen bedauernswerten Verstorbenen zu helfen, die ihren eigenen Zustand oft gar nicht verstehen und ihn auch nicht unbedingt ändern wollen, weil sie keine Alternative kennen? Gerade das ist ja das Erschütternde, dass oft die Wahrnehmung für andere geistige Bereiche nicht vorhanden ist und helfen wollende andere Geister nicht als solche erkannt werden.

Hier setzt die Aufgabe der Lebenden ein. Ist so eine irrende Seele erkannt in der Meditation oder einer therapeutischen Sitzung, kann man mit ihr in ein Gespräch eintreten und ihr klar machen, dass ihr leidvoller Zustand geändert werden kann, wenn sie sich den höheren Mächten oder auch verstorbenen Verwandten, die diesen Weg bereits gegangen sind, anvertrauen und sich ins Licht führen lassen will. Es ist wichtig, dass wir Lebenden auf die verlorene Verbindung hinweisen und Hilfe zur Transformation geben.

Um einem Verstorbenen von vorn herein ein so irrtümliches Dasein zu ersparen, kann man sich ihm mit Gebeten und geeigneten Mantren zuwenden. Aber dieses muss mit Disziplin geschehen. Zu einer bestimmten Zeit, mit liebevoller, jedoch gelassener Haltung übergibt man ihm diese Geistesnahrung mit der Aufforderung, in das geistige Licht zu gehen und dort den Weg der Läuterung anzutreten. Das kann man selbstverständlich so lange und so oft wiederholen, wie man den Eindruck hat, dass der Verstorbene es benötigt. Wichtig ist es, ihm klar zu machen, dass er nicht ungefragt die Kräfte der Lebenden anzapfen, sondern nur die freiwilligen Zuwendungen annehmen darf. Von Rudolf Steiner haben wir darüber hinaus die Empfehlung, den Verstorbenen laut und engagiert spirituelle Texte, z.B. seine Vorträge über nachtodliche Zustände, vorzulesen. Auch da gilt es, die Toten nach der Lesung ins Licht zu bitten.

Belehrt durch jahrelange Erfahrungen im Umgang mit diesem Bereich, möchte ich die Möglichkeit der Reinigungs-Imaginationen nicht unerwähnt lassen. Sogenannte »Clearings« können in vielen Fällen große Erleichterung und depressive Zustände zum Verschwinden bringen.[31]

Es deutet auch vieles darauf hin, dass das Phänomen der sogenannten multiplen Persönlichkeit vielfach in Wahrheit eine Besetzung durch mitunter ganze Scharen von Verstorbenen ist. Durch eine sachgemäße Geistbefreiung in Form eines Clearings könnte vielen schwer psychotischen Menschen geholfen werden.

Im Zusammenhang mit der karmischen Rückschau gewinnt dieser Aspekt eine wichtige Bedeutung. Die Toten müssen erst befreit werden, um nicht mit ihren vergangenen Leben Verwirrung zu stiften. Auch muss bedacht werden, dass möglicherweise mit in diesem Leben unbekannt gebliebenen Verstorbenen doch eine karmische Verbindung aus früheren Leben bestehen kann, vielleicht sogar ein vorgeburtliches Versprechen vorliegt, einen karmischen Ausgleich zu leisten. Auch hier gilt: Die Ursachen einer Besetzung sind individuell sehr vielfältig und müssen erkannt und geklärt werden.

Imaginative Übung als Vorstufe karmischer Rückschau

Ein Mantram oder Gebet ist der Eingang auch dieser Übung. Wiederum wird der Lichtraum aufgebaut. Engel und höheres Selbst werden hereingebeten. Die Bitte an die geistige Welt, erste Zusammenhänge erfahren zu dürfen, lebt als Grundstimmung in der Seele. Es ist notwendig, jetzt ein völlig leeres Bewusstsein zu erzeugen. Nach einer Weile wird ein Gedanke oder ein Bild auftauchen. Auch wenn es ein Alltagsgedanke oder ein Bild aus einem Film oder andere banal erscheinenden Gegenstände sind, ist diese Erscheinung ernst zu nehmen. Man übergibt sie dem Engel und allen anwesenden Helferwesen mit der Bitte, sie in das geistige Licht zu schicken und sie dort zu transformieren. Dieser geistige Transformationsprozess ist ein Reinigungsvorgang und notwendig, um einerseits die störenden Gedanken und Vorstellungen zu beseitigen, andererseits wird man zunehmend merken, dass diese Bilder an Bedeutung gewinnen. Sie bekommen im fortlaufenden Geschehen immer stärkeren Symbolcharakter; anfangs noch statisch, können die Gestalten im weiteren Verlauf auch Beweglichkeit annehmen.

Wichtig ist es nun, jede Erscheinung im Bewusstsein zu behalten und später aufzuschreiben. Das ist am Anfang äußerst schwierig. Die imaginativen Bilder sind zu Beginn oftmals so schattenhaft und flüchtig, dass sie entgleiten, ehe sie im Bewusstsein haften bleiben. *Darin unterscheiden sich Vision und Imagination.* Die Erstere ist überwältigend und kann zwingenden Charakter annehmen. Das Imaginieren muss gelernt werden. Imaginationen sind immer in uns verborgen. Wir müssen nur lernen, sie ins Bewusstsein zu heben und festzuhalten. Die Entscheidung, den Vorgang öfter zu unterbrechen und aufzuschreiben oder gegebenenfalls auf eine Kassette zu sprechen, muss jeder für sich entscheiden. Ich selber praktiziere das Erstere, da ich denke, es geht damit jedes Mal eine Willensstärkung einher, die den folgenden Übungen zugute kommt. Man bemerkt, dass es immer leichter fällt, auch längere Sequenzen im

Bewusstsein zu behalten. Ich würde ein technisches Hilfsmittel als zu starken Eingriff in den intimen meditativen Bereich empfinden.

Ganz unterschiedliche Erscheinungen können auftreten. Das hängt mit der Seelenstruktur, mit der momentanen Verfassung des Betreffenden zusammen und mit dem, was von der geistigen Welt gewollt und zugelassen wird. Der Beginn der Imagination wurde willkürlich durch Meditation und Gedankenleere eingeleitet, der Verlauf nimmt aber eine starke Eigendynamik an. Hat man zu Beginn den Eindruck, es könnten normale Erinnerungen oder Phantasievorstellungen sein, werden die Erscheinungen im Verlaufe des imaginativen Prozesses wie etwas aus einer anderen Dimension Hereinwirkendes erlebt.

Sehr häufig treten zu Beginn Farberscheinungen auf. Diese kann man als momentane Beschaffenheit der eigenen Aura ansehen. Durch den Transformationsprozess werden sie herabgedämpft und zum Verschwinden gebracht. Nun erscheinen vielleicht Gegenstände oder menschliche Gesichter. Das können nahestehende Personen sein, oftmals in einer eigentümlichen Körperhaltung, die symbolisch die Beziehung zu diesem Menschen ausdrückt. Solche Erscheinungen deuten immer auch auf ein gemeinsames Karma hin, aber auch auf eine zu enge positive oder negative gefühlsmäßige Verstrickung. Man weiß nun, man muss an der Lösung dieses Problems arbeiten. Die folgende Transformation ist der Beginn dieser Lösung. Auch Verstorbene zeigen sich, wenn eine zu starke Bindung oder Besetzung vorliegt. In diesen Fällen muss die Transformation besonders sorgfältig vorgenommen werden, wobei man möglichst versuchen sollte, mit dem Verstorbenen, wie schon beschrieben, in ein Gespräch zu kommen, um sein Motiv zu erfahren und um ihm andererseits klar zu machen, dass diese enge Bindung weder für ihn noch für den besetzten Menschen auf Dauer förderlich, sondern eher hemmend ist.

Um das bisher Gesagte etwas durchsichtiger zu machen sollen einige Beispiele solcher Sitzungen mit verschiedenen Personen folgen.

Protokoll 1 (Mann)

Es erscheint eine violette Sonne, darin ein weißer Stern.
Der wird zur Lichtgestalt, zum Engelhaupt.

Ein alter Mann mit Laterne und Stock tritt ein.
Diesem folgen zwei Hunde.
Ein leuchtendes Kind kommt von links herein und folgt ihnen.
Das Ganze verwandelt sich in eine Szenerie mit Hirt und Herde.
Seine Mutter erscheint, viel jünger als gegenwärtig.
Es tut sich ein seltsames Fenster auf, kuppelförmig und symmetrisch mit Fensterkreuz,
draußen ist Nacht, er fühlt sich wie in einem Raumschiff.
Soldaten mit Kettenhemden und spitzen Helmen, ein Anführer mit einer Krone.
Eine japanische Geisha.

Protokoll 2 (Mann)

Nach diffusen Farbschleiern tritt als erste deutliche Wahrnehmung ein lichtes Dreieck auf.
Darin ein violettes Licht.
Das wird zum schwarzen Spalt.
Dieser formiert sich zur Tür.
Von links und rechts hört er boshaftes Zischeln von Lästermäulern.
Er befindet sich in einer Entscheidungssituation.
Indem er durch die Türe geht, lösen sich die Mäuler auf.
Er wandert über eine Straße, die seitlich von hohen Felsen umgeben ist; die Straße geht wie ein Keil hindurch, in der Ferne scheint eine weiß strahlende geistige Sonne.
Er überklettert die Felsen und gelangt auf eine Blumenwiese, wandert weiter und fällt in einen Erdspalt, der sich plötzlich vor ihm auftut, wie bei einem Erdbeben.
Es gelingt ihm, wieder hinaus zu klettern und er gelangt auf seiner Wanderung in eine Einsiedelei.
Er ist selbst der Einsiedler und bewirtet einen fahrenden Ritter, spricht Rat suchenden Menschen Trost zu.
Es erscheint ein Meer, ein großer Fisch blickt ihn böse an.
Das dunkle Auge des Fisches wird zur schwarzen Tür, die er öffnen muss.
Er gelangt in eine Einöde, wandert durch wüstenartige Landstriche, bis er zu einem gewaltigen, aber düster wirkenden Palast kommt. In einer großen Halle werden wüste Tänze und wilde Gelage vollzogen.

Angewidert wendet er sich ab und setzt seinen Weg fort. Er erreicht eine Klippe. Eine Gestalt, in einen dunklen Mantel gehüllt, wird von ihm als Luzifer erkannt.
Wieder muss er eine andere Richtung einschlagen, um sein Ziel zu erreichen.
Wilde Tiere verstellen ihm den Weg, sie können gezähmt werden und werden zu hilfreichen Gefährten, die den Weg zur lichten Burg der guten Mächte frei geben.

Protokoll 3 (Frau)

Sie sieht ein schönes, ebenmäßiges Gesicht.
Eine Höhle, daraus schaut sie ein Gesicht an, das nicht so schön ist. Sie hat das Gefühl, das könnte ein Teil von ihr sein. Es guckt mal streng, mal böse, jetzt bleckt es die Zähne.
Sie steht vor einem langen Tunnel. Sie muss da hindurch, aber sie schafft es noch nicht.
Sie fällt, dreht sich, kreiselt sich, wird herumgewirbelt wie in einem Strudel.
Sie ist jetzt in einer Kirche ganz oben unter der Decke, helles Licht strahlt durch die Fenster Sie steht nun vor einer Lichtgestalt. Ist es die Gottesmutter Maria?
Ein Wolfsgesicht mit aufgerissenem Rachen und stechenden, aggressiven Augen schaut sie an.
In weiter Ferne ein Lichtpunkt, hell strahlend, gleißend, zwiespältig, schön und erschreckend, es wirkt wie eine starke Energiequelle.
Landschaft von oben, Militärfahrzeuge, sie sitzt in einem Flugzeug.
Ein General und marschierende Soldaten ziehen vorbei.

Protokoll 4 (Mann)

Als Erstes erblickt er einen mit großen Schwingen schlagenden Vogel über sich.
Ein Lamm erscheint.
Ein Licht scheint über einen Hügel. Er geht hinauf, muss immer höher über zackige Felsen klettern, unwirtliche Gegend, eine Lichtscheibe verwandelt sich in einen Krater. Er steigt hinab in diesen Vulkan.

Ein altes Männergesicht.
Säulenreihe mit romanischen Bögen.
Komische eiserne Werkzeuge.
Webendes Wachsen einer Pflanze, in Lila, im Blütenkelch steht eine zarte anmutige Gestalt.
Stück eines Regenbogens.
Metallstück, er will es in das offene Feuer vor sich schmeißen. Es lässt sich aber nicht schmeißen. Das Feuer ergreift es und verwandelt es in eine Lanze.
Ein Pferd.
Eine Echse, die ihren Kopf in Wasser taucht, sie verwandelt sich in einen Drachen mit Feuer speiendem Maul.
Kathedrale, davor ein Mann mit einem zynischen Lachen.
Architektonische Gebilde.
Er sieht sich in einem Verlies, spürt Angst und Elend.
Ein altertümliches, orientalisches Gewand hängt an der Wand, das gehört ihm.
Das lebendige Bild des Gekreuzigten – das löst tiefe Erschütterung aus.

Protokoll 5 (junge Frau)

Ein Licht, das schnell in verschiedenen Formen vorüberzieht. Dabei spürt sie, wie sich das dritte Auge ganz langsam wie eine Tür öffnet.
Sie fühlt sich wie aus ihrem Inneren herausgezogen und spürt einen Druck am Hals.
Sie fühlt sich wie nach unten fallend.
Schwarze Hände, mit nach rechts zeigenden Daumen. Der Gedanke leuchtet auf: Ich bin eine alte Frau.
Köpfe und Hände, schwarz und hell.
Sie spürt wieder einen Druck im Hals und im Kopf.
Ein Lichtrad.
Die Füße werden schwer.
Die Hände und der Oberkörper werden schwer.
Sie fährt ganz schnell durch einen dünnen Tunnel.
Ihr wird einen Moment schwindlig.
Jetzt fährt sie rückwärts und sieht dabei eine Mondsichel.
Runde ovale Formen steigen von unten auf.

Licht und Schatten von rechts und eine halbe Sonne mit »runden Strahlen« auf der linken Seite.
Eine Hand mit einer Pistole, die sich schnell hin und her bewegt.
Eine Lichtkugel auf der linken Seite von oben nach unten.
Schmerzen am rechten Ohr innen.
Ein Auge hat sie unangenehm angesehen.
Eine Lichtschlange von links, darunter ein heller Punkt.
Ein Negerkind hat sie angelacht.
Eine niederkniende Prinzessin mit langem, blonden Haar, von hinten.
Ein Papagei, der sich verwandelt, der Schnabel wurde zum Skorpionstachel.
Ein Buch und Arme, die schnell darin blättern.
Eine helle Wolke senkt sich von oben bis zu ihrem Solar-Plexus hinab.
Weiße Blüten fallen vom Himmel und werden zu riesigen Früchten.

Aus diesen seltsamen Aufzählungen, die beliebig fortgesetzt werden könnten, kann geahnt werden, dass die Bilder, die allermeistens mit Gefühlen und Empfindungen einhergehen, manchmal auch mit starken körperlichen Eindrücken, erst einmal merkwürdig berühren. Welche Bedeutung soll so etwas haben? Die jahrelange Erfahrung im Umgang mit diesen Hieroglyphen zeigt aber, dass es in der Tat Metaphern sind, verstreute Hinweise auf längst vergangene Erlebnisse, die wie eine leise Vorbereitung auf die eigentlichen, zusammenhängenden Lebensläufe hereinleuchten. Auch weisen sie auf enge, manchmal auch belastende karmische Verbindungen hin und auf das Hereinwirken Verstorbener. Allerdings, zu Beginn dieser Sitzungen besteht noch keine Sicherheit in den Zuordnungen. Es können selbstverständlich auch störende Anteile des jetzigen Lebens oder ungeordnete Hereinwirkungen aus anderen Sphären sein. Man muss sich erst einmal des Urteils enthalten. Durch die beschriebenen Transformationsvorgänge geschieht ein Reinigungsvorgang und Befreiungsakt, der im Verlaufe von mehreren Sitzungen zu immer klareren karmischen Einblicken führt. Erst allmählich kommt Regelmäßigkeit und Sinn in die Zusammenhänge – bei dem Einen schneller, bei Anderen kann es auch länger dauern. Das hängt mit der schon geleisteten Vorarbeit zusammen. Wenn die innere Ordnung des Seelenlebens durch ein rhythmisches Leben und/oder Meditation hergestellt worden ist, gelangt man nach wenigen Sitzungen zu einer gewissen Klarheit.

Es ist vielleicht deutlich geworden, dass sehr individuelle »Muster« dieser Bilder und Bildabläufe offenbar werden. Es ist tatsächlich so, dass die ganz persönliche karmische Lage, die seelische Beschaffenheit wie auch bestimmte individuelle Besonderheiten und mitunter überpersönliche Schicksalsaufgaben sich schon in dieser Grundstruktur andeuten können. Sie reicht allerdings nicht aus, um schon die wirklichen Zusammenhänge zu erkennen oder aufzuarbeiten.

Dazu muss man sich weiterhin auf diesen Prozess einlassen. Die geistige Welt zeigt genau, was als Aufgabe gerade *dran* ist. Eigenwünsche finden in dieser Phase noch keine Beachtung.

In der Regel werden zuerst traumatische Erlebnisse, die oftmals nicht lange zurück liegen, ins Bewusstsein gebracht. Gewaltsame Tode, Folterungen, kriegerische Ereignisse sind vielfältige Ursachen jetziger Ängste und gesundheitlicher Störungen. Das gesamte Karma ist als Extrakt in unserem Astralleib wie auch im Ätherleib enthalten, und in jeder Nacht durchleben wir im Tiefschlaf alle unsere Inkarnationen und bringen dadurch unbewusst jeden Morgen diese Eindrücke mit ins Tagesleben.[32] So kann es verständlich werden, dass in quälenden Hautkrankheiten wie Ekzemen und Neurodermitis oder Ähnlichem sich die Folgen von Folterungen und Verbrennungen der vergangenen Jahrhunderte niederschlagen können. Durch diese schockartigen Einwirkungen werden die Wesensglieder so stark auseinander gerissen, dass sie in einer folgenden Inkarnation den physischen Leib nicht genügend ergreifen können, so dass diese und ähnliche Gesundheitsstörungen auftreten können, wiewohl nicht unbedingt müssen. Bei einer guten Erbanlage und einer harmonischen Umgebung kann der Ausbruch einer Krankheit verhindert werden oder nicht so stark in Erscheinung treten wie unter ungünstigen Verhältnissen. Manchmal ist es so, dass eine solche Belastung erst nach einigen Inkarnationen zum Ausbruch kommt, wenn ähnlich ungünstige Verhältnisse vorherrschen, wie bei dem ursächlichen Geschehen.

Die hier fälligen Fragen – z. B.: Wo bleibt denn da die Gerechtigkeit, wenn das Opfer wieder Schmerzen leidet? Was ist mit den Tätern? – sollen in einem späteren Kapitel behandelt werden.

Diese häufig gestellte Frage – Was gibt mir die Gewissheit, dass das wirklich mein früheres Leben war? – kann dem, der es nicht selbst erlebt hat, nur unbefriedigend beantwortet werden. Wenn ich im jetzigen Leben eine Verletzung habe, die schmerzt, kann ein Außenstehender die Verletzung anschauen, aber meinen Schmerz wird er nicht fühlen können. Wenn er selber schon einmal eine Verletzung hatte, wird er mir glauben, dass ich Schmerzen habe. So ist es auch mit den vergangenen Leben, deren Schmerz und Glück und andere Folge im jetzigen Leben ihre Nachwirkung haben, die man selber sehr gut kennt; der andere aber kann nichts davon wissen oder nachfühlen.

Man wird gewahr, dass die karmischen Einblicke nicht linear gewährt werden, sondern in einem Sinnzusammenhang erscheinen. Dieser Sinnzusammenhang gibt im Nachhinein die Sicherheit, dass die Rückschauen tatsächlich stimmig sind. Man könnte anfangs vielleicht noch meinen, man spinne sich etwas zurecht, die Phantasie gehe mit einem durch usw., doch mit zunehmender Vertiefung des Prozesses und im Zeitverlauf wirkt die Logik des Zusammenklanges der einzelnen Erfahrungen überzeugend.

Nach einem schweren Rückschauerlebnis zeigen die höheren Wesen in der Regel eine besonders starke oder harmonische Inkarnation, die möglicherweise auch weiter zurückliegt. Im weiteren Verlauf wird man allmählich an die eigenen Untaten herangeführt, die zuvor schon im Symbolbild erahnt werden konnten. Dies sind besonders schwere Erfahrungen. Was bei subtilem Erleben und Beobachten unterschwellig gespürt wurde, wird nun zur Gewissheit. Es führt kein Weg, wenn er ein ehrlicher Weg ist, an den dunklen Bereichen des eigenen Daseins vorbei.

Ein solches Rückschauerlebnis kann vorübergehend eine depressive Stimmung nach sich ziehen. Deshalb ist es gut, in nicht allzu langem Abstand die nächste Sitzung folgen zu lassen. Die nächste Rückschau schafft wieder den Ausgleich im Erleben. Wenn weitere Inkarnationen bekannt werden, erlebt man den Sinn des Bösewerdens. Kaum ein Mensch ist aus purer Boshaftigkeit zum Übeltäter geworden. Oft ist es so, dass man durch bestimmte äußere Verhältnisse, durch Machtansprüche anderer Personen in die Enge getrieben wird. Entweder man tut etwas Negatives aus Gehorsam, man ist z.B. Sklavenaufseher und hat die Aufgabe, ein strenges Regiment zu führen, was harte Strafen und Folter nicht ausschließt, oder man verweigert den Gehorsam und setzt sich damit in Gegensatz zu den herrschenden Sitten, wodurch man sich auch im Unrecht befindet.

Beide Varianten haben Folgen. Eine erste negative Tat schafft einen Doppelgängeranteil, der in einer folgenden Inkarnation wieder zu einer vergleichbaren Tat hindrängt, die dann möglicherweise in tiefere Verstrickungen hineinführt. Die Folge, ein nochmals stärkerer Trieb zum Bösen, kann im nachtodlichen Erkennen und in einem späteren Leben so quälend sein, dass das Bedürfnis auftritt, den Ausgleich zu schaffen, was zumindest teilweise auch mit einer Ahnung des Ursprunges dieser Neigung einhergeht. Deshalb können etliche nachfolgende Inkarnationen, die unbewusst oder halbbewusst unter diesem Drang zur Wiedergutmachung stehen, zu großen Opferleistungen beflügeln. Doch ist nicht auszuschließen, dass in ungünstiger Beeinflussung der alte Trieb zum Negativen wieder aufflammt. Bei neuem schlechtem Verhalten wird aber nun das *Gewissen* einen inneren Konflikt verursachen, der schwere böse Taten verhindern soll. So entstehen wieder kleine und mittelschwere »Sünden«, und der karmische Knoten wird um einiges komplizierter.

Ein Beispiel kann das verdeutlichen:
Eine Individualität, der schon einige sehr erhebende, harmonische Inkarnationen bewusst geworden waren, erlebt sich in einer weiteren Sitzung während der Christenverfolgung in Rom als höherer Beamter mit der Aufgabe betraut, die Gefängnisse zu überwachen. Als dieser erfüllt sie ihre Pflicht vorschriftsmäßig, ohne sich viel dabei zu denken. Doch im Gewahrwerden der grausamen Hinrichtungen dieser unschuldigen Menschen erwacht Mitleid in dieser Persönlichkeit. Sie verspürt den Drang zu helfen, sehr stark als Gefühl, aber ihr Pflicht- und Sicherheitsdenken ist stärker als das Mitleid. Sie würde ihren Posten einbüßen und womöglich selber unter die Gefangenen geraten. Sie entschließt sich, nicht ihre sichere Stellung aufzugeben, lässt sich bei der nächsten Gelegenheit versetzen, um nicht weiter mit dem Leid konfrontiert zu werden.

Nach einem friedlichen Tod folgt eine unangenehme Dunkelheit und höllische Zustände, aus denen sich die Individualität nur langsam befreien kann. Ein einfaches, entbehrungsreiches Leben als Landmann folgt, und in einem darauf folgenden Leben entsteht wieder eine der früheren ähnliche Situation. Die Individualität ist nun Christ geworden, aber innerhalb eines Ordens, der inquisitorische Gewalt ausübt. Als Mönch lässt sie nun Ketzer foltern und fühlt sich dabei durchaus im Recht. Der nachtodliche Zustand zeigt aber nun sehr deutlich, mit welchen Wesen der Betreffende in Verbindung war. Lange, öde qualvolle Zustände folgen, ehe eine neue Inkarnation dazu führen kann, endlich mit dem Ausgleich zu beginnen. Die Individualität findet sich als Nonne in einem karitativen Orden wieder und opfert sich voller Schaffensfreude für ihre Mitmenschen auf. Aber weitere Inkarnationen zeigen, dass die Versuchungen zum Unrecht noch nicht ganz überwunden sind. Es sind zwar keine schweren Untaten mehr, die jetzt begangen werden, aber kleine Unkorrektheiten und Betrügereien können die Seele noch verlocken. Ein nächstes Leben, das mit dem frühen Tod als Soldat endet, schafft den weiteren Ausgleich zum Guten.

Der volle Ausgleich kann aber erst mit vollem Bewusstsein der karmischen Kettenreaktion geschehen. Daraus ergibt sich, dass jeder Mensch, der noch nicht dieses volle Wissen hat – und das sind die allermeisten –, auch noch einen nicht unerheblichen karmischen Ausgleich zu leisten hat. Auch ein harmonisch wirkender Mensch trägt in der Regel tief verschüttet unter seinen Bewusstseinsschichten dieses auf Erkenntnis harrende Geschehen.

Nicht alle Menschen sind reif, ihr Karma erkennen zu können. Das trifft wahrscheinlich gegenwärtig für den größten Teil der Menschheit zu. Deshalb ist bei diesen der unbewusste Bereich noch ganz im Schlafzustand. Auch Doppelgänger und Dämonen haben nur begrenzten Zugang. Es gilt hier das Wort der Apokalypse: »Auf tausend Jahre ist der Drache gefesselt … dann wird er freigelassen …« Dies gilt für das Einzelkarma ebenso wie für die gesamte Menschheit. In vielen Leben ist man von den eigenen Schattenseiten weitgehend verschont, doch dann müssen wieder Bewährungsproben bestanden werden und die Angriffe der Widersacher treten stark in Erscheinung. In apokalyptischen Zeitaltern wie dem unseren ist auch der Einzelmensch stärker gefordert. Und deshalb gehört es zu den Zeitnotwendigkeiten, dass ein voranschreitender Teil der Menschheit am Ende dieses Jahrhunderts mit seiner Karmaerkenntnis beginnt, um durch die daraus folgende Umgestaltung der Wesensglieder in der Zukunft der Gesamtmenschheit in ihrer Entwicklung helfen zu können.

Entwicklungsepochen der Menschheit

Hier ist etwas zu den allgemeinen Entwicklungsepochen von Erde und Menschheit einzufügen. Es ist wichtig, bei karmischen Rückschauen zu wissen, welche Entwicklungsschritte in dem betreffenden Leben gemacht worden sind, oder in welchem Wesensglied, welches entwickelt werden sollte, durch Verfehlungen oder Versäumnisse Defizite aufgetreten sind. So kann man zielstrebiger an sich arbeiten.

Mit der Ich-Begabung des Menschen am Ende der lemurischen und zu Beginn der atlantischen Epoche traten, wie schon erwähnt, zuerst die luziferischen und darauf, ab der Mitte der atlantischen Zeit, die ahrimanischen Mächte als notwendige Entwicklungshelfer einerseits, aber als Anstifter zum Bösen andererseits in die Wesensglieder des Menschen ein. Seither bildet sich im Menschen Karma. Während der großen atlantischen Epoche gab es sieben Unterzyklen, während derer die damaligen Menschenrassen entstanden. Jeder Volkszusammenhang hatte sein eigenes Mysterium, in dem eine Planetengottheit verehrt wurde. Ursache dieses Tatbestandes war ein Verweilen unterschiedlicher Länge der einzelnen Seelen, die alle am Ende der lemurischen Epoche erschaffen worden waren, in den Geistsphären der verschiedenen Planeten. Sie hatten dort ihre vorläufige Heimat gefunden und warteten die für ihre Entwicklung günstigen Bedingungen ab, um mit ihrer Inkarnationsreihe zu beginnen. Die erste Gruppe von Seelen, welche die Erde bevölkerte, waren Adam und Eva mit ihrer zahlreichen Nachkommenschaft. Sie begründeten das *Sonnenorakel* und inkarnierten sich über lange Zeiträume immer wieder in diesen Zusammenhang, weil damit auch bestimmte Aufgaben verbunden waren. Sie sind die Menschen mit der längsten Erdenerfahrung, sogenannte »alte Seelen«. Deshalb galt das Sonnenmysterium unter den später herabkommenden Völkerschaften als führendes und weisestes. In diesem lebte als höchster geistiger Lenker *Manu*, auch *Noah* genannt. Er war eine verkörperte Gottheit, die die noch unerfahrenen Menschen inspirierte.

Allmählich suchten auch die Seelen der anderen Planetenspären den Abstieg in die Verkörperung. Zuerst fanden die Saturn-, Jupiter-, dann die Marsbewohner ihren Lebensraum auf der Erde. Venus- und Merkurmenschen folgten in späteren Zeiten nach und begründeten ihre eigenen Kulturräume um das Zentrum ihrer Orakelstätte. In einer letzten Phase begannen die Vulkanmysterien mit ihrer Kulturbegründung. Diese Seelen, die noch wenig Erdenerfahrung hatten, verbanden sich umso inniger mit der Erde. Sie waren fasziniert von der Feuerkraft der Vulkane. Dort erkannten sie ihre Götter und beteten die mächtigen Wesen der Unterwelt an. Sie lernten auch diese Kräfte zu benutzen und zu beherrschen. Aber sie konnten sie nur bis zu einem gewissen Grade durchschauen und waren auf die Lehrer der Sonnenmysterien angewiesen, die um die tieferen Zusammenhänge wussten. Solange sie diese Oberhoheit respektierten, lebten sie im Einklang mit der Natur und den unterirdischen Gewalten. Von dort her aus der Unterwelt wirkten aber vor allem die ahrimanischen Wesen, die sie immer stärker an die Erde fesselten und sie mit magischen Wirkungen vertraut machten. Die Versuchung, die Herrschaft an sich zu reißen, wurde so mächtig, dass sie begannen, mit Hilfe okkulter Techniken Kriege zu führen.

Das alles erstreckte sich über lange Zeiträume. Rudolf Steiner spricht einmal von einer Million Jahre, an anderer Stelle sagt er, der Höhepunkt und damit die kulturelle Mitte wäre vor etwa fünfzigtausend Jahren erreicht gewesen. Diese sehr widersprüchlich anmutende Zeitangabe wird verständlich, wenn man berücksichtigt, dass die Entwicklung auf ein Ziel hin, lange Zeiträume beanspruchen kann, das Verweilen auf der kulturellen Höhe und der darauf folgende Dekadenzzustand rascher stattfindet. Der eigentliche Erdensinn, die Bewusstwerdung des menschlichen Ich, begann auf der Höhe der atlantischen Epoche und trägt in sich den Impuls zur Freiheit.

Andere Quellen rechnen mit einem platonischen Weltenjahr von etwa 26 000 Jahren, das bedeutet einen Umlauf der Sonne zum Frühlingspunkt des Tierkreises. Vom astrologischen Gesichtspunkt ist das nachvollziehbar, widerspricht aber anderen Gesichtspunkten. In die von Steiner vorgeschlagenen Zeitangaben kann ich meine eigenen Erfahrungen gut einordnen. Der Charakter der Erlebnisse der frühen Zeit vor etwa hunderttausend und mehr Jahren ist ein vollkommen anderer als in der Spätzeit ab vor ca. dreißigtausend Jahren. Da waren die Menschen auf jeden Fall schon sehr viel irdischer und die Umstände den heutigen Verhältnissen ähnlicher.

In diesen gewaltig langen Zeiträumen und den sieben unterschiedlichen Kulturstämmen wurden auch sehr verschiedenartige Erfahrungen gesammelt. Es war in der frühen und mittleren Zeit noch herrschende Sitte, dass nur innerhalb des eigenen Volksstammes geheiratet werden durfte und ein geistiges Gesetz, dass sich die Seelen nur in ihrem angestammten Mysterienzusammenhang verkörperten. Ursprünglich war es so, dass die ersten Generationen des Sonnengeschlechtes als Zwillingspärchen – männlich und weiblich – geboren wurden, die dann ein Leben lang zusammenblieben und wieder solche Zwillingspärchen zur Welt brachten.[33] Die Verwandten- und Nahehe ragt noch weit in die nachatlantischen Epochen hinein. Der Sinn dieser Eheform liegt in einer Kontinuität der Kultur- und Erbfolge. Ein eigenständiges Bewusstsein entwickelt sich auf diese Weise nicht, sondern das Volksbewusstsein unter der Führung einer Gruppenseele steht im Vordergrund. Der Einklang mit der Tradition der Vorfahren und auch mit den Priesterkönigen war so gewährleistet und wurde nicht in Frage gestellt. Dieses war notwendig, um die Menschheit von einem kindhaften Bewusstseinszustand allmählich durch verschiedene Stufen der Bewusstseinsentfaltung zu führen. Die hohen Eingeweihten, Halbgötter und Heroen der Vorzeit waren von noch höheren geistigen Wesen inspiriert und lenkten im Zusammenhang mit den göttlichen Welten die in ihrem Bewusstsein noch kindlichen Völkerschaften.

In den letzten Jahrtausenden der atlantischen Epoche wurden diese Prinzipien immer häufiger durchbrochen. Zwar standen eigenmächtige Entscheidungen immer noch unter schwerer Strafe, oder es wurden vielmehr die Strafen jetzt erst notwendig. Doch es gab Ausnahmeregelungen und auch Verstöße. Das führte zu Bewusstseinswandel, Rebellion und kriegerischen Aktivitäten. Dies macht es wiederum notwendig, Schutzmaßnahmen einerseits und Verteidigungs- und Angriffswaffen andererseits zu entwickeln. In dieser Zeit beherrschten alle Menschen noch den Umgang mit den Lebenskräften. Durch Samenkraft, die mit ausgeklügelten Techniken gewonnen wurde, konnten Fahrzeuge und Geräte betrieben werden. Mit dem Wissen um diese Geheimnisse wurden nur auch Waffen konstruiert. Zum Ausgang der Atlantis waren es vor allem die Vulkaneingeweihten, die sich noch raffinierterer Methoden bedienten, um ihre eben gewonnene Macht weiter auszubauen. Mit den okkulten Kräften der »unteren Götter« wurden ihnen Geheimnisse zuteil, die ihnen ermöglichten, menschenartige Wesen zu züchten. Es waren Menschen ohne Ich von teilweise groteskem Aussehen und großer Kraft, die von den Herren dieser Wesen bewusstseinsmäßig gesteuert wurden. Sie waren Wächter und Krieger und verliehen ihren Besitzern große Macht. Doch immer kühnere Experimente mit Kräften, die nicht ganz durchschaut wurden, bereiteten dieser Macht wieder ein Ende. Die Vulkanier sprengten ihre Inseln. Das führte zu katastrophalen Flutwellen und Wetteränderungen. Die in vielen alten Mythen vorkommenden Erzählungen von sintflutartigen Ereignissen deuten noch darauf hin. Und ebenso beruhen die Sagen von ungeschlachten Riesen und Zyklopen auf der fernen Erinnerung an diese uralten Zeiten.

Die Berührung mit dem Bösen in seiner *ahrimanischen* Form hatte für viele Menschen in diesen Zeiten begonnen. Natürlich kann auch dieses nicht allgemein, sondern nur individuell erforscht werden. Zu welchem Stammmysterium gehörte der Betreffende und welche Aufgabe hatte er dort? Zu welcher Zeit und an welchem Ort war die erste Begegnung mit den Finsterniskräften? Diese Fragen können nur ganz persönlich angegangen werden.

Doch ist es sicher eine gute Vorarbeit, wenn man Rudolf Steiners Ausführungen zu den charakteristischen Eigenschaften der Mysterienangehörigen verinnerlicht. Diese Urprägungen durch das Stammorakel lagern bis heute noch auf dem Grund der Seelen.[34]

In *nachatlantischer Zeit,* nach der letzten großen Katastrophe, waren Bewusstseinsveränderungen und dadurch neue Kulturschöpfungen möglich und nötig geworden. Die Seelenglieder der Völker mussten verfeinert und kultiviert werden. Die sieben nachatlantischen Epochen haben das zur Aufgabe. Das geht nicht ohne Lernschritte, die oft unter Schmerzen getan werden müssen. Irrtümer, Versagen, Verschuldungen begleiten die großen Taten der Heldenzeit und die Sagen der grauen Vorzeit lassen das erahnen. Die Zeugnisse der frühen Geschichte, die mit Altägypten, Altisrael und den babylonischen und weiteren Hochkulturen des vorderen Orientes greifbar werden, bringen uns zum Erstaunen und gleichzeitig lassen sie uns oftmals erschauern ob ihrer grausamen Sitten und Gebräuche.

In der *ersten nachatlantischen* Kultur, die ihren Mittelpunkt in *Indien* hatte, wurde an der Verfeinerung des Ätherleibes gearbeitet. Dieser sollte in späterer Zeit die Verstandesseele ausbilden und musste deshalb besondere Schulungen durchmachen. Rhythmische Gesänge und kultische Tänze dienten, wie schon zu atlantischer Zeit, diesem Zweck. Auch neue Methoden mussten entwickelt werden, wie das Yogaatmen, um den veränderten Bedingungen gerecht zu werden. Versäumnisse in dieser Zeit betrafen in erster Linie den Ätherleib. Das konnte Folgen für kommende Inkarnationen haben, ja, es kann heute noch als karmische Spur Auswirkungen haben und sollte erkannt werden.

Als Beispiel kann eine Individualität gelten, die zu dem atlantischen Sonnenorakel gehörte und auch im Umkreis von Sem in der ersten nachatlantischen Zeit gelebt hat. Zum Ende der urindischen Epoche sammelte der spätere Zarathustra, als Führer der nachatlantischen Sonnenkulte, seine engen Schüler. Die betreffende Individualität wurde ebenfalls aufgefordert, sich auf die Begegnung mit den ahrimanischen Kräften vorzubereiten. Sie weigerte sich, ihre bisherige schöne Lebensweise als Fürst eines kleinen, vollkommen harmonischen Reiches aufzugeben, um ein hartes, entbehrungsreiches Leben in einer Mysterienschule zu beginnen.

Das hatte zur Folge, dass sie nicht lernte, sich vor den ahrimanischen Angriffen genügend zu schützen. In der heutigen Zeit, wo die Angriffe auf den Ätherleib durch die Technik besonders stark sind, musste sie mühsam lernen, sich ohne Schaden zu nehmen mit dem ahrimanischen Pol auseinanderzusetzen und ist immer noch vermehrt Schwächungen ausgesetzt.

Die *altpersische* Epoche diente der Ausbildung des *Empfindungsleibes*. Auch dies hatte mit Sorgfalt zu geschehen. Zarathustra, als der hohe Eingeweihte der Sonnenmysterien, trug Sorge, dass seine Schüler und die Völkerschaften sich kulturschöpfend mit der Erde verbanden. Die Kräfte der Materie traten ins Bewusstsein vieler Menschen. Sie wurden als die Gegenspieler des Sonnengeistes erlebt. Die Polarität von Gut und Böse war erfahrbare Realität geworden. In atlantischer Zeit ging man zwar mit diesen Kräften um, aber die geistigen Eigenschaften dieser Wesen waren nur ganz wenigen Führerpersönlichkeiten bewusst. Jetzt war es Aufgabe vieler Menschen, durch diesen Lern- und Erkenntnisprozess im Umgang mit diesen Geistern hindurchzugehen und damit den Empfindungsleib auszubilden. Auch hier konnten Verfehlungen auftreten, die Auswirkungen für viele Inkarnationen zur Folge hatten. Diese bestanden in einer zu starken Verbindung mit den magischen Erdkräften, die die Leidenschaften anstacheln. Es kann dadurch ein Hang zur schwarzen Magie geweckt worden sein. Die mögliche Folge sind materiegebundene Herrschaftsansprüche, die schwer überwunden werden können.

In dem Empfindungsleib, den man sich als Bindeglied zwischen Äther- und Astralleib vorstellen kann, soll in der Folgezeit, die mit der *ägyptischen* Kultur etwa dreitausend Jahre vor Christi beginnt, die *Empfindungsseele* ihre Hülle finden. Als unterstes Glied des Astralleibes birgt sie die Triebe, Sehnsüchte und Wünsche in sich. Nur durch strenge Zucht eines Gottkönigtums konnten die Menschenmassen in ihrer Begeisterungsfähigkeit ergriffen werden. Dadurch bestand die Möglichkeit läuternd auf die Empfindungsseele zu wirken.

Zu dieser Zeit war die Menschheit schon vielfältig in Schuld verstrickt. Auch innerhalb der Priesterschaft und der Machthaber machten sich zunehmend durch Vermischung der ursprünglich getrennten karmischen Strömungen Uneinigkeit und Rivalität geltend. Die ägyptische Bevölkerung setzte sich vorwiegend aus den Nachfahren der Venus- und Merkurmysterien zusammen. In der babylonisch-chaldäischen Kultur lebte ein Völkergemisch aus Nachfahren der Jupiter- und Marsmysterien. Der Stammvater der hebräischen Kultur, Abraham, stammt aus Ur in Chaldäa. Er hatte solche Eigenschaften in sich ausgebildet, dass er von Jahwe berufen wurde, an der Vorbereitung der Erlösungstat durch Christus mitzuwirken. Der Empfang von Brot und Wein durch Melchisedek, dem höchsten Priester Gottes, deutet eine Art Einweihung an.[35] Zu der geheimnisvollen Gestalt des Melchisedek gibt Rudolf Steiner einige Hinweise. Durch ihn wirkt Sem, der Sohn Noahs, welcher der gottähnliche Lenker der Sonnenmysterien war. Durch Rückschauerlebnisse sind weitere Zusammenhänge dieser Menschheitsführer erfahrbar geworden, aber es müsste noch viel daran geforscht werden, ehe diese Inhalte veröffentlicht werden können.

Hier zeigt sich ein sehr kompliziertes Zusammenwirken, was schon erahnen lässt, dass die überschaubare Ordnung uralter Zeiten längst durchbrochen ist. Die Weiterentwicklung der Menschheit machte es notwendig, dass die Menschen breit gefächerte kulturelle Erfahrungen machen konnten. Das führte dazu, dass sich vor allem die Kulturträger jetzt auch in den verschiedenen Kulturen verkörperten.

Tieropfer, aber auch Menschenopfer gehörten in vielen alten Traditionen zu den legitimen Mitteln, den Göttern zu huldigen und deren Gunst zu erwirken. Die Bibel führt den Ursprung dieser Kulte auf Abel zurück. Der Sohn Adams und Evas war Hirte und brachte Gott ein Dankopfer dar, er verbrannte ein Tier seiner Herde auf dem Altar. Der ältere, Kain, brachte die Früchte seines Feldes dar, doch wurde sein Opfer von Gott nicht angenommen, der Rauch stieg nicht zum Himmel auf. Aus Neid und Zorn erschlug Kain den Abel.

Zwei grundlegend verschiedene Charakteranlagen sollen damit angedeutet werden. Kain wird der Stammvater aller Künstler und Erfinder und der Bruder Seth wird als Fortsetzer der Abellinie der Stammvater der Hirten und Priester. Beide sind Repräsentanten des Sonnenmysteriums, aber Kain wird sich später in vielen Kulturen inkarnieren, um entscheidende Impulse zu setzen.

Die Kulturströmung des Abel zeigt sich im Priesterkönigtum. Die Abeliten empfangen die direkten Offenbarungen von Gott. In König Salomo und seinem Baumeister Hiram Abiff haben wir diese polaren Veranlagungen. Salomo empfängt seine Weisheit aus geistigen Welten. Auch detaillierte Pläne, wie der Tempel zu Jerusalem beschaffen sein soll, werden ihm von Jahwe mitgeteilt. Aber er hat keine Möglichkeit diese Pläne umzusetzen. Er muss seinen phönizischen Freund König Hiram bitten, ihm dessen Baumeister zu senden, um die höchsten künstlerischen und technischen Leistungen auszuführen.

Die *abrahamitische* Strömung knüpft eindeutig an den in den babylonisch-chaldäischen Mysterien üblichen Tieropferkultus an. Doch wirkt durch Melchisedek die zukünftige Opferweise von Brot und Wein herein. Das abrahamitische Volk hat eine vermittelnde Aufgabe zwischen der Völkervielfalt und den unterschiedlichen Geistesströmungen einerseits und den Zeitepochen andererseits. Es ist eine räumliche und zeitliche Mittelstellung. Während im gesamten Umkreis an der Ausbildung der Empfindungsseele gearbeitet wurde, war Abraham der erste Träger der *Verstandes*seele.

Es gibt einen rätselhaften Ausspruch Rudolf Steiners: die hebräische Kultur sei durch Abraham auf den Verstand und die Habsucht gegründet.[36] Er verliert aber seine Rätselhaftigkeit, wenn man die folgenden Ereignisse innerhalb der Sippe Abrahams betrachtet. Die List, die Jakob gegen Esau verwendet, und der Verkauf des Josef nach Ägypten durch seine Brüder sind einige Beispiele für das erste Aufkeimen der Verstandesseele. Die edlen Eigenschaften dieses Seelenteiles werden sogleich durch die problematischen Anteile überdeckt.

Die Empfindungsseele kennt den Trieb, den Wunsch und sie bildet auch schon das Denken in einem hohen Maße aus. Davon legen die alten Weisheiten der Inder in den Veden, der Perser und Ägypter Zeugnis ab. Auch eine hohe medizinische Kunstfertigkeit bis hin zu komplizierten Operationstechniken waren jahrtausendealte Fähigkeiten, die hohe Intelligenz voraussetzen. Ebenso sind die kühnen baulichen Konstruktionen der Frühzeit zu nennen.

Das alles konnte die Empfindungsseele durch geistige Eingebungen ihrer Eingeweihten in die Welt setzen. Aber List und Schläue sind ihr noch fremd. Diese neue Fähigkeit bringt den damit begabten Menschen eine gewisse Eigenständigkeit, die auch die Möglichkeit der Widersetzlichkeit des Einzelnen miteinbezieht. Das spiegelt sich in der gesamten Geschichte des jüdischen Volkes wider und machte einige Jahrhunderte später die zehn Gebote notwendig, die reinigend über den Willen wirken. Sie sind die andere Gabe Jahwes und erzeugen die *Gemütsseele*, die Zwillingsschwester der Verstandesseele, die stärker im mittleren und unteren Pol beheimatet ist.

Die Geistesforschung und karmische Rückschauerlebnisse etlicher Menschen zeigen, dass viele von uns in all diesen Kulturen wesentliche Erfahrungen durchgemacht haben. Manche sind stärker mit dem hebräischen verbunden, andere mit dem ägyptischen oder babylonischen Strom. Eine Neigung zu dem einen oder anderen kann vorherrschend sein, doch wir alle hatten unsere Aufgaben in diesen Kulturen. Was da versäumt oder gefehlt wurde, hat vor allem die Empfindungsseele verletzt.

Die eigentliche *Verstandesseele* gelangte in der nächsten Hochkultur zu ihrer Blüte. Die *griechische* Philosophie brachte sie zur vollen Entfaltung. Jetzt wurde das Denken von der Bevormundung durch den Tempel befreit.

Die Verstandesseelenkultur ist uns noch nahe und viele Denkmuster und Verhaltensweisen sind auch heute stark von ihr geprägt. Um sich ein Verständnis von der Eigenart dieses Seelengliedes zu verschaffen, kann es hilfreich sein, die Bewusstseinslage der damaligen Menschen anhand der Geschehnisse zu betrachten. Das Mysterium von Golgatha ereignete sich am Ende des ersten Drittels dieses Zeitraumes. Dies ist der Null- und Umschlagspunkt der menschlichen Evolution. Die Menschen haben sich immer tiefer mit der Erde und der Materie verbunden und damit auch immer tiefer in Irrtümer und Schuld verstrickt. Niemals hätten wir uns aus eigener Kraft aus diesem aussichtslosen Zustand befreien können. Nur ein hohes göttliches Wesen konnte durch seine Liebestat wieder den Weg nach oben ermöglichen. Die Gottesferne wurde von den damaligen Völkern stark erlebt. Sie fürchteten den Tod und wandten sich verstärkt dem Diesseits zu: »Lieber ein Bettler auf Erden als ein König im Reich der Schatten« (Homer). Von dieser Stimmung ist die griechische Seele geprägt.

Die direkten Quellen zum Göttlich-Geistigen versiegten immer mehr und gleichermaßen nahm das Bedürfnis zu, die verborgenen Welten mit dem Denken zu durchdringen. Das Philosophieren wurde zu einer weit verbreiteten Tätigkeit und gestaltete das gesamte zwischenmenschliche Leben. Die praktische Zuwendung zum Leben verstärkte sich und die Götter rückten vor allem im Römertum in immer größere Ferne. In dieser Stimmung konnte sich das Christentum mit seiner Verheißung auf Erlösung ausbreiten. Die verschiedenen philosophischen Anschauungen wurden mit der Heilstat Christi konfrontiert und durchdrungen. Gerade jetzt blühte die Philosophie erneut auf. Die Schule des Dionysios Areopagita ist zu nennen und ebenso Origenes, der noch ganz auf dem Gedanken der Reinkarnation fußte.

Aber die *römischen* Interessen waren andere. Als Konstantin und seine Nachfolger das Christentum zur Staatsreligion erklärten, stand die Befestigung und der Erhalt der Macht im Vordergrund. Spirituelle Anschauungen wurden bekämpft. Andere Meinungen und Erfahrungen durften nicht gelten, weil mit dem Bekenntnis der führenden Individualitäten auch die Macht verknüpft war. Im römischen Reich vermischten sich alte Mysterienkulte und philosophische Anschauungen mit dem Christentum, welches in dieser Zeit – im vierten und fünften Jahrhundert – schon seine Ursprünglichkeit verloren hatte. Ein spirituelles Christentum konnte, soweit es nicht schon in den Feldzügen gegen die arianischen Christen vernichtet war, nur in den von Rom weiter entfernten Ländern in den Mysterienstätten der Kelten und Germanen gepflegt werden.

Aus diesen Mysterien entwickelte sich im frühen Mittelalter die Gralsströmung, die, ausgehend von Spanien, Südfrankreich und England, sich über ganz Europa ausbreitete. Altes okkultes Wissen der ägyptischen, hebräischen und keltischen Mysterien wurde hier, durchdrungen mit Christusweisheit, gepflegt und angewandt. Auch manichäische Strömungen verbanden sich mit diesen Impulsen. Im elften und zwölften Jahrhundert entwickelten sich daraus große Volksbewegungen, die als Katharer, Albigenser und Bogomilen von der römischen Kirche aufs heftigste verfolgt und ausgerottet wurden. Die schon in früheren Jahrhunderten tätige Verstandesseele wachte nun, im Bunde mit der römischen Kirche, unerbittlich über die vermeintlich einzig wahre Lehre. In den Theologenschulen bemühte man sich, die einzig gültige Wahrheit zu ergründen und zu definieren. Das führte zu gewaltigen Denkleistungen, da eine bestimmte vorgegebene Auffassung denkerisch bewiesen werden musste um die Überzeugung des Gegners zu widerlegen. Die Reifung der Verstandesseele im Hochmittelalter zeichnet sich durch umfangreiche, weltanschauliche Begründungen der katholischen Lehre aus. Die Rhetorik ebenso wie Dialektik, die von den Griechen schon hoch kultiviert worden waren, gehören zu den mit großem Fleiß geübten Künsten der Klosterschulen. Auch die Meinung des Gegners musste man brillant verteidigen können, um ihn gegebenenfalls im Wortduell schlagen zu können.

Wesentlich blieb es in jedem Fall, die wahre, die reine Lehre zu besitzen, weil davon das ewige Heil abhing. Das gilt besonders für einen großen Teil der Menschen, die in beschaulichen und karitativen Orden vor allem an der Ausbildung der Gemütsseele arbeiteten und auch das allgemeine Volk, das vorwiegend diese Kräfte entwickelte. Der *Besitz der Wahrheit* ist das wichtigste Gut, da er die ewige Seligkeit garantiert. In teilweise strenger Askese wurden die von der Kirche geforderten

Tugenden geübt. Man will sich das Himmelreich *verdienen.* Darin drückt sich das Zusammenwirken von Verstandes- und Gemütsseele aus, die zwei Seiten einer Qualität sind.

Es geht hier um eine Charakterisierung der Seelenglieder und nicht um geschichtliche Darstellung oder moralische Wertungen. Die Eigenschaften der Verstandes- oder Gemütsseele sollen verständlich werden und das anhand ihrer Entwicklung in der entsprechenden Zeit. Man könnte beliebige weitere Beispiele hinzufügen, auch aus anderen Kulturen. Ich denke, es ist wichtig, sich die Fähigkeiten und auch die Gefahren der Verstandes- und Gemütsseele zu vergegenwärtigen, um die Verfehlungen in diesem Seelenteil karmisch aufarbeiten zu können und Entwicklungsdefizite zu schließen. So scheint es geboten sich klar zu machen, dass alle Seelenglieder sich in idealer Weise gestalten können, wenn die Voraussetzungen einer Inkarnation eine solche Entwicklung zulassen; aber die Einseitigkeiten der Verhältnisse in vielen Leben und die damit verbundenen Versäumnisse in der jeweiligen Entwicklungsstufe sind mannigfaltig und wirken sich in den heutigen zwischenmenschlichen Problemen aus.

In der Verstandesseele soll sich im Idealfall ein klares logisches und bewegliches Denken herangebildet haben, welches zu vernünftigen besonnenen Handlungen führt. In der Gemütsseele sind es die Fähigkeiten der Hingabe und Opferbereitschaft für eine gute Sache, um nur einige Eigenschaften zu nennen. Die Gefährdungen in der Verstandesseele sind Intoleranz, Engstirnigkeit, Besserwisserei, Denkfaulheit, die der Gemütsseele Schwärmerei, Sentimentalität, Harmoniesucht.

Im fünfzehnten Jahrhundert beginnt ein neuer kultureller Einschlag: in allen Gebieten macht sich ein *freiheitliches Bewusstsein* geltend. Die Künste erleben neue Dimensionen, Erfindungen lassen zu ungeahnten Ufern aufbrechen. Dieser neue Geist zieht auch die alten Autoritäten in Zweifel. Die Kirche wird in ihrer Selbstherrlichkeit in Frage gestellt und starke Kräfte lassen die alte Scheinordnung zusammenstürzen. In der Folge der Reformation kommt es zu Umbrüchen, Umgestaltungen und Religionskriegen. Das ist der Beginn der *Bewusstseinsseelenentwicklung,* in der wir heute noch und noch für etliche Jahrhunderte stehen werden. Dieser Seelenteil birgt die Möglichkeit der Freiheit in sich. Sie überwindet eine ängstliche, nach Autoritäten Ausschau haltende Seelenstimmung. Die Bewusstseinsseele hat ihren Wirkungsort im Nerven-Sinnessystem des Menschen. Sie beobachtet, experimentiert, forscht und glaubt nur das, was sie selber nachvollziehen kann. Der Zweifel gehört notwendig zur Entwicklung dieser neuen Seelenkraft, die erst Gewissheit findet, wenn sie den Beweis hat. Das erzeugt wiederum Mutkräfte, denn durch die völlige Infragestellung aller bisherigen Sicherheiten, wird dem Menschen seelisch-geistig der Boden unter den Füßen hinweggezogen. Das kann sich bis in die äußere physische Situation fortsetzen. Denn es gehört auch die Ehrlichkeit dazu, sich zu seiner Ansicht zu bekennen, die oftmals gar nicht fest umrissen sein kann, sondern alle Möglichkeiten und Richtungsänderungen offen lässt. Die kompromisslose Suche nach Wahrheit und Selbstidentifikation ist ein tiefinneres Anliegen der Bewusstseinsseele. Ob eine Wahrheit sympathisch oder unsympathisch ist, schert sie nicht, sie nimmt in ihrer aufrichtigen Suche alle Unbill in Kauf. Das Licht der Wahrheit leuchtet in die Bewusstseinsseele und es kann sein, dass das anfänglich eine gewisse Kälte erzeugt, vor welcher der Empfindungsseelenmensch und auch derjenige, der noch ganz mit seinen Verstandes- und Gemütskräften verhaftet ist, zurückschreckt. Die Entwicklung der Bewusstseinsseele macht eine starke Konfrontation mit den Kräften des Egoismus notwendig, und hier liegen die Gefahren der Verirrung innerhalb dieses Seelengliedes. Ein zu starker Drang, die persönlichen Interessen in die allgemeinen Menschheitsinteressen hineinzumischen, trägt großes Konfliktpotential in sich.[37] Aber die Fähigkeit zur Erkenntnis der Wahrheit lässt die Liebe zu dieser Erkenntnis wachsen. Diese Liebe durchwärmt die Bewusstseinsseele und gibt ihr die Möglichkeit den Egoismus zu überwinden und damit die Fähigkeit, das *Geistselbst* vorzubereiten.

Mit der Überwindung des Zweifels kann erst die Entwicklung dieses noch höheren Seelengliedes, *Geistselbst oder Manas* genannt, beginnen.

Die bisherigen Entwicklungsstufen konnten wir im Zuge der allgemeinen Menschheitsepochen durchlaufen. Die *zukünftigen Seelenglieder* setzen den *freien Entschluss* voraus. Aktiv nur können wir jetzt schon am *Geistselbst* arbeiten. In dieser Bearbeitung wird die Empfindungsseele innerhalb des Astralleibes so weit veredelt, dass sie zu einer neuen

Fähigkeit wird. Im Geistselbst beginnt ein höheres Hellsehen aufzukeimen, das im Gegensatz zu alten atavistischen Formen in Anwesenheit der Bewusstseinsseele geschieht.

Noch höhere Entwicklungen finden statt, wenn die Verstandesseele im Zusammenhang mit dem Ätherleib in den *Lebensgeist* oder *Buddhi* umgewandelt wird. Damit sind wiederum höhere Stufen des Hellsehens verbunden. Die höchste Umwandlung ist die der Bewusstseinsseele im Nerven-Sinnessystem und Blut des physischen Leibes in den *Geistesmenschen* oder *Atma*. Dieser Zustand, der real eine Vergeistigung der Materie bedeutet, liegt für die allermeisten Menschen in weiter Zukunft, doch das Wissen, dass eine gut ausgebildete Bewusstseinsseele Vorbedingung für diese Umbildung ist, lässt uns gewissenhaft mit diesen Bereichen umgehen.

Mit der Arbeit am Geistselbst hängt eine verantwortlich betriebene *Karmaerkenntnis* zusammen. Durch die erkannten Verschuldungen und Versäumnisse können wir am Ausgleich arbeiten und damit an der Reinigung und Umwandlung des Astralleibes. Ein wichtiger Aspekt ist darüber hinaus die Erinnerung an frühere Fähigkeiten und Kenntnisse und deren stufenweise Wiederbelebung in Verbindung mit den neu errungenen Fähigkeiten.

Dadurch gewinnen wir die Möglichkeit, die allgemeine Entwicklung weiterzutreiben und an der Vorbereitung der kommenden Kulturepoche mitzuwirken. Das ist eine Notwendigkeit, denn die Welt ist immer in Gefahr, im Abgrund zu versinken, wenn nicht ein Teil der Menschen voranstrebt als *Sauerteig* für zukünftige Ziele geistigen Evolution. Das Wissen darum, dass Welterlösung die Selbstentwicklung bedingt, lässt uns verantwortlich an der eigenen Umbildung der Wesensglieder zu höheren Seinsstufen arbeiten, um dadurch Mensch- und Weltentwicklung zu dienen.

Es sind natürlich neben den Hauptepochen der nachatlantischen Kultur auch andere Kulturkreise von Bedeutung. Viele von uns sind auch durch diese mannigfaltigen Kulturerfahrungen gegangen. Es sind da Naturvölker ebenso von Bedeutung wie andere Hochkulturen. Die asiatische Welt ist von so unterschiedlichen Völkerschaften besiedelt, dass unsere Vorstellungen meist nicht ausreichen, diese andersartigen

Kulturen zu erfassen. Dasselbe gilt für die anderen Kontinente. Findet man sich zum Beispiel in einer Inkarnation wieder, die sich im siebten nachchristlichen Jahrhundert in Mittel- oder Südamerika abgespielt hat, erfährt man, dass alle bisherigen Vorstellungen dieser Kulturen unzureichend waren, um die Erlebnisse einordnen zu können. Noch abenteuerlicher können solche Erlebnisse ausfallen, wenn man in Zeiten weit vor Christi Geburt gelangt. Es gab Sitten und Gebräuche, die auf den heutigen Mitteleuropäer sehr befremdlich wirken.

Die nachatlantischen Epochen können als Entwicklungsstrom für die Wesensglieder beispielhaft herangezogen werden, aber es wäre fatal, anderen Kulturkreisen geringere Bedeutung zuzumessen. Die Realität vieler Inkarnationsreihen zeigt denn auch vielfältige Erfahrungen rund um den Globus und durch längst vergessene Kulturen.

Anfängliche Unerinnerbarkeit von Imaginationen und noch höherer geistiger Erlebnisse und die Technik der Erinnerungsfähigkeit

Man kann davon ausgehen, dass alle Menschen der Möglichkeit nach über hellseherische Fähigkeiten verfügen. Es ist nicht das Problem, dass ein Mensch nicht geistig wahrnehmen kann, sondern, dass er kein Bewusstsein seiner geistigen Wahrnehmungen erhalten kann. »Was als geistige Wahrnehmung erlebt wird, kann nämlich in seiner unmittelbaren Gestalt *nicht* wie eine Erinnerungsvorstellung in der Seele behalten werden. Soll man dieselbe geistige Wahrnehmung erneut wieder haben, so muss sie auch *erneut* wieder in der Seele hergestellt werden. Das heißt, es muss die Beziehung der Seele zu der entsprechenden geistigen Wirklichkeit wieder gesucht werden. Und diese Wieder-Erneuerung lässt sich nicht mit einem Erinnern an einen Sinneseindruck vergleichen, sondern nur mit dem Vor-Augen-Führen desselben sinnenfälligen Objektes, das man bei einem früheren Eindruck gehabt hat. Was von der realen geistigen Wahrnehmung unmittelbar in der Erinnerung behalten werden kann, ist nicht diese selbst, sondern die Verrichtung der Seele, durch die man zu der entsprechenden Wahrnehmung gelangt. Strebe ich danach, eine geistige Wahrnehmung, die ich vor einiger Zeit gehabt habe, wieder zu haben, so sollte ich nicht nach der Erinnerung dieser Wahrnehmung suchen, sondern nach *der* Erinnerung, die mir die Vorbereitungen meiner Seele zurückruft, welche mich zu der Wahrnehmung geführt haben. Die Wahrnehmung stellt sich dann durch einen von mir unabhängigen Vorgang ein. Es ist wichtig, vollbewusst sich zu sein dieser Zweiheit des Vorganges, weil man nur dadurch eine richtige Erkenntnis von dem erlangt, was wirklich *geistig objektiv* ist. – In der Praxis ist aber das Wesen dieser Zweiheit dadurch modifiziert, dass der Inhalt des geistigen Wahrnehmens aus dem schauenden Bewusstsein in das gewöhnliche Bewusstsein übertragen werden kann. Dann wird er in dem Letzteren zu einer abstrakten Vorstellung.

Und diese kann in der gewöhnlichen Art erinnert werden [...] 1. Seelenvorgänge, welche zu einer geistigen Wahrnehmung führen; 2. Geistige Wahrnehmungen selbst, 3. In Begriffe des gewöhnlichen Bewusstseins umgesetzte geistige Wahrnehmungen.«[38] Dieses ausführliche Zitat kann das Problem verdeutlichen.

Wie geht man nun im Konkreten damit um? Wichtig ist es, alle Eindrücke, die innerhalb der Meditation auftreten, unmittelbar gedanklich zu wiederholen und anschließend aufzuschreiben. Bei einer längeren Meditation kann das bedeuten, dass man einige Mal unterbrechen muss, um wichtige Bildabläufe oder Worte nicht wieder zu verlieren. Dieses Verlieren geschieht häufiger, als einem lieb ist. Manchmal denke ich während der Meditation: »Ach, das weiß ich gleich noch, es wäre schade, jetzt diesen schönen oder auch dramatischen Ablauf zu unterbrechen, vielleicht komme ich dann nicht mehr so schnell wieder hinein.« Aber am Ende der Meditation stellt sich heraus, dass nur noch der Schluss mühselig erinnert werden kann und wichtige Teile dazwischen fehlen. Durch viel Übung steigert sich aber auch dieses besondere Erinnerungsvermögen.

Dieses Problem verhindert auch, vorerst, zusammenhängende Abläufe aus früheren Leben zu erhalten. Einzelne Bilder, Empfindungen und Gefühle können leicht nach der Begegnung mit einem Menschen oder einer Situation aufsteigen, aber an den tatsächlichen Zusammenhang heranzukommen, erfordert sehr viel Übung und Erfahrung. Aus diesem Grunde kann es für den Anfänger hilfreich sein, unter Anleitung in diese geistigen Bereiche seines eigenen Daseins zu steigen, um nach angemessen langer Übung selber in weitere Bereiche vorzustoßen.

Die zuvor angeführten Übungen sind in der Regel erfolgreicher, wenn sie unter kundiger Führung geschehen. Einmal spielt die Erfahrung und das Wissen des Lehrers oder Therapeuten eine Rolle. Diese verhindern Fehldeutungen und Entgleisungen. Der andere Aspekt ist die spirituelle Kraft, die dieser durch seine eigene esoterische Entwicklung dem Anderen übermitteln kann, so dass ein geistiger Kraftraum entsteht, in dem eine neue Art der Konzentration erfahren werden kann; außerdem übt er die sehr praktische Funktion des Protokolleurs aus. Es ist selbstverständlich, dass nicht jeder, der sich lautstark anpreist, schon die nötige Qualifikation als Begleiter in geistige Erfahrungen mitbringen muss. Es gehört vor allen Dingen eine Lebensreife durch

Geistesschulung, die auch ein tiefes, okkultes Wissen miteinschließen muss, zu den Voraussetzungen und natürlich eigene Erfahrungen. Eine Schnellausbildung zum Reinkarnationstherapeuten muss diese Voraussetzung nicht zwangsmäßig erfüllen. Auch die Berufsbezeichnung »Psychologe« sagt gar nichts über die Lebensreife eines Menschen und auch nichts über die tatsächlichen Fähigkeiten aus. Äußere Merkmale gibt es nicht. Man muss sorgfältig prüfen, ob der Betreffende den Anforderungen und auch den eigenen Vorstellungen entspricht. Es ist letzten Endes eine Sache des Vertrauens.

Hat man einen Lehrer gefunden und sich nach einem längeren Vorgespräch zu einer solchen Arbeit entschlossen, muss der Aspirant während der Sitzung alle Wahrnehmungen, Bilder, Gedanken, Gefühlseindrücke und Sinnesveränderungen mitteilen. Diese werden dann aufgeschrieben, um sie vor dem Vergessen zu bewahren. Durch das Aussprechen wird schon eine erste Einprägung in das normale Gedächtnis gefördert. Doch ist es wichtig, im Anschluss noch einmal ein gemeinsames, betrachtendes Gespräch über alle geistigen Wahrnehmungen, in welchem auch der Symbolcharakter vieler Bilder klar werden und die Unterscheidung zwischen diesem symbolischen Hindeuten auf ein reales Geschehen und einem tatsächlichen Rückblick in frühere Leben gelernt werden kann.

Diese Methode mag manch einem befremdlich erscheinen. Oftmals ist die Angst im Vordergrund, suggestiv beeinflusst zu werden oder in Abhängigkeit zu geraten. Häufig wird auch der Einwand erhoben, das wäre ja leicht, es sei ja wie im Kino usw.

Solche Einwände können aber nur von Menschen gemacht werden, die gar keine geistigen Erfahrungen haben und sich nur auf ein theoretisches Wissen abstützen. In der Realität trifft keiner dieser Einwände zu. Eine suggestive Beeinflussung kann aus dem Grunde nicht stattfinden, da nur durch das vollkommene Zurücknehmen sämtlicher eigenen Gedanken und Meinungen erst die Möglichkeit des Hereinwirkens geistiger Welten und karmischer Rückschauen entstehen kann. Erst wenn das Bewusstsein beider, des Lehrers wie des Schülers, leer ist, kann bisher unbekanntes Wissen einfließen. Des Weiteren ist dieser Prozess in keiner Weise leicht, sondern eine solche Sitzung erfordert eine kolossale Anstrengung auf beiden Seiten, in erster Linie aber auf der Seite des Aspiranten, für den diese Art der Konzentration vollkommen neu ist. Das Herstellen des leeren Wachbewusstseins ist für die meisten Menschen sehr ungewohnt. Die einzige Vorstellungshilfe ist der Lichtraum, der Verbindungskanal zur geistigen Welt und die Vorstellung der Anwesenheit des Engels. Dann kann es sein, dass zehn Minuten oder noch länger überhaupt nichts geschieht oder dass es nach anfänglichem Lichterleben wieder dunkel wird. In diesem Stadium ist es die Aufgabe des Lehrers, Durchhaltebereitschaft zu vermitteln. Es kann in manchen Fällen bis zu einer halben Stunde und gelegentlich noch länger dauern, bis erste Wahrnehmungen auftauchen. Um dann die Konzentration aufrecht zu erhalten und auch einen Einstieg in die geistige Erfahrung zu erreichen, ist es sinnvoll, ein symbolisches Bild analog der von Rudolf Steiner gegebenen Rosenkreuz-Meditation als Hilfestellung zu geben.[39] Einige Beispiele sind an früherer Stelle schon beschrieben worden. Auch das Rosenkreuz kann selbstverständlich so ein Medium sein.

In vielen Fällen bewährt sich die Vorstellung eines Turmes, der beliebig gewählt wird. Aber schon in dem Moment der Wahl spürt der Betreffende, dass dieser Turm ein eigenes Gesetz hat, welches nicht beliebig verändert werden kann. Jetzt beginnt die willensmäßige Anstrengung, es muss geschaut werden, ob der Turm einen Eingang hat, ob die Tür, wenn vorhanden geöffnet werden kann. Ist dieses möglich, muss geschaut werden, ob es eine Treppe gibt, ob diese bestiegen werden kann. Die Art in der diese einzelnen Aktionen bewältigt werden können, gibt schon einen ersten Einblick in den momentanen körperlich-seelischen Zustand, und wenn der Prozess weiter fortläuft, auch in karmische Tendenzen. Allerdings muss man mit Deutungen in diesem Stadium noch sehr behutsam umgehen.

Aus diesen andeutungsweisen Schilderungen kann hervorgehen, dass vor allem der Wille sehr angespannt werden muss, und das entspricht der Aussage Rudolf Steiners, dass die moderne Rosenkreuzerschulung in erster Linie eine *Willensschulung* ist. Die alte Einweihung bildete vorwiegend das Denken aus. Diese Fähigkeit mussten die Menschen erst lernen, und das wurde besonders in den Mysterienschulen geübt. Der johanneisch-christliche, der mystische Weg des Mittelalters diente im Besonderen der Gemütskultur. Erst der alchimistisch-rosenkreuzerische Weg betont das Willenselement.[40] Ohne einen starken Willen, der vor allem die Mutkräfte in der Selbsterkenntnis herausfordert, ist heute kein Schulungsweg möglich.

Die Frage nach der Abhängigkeit liegt im Wesentlichen bei dem Schüler oder Klienten selber. Er sollte sich die Prüfungskriterien schon angeeignet haben und sie sorgfältig anwenden. Es gibt sogenannte Geisteslehrer, die bewusst manipulieren möchten, die den anderen abhängig machen wollen. Ein hohes Maß an Selbstlosigkeit sollte den Lehrer auszeichnen. Das Ziel einer geistigen Schulung muss immer die Förderung der Persönlichkeitsentwicklung des Schülers mit baldmöglichster Selbstständigkeit sein. Manche Menschen brauchen nur wenige Sitzungen, um einerseits das Prinzip zu durchschauen und andererseits die Kraft aufzubringen, um selbstständig damit umgehen zu können. Für andere wiederum könnte dies problematisch sein, da ihnen die Erfahrung und Reife fehlt, die neuen Einsichten richtig zu gebrauchen. Aber eine Abhängigkeit entsteht dadurch nicht, wenn sich der Lernprozess über längere Zeit erstreckt. Es liegt immer an *den* Menschen, die sich abhängig machen, und an *denen,* die so etwas bei sich zulassen.

Jetzt könnte noch der Einwand erhoben werden, dass Rudolf Steiner solche Methoden nicht praktiziert hat.

Da Rudolf Steiner eine menschheitliche Aufgabe hatte, war es ihm ein Anliegen, die Grundlagen der Geistesschulung herauszuarbeiten. Auch innerhalb der esoterischen Schule ging es erst um grundlegende Übungen. Einzelnen, nahestehenden Schülern hat er darüber hinaus noch spezielle Anweisungen gegeben, wenn ihre Entwicklung das zuließ. In den Mysteriendramen wird die Führung durch einen Geisteslehrer in der Gestalt des Benediktus anschaulich. Er ist zur Stelle, als seine Schüler Maria und Johannes Thomasius den Entwicklungsschritt zur karmischen Rückschau machen sollen. Er gibt ein spezielles Mantram und begleitet diesen Schritt geistig. Wenn man sich in die, mittlerweile weitgehend veröffentlichten esoterischen Stunden vertieft, kann man an vielen Stellen den Eindruck einer ganz persönlichen Führung haben. Auch in seiner letzten Lebensphase, die zur Neubegründung der Gesellschaft führte, entwickelte er neue Impulse und eine neue Form der Geistesschulung, die in den Klassenstunden und in den Karmavorträgen zum Ausdruck kommt. Die alten Formen hielt er nur noch bedingt für angebracht; und es ist überdeutlich, dass die neue von ihm begründete Hochschule umfangreich veranlagt war und es seine Absicht gewesen wäre, ganz konkrete Karmaübungen zu entwickeln und zu praktizieren. Seine Arbeitsweise lässt die Vermutung zu, dass er ganz aus der Situation heraus den Einzelnen Hilfe gegeben hätte. Sein früher Tod hat vieles verhindert und das begonnene Werk als Torso hinterlassen.

Wissen wir, ob er nicht, wenn er länger gelebt hätte, neue weitere Formen der Karmaforschung entwickelt hätte, die den heutigen Praktiken ähneln? Es ist doch problematisch, eine Weiterentwicklung geistiger Techniken mit dem Tode Rudolf Steiners für beendet und unmöglich zu erklären!

Die Notwendigkeit umfassender Erkenntnis komplexer karmischer Zusammenhänge anhand des Doppelgängerwirkens

Aus dem Gesagten ergibt sich, dass eine erste karmische Rückschau noch keine tiefere Erkenntnis sein kann, und genauso wenig reichen gewisse Ahnungen früherer Leben aus, um als solche zu gelten. Und doch ist es so, dass das unbewusste Karma außerordentlich »drückt«. Es rumort im Bauch und kann krankhafte Prozesse auslösen. Aus dem Stoffwechsel-Willens-Pol, dort wo wir schlafen, können kräftige Stöße überraschend in unser Tagesleben hereinwirken.

Nicht nur im Tagesschlaf des Willens, sondern auch im nächtlichen Tiefschlaf wird Karma erlebt. Nacht für Nacht durchlaufen wir im Geiste unsere Vergangenheit unbewusst. Aus diesen Bereichen treten an bestimmten Lebensabschnitten oder in außergewöhnlichen Situationen impulsive Kräfte auf. Solche markanten Punkte sind manchmal die Zeiten in der Mitte eines Jahrsiebtes, zwischen neun und zwölf oder sechzehn und neunzehn Jahren usw.. In solchen Momenten steigen oft blitzartig Ahnungen herauf, die in dieser Form in dem jetzigen Leben neu sind und doch irgendwie altvertraut. Es sind die Dinge, die in dem gegenwärtigen Dasein keinen Raum haben, die abgelegten, aber noch nicht aufgearbeiteten Taten und Fähigkeiten.

Es ist auf jeden Fall nicht das, was man im Tagesbewusstsein denkt, was uns heute beschäftigt, was unsere karmische Vergangenheit ausmacht.

Als *Beispiel* kann folgender karmischer Fall gelten:

Jemand hat sich in diesem Leben schon in jungen Jahren sehr stark mit Mystik beschäftigt, wobei besonders Theresa von Avila und Johannes vom Kreuz einen tiefen Eindruck erzeugten. Dieselbe Person hatte in der Schule wenig Neigung, etwas über Chemie wissen zu wollen. Es stellte sich in der karmischen Rückschau heraus, dass sie als Zeitgenosse der spanischen Mystiker in Deutschland den alchimistischen Schulungsweg ging und große Fähigkeiten in der Herstellung spagyrischer Medikamente erlangt hatte und dabei die chemischen Verwandlungsprozesse hellseherisch bis zum Moment der Substanzumwandlung durch Christus begleiten konnte.

Es ist klar, dass die heutige Chemie keinerlei Interesse erwecken konnte, dass hingegen die Mystik, sozusagen als Versäumnis, nachgeholt werden musste. Das Interesse für Kunst führte in dem jetzigen Leben zu einem künstlerischen Beruf, worin man eine Metamorphose der Alchimie sehen kann – eine andere Art der Substanzverwandlung. Dazwischen liegen einige kurze Inkarnationen, die im Sinnzusammenhang der Inkarnationsreihe auch eine Rolle spielen.

Sowohl der Überblick über die wesentlichen Prägungen in den eigenen Inkarnationen ist von Bedeutung, wie auch der Zusammenhang mit bestimmten kulturellen Strömungen und besonderen Gruppierungen.

In den individuellen Lebensläufen ist es von Wichtigkeit, die moralischen Höhepunkte ebenso wie die Tiefpunkte klar zu durchleben. Diese Spannung zwischen den Extremen ist unser heutiges Problem. Es ist weniger das Böse allein, was uns drückt, sondern der Kontrast zwischen Gut und Böse, in den wir verwickelt waren und immer noch sind. Die guten Inkarnationen führen uns unbewusst zu der Meinung, wir seien gute Menschen und könnten gute Taten vollbringen. Im positiven Falle kommt schnell die Ernüchterung, dass da doch gewaltige Hindernisse die Wirkung der vermeintlich guten Taten oftmals ins Gegenteil verkehren. Die Gefahr ist nun groß, dass die immer stärker werdende Gewissheit, dass auch Schandtaten in unserer Vergangenheit liegen, zu einer depressiven Verstimmung führen kann.

Aus dem Grunde ist es anzustreben, zu einer Gesamtschau des positiven und des negativen karmischen Fadens zu gelangen, nur diese gibt ein objektives Bild, das weder zur Euphorie noch zur Depression führt. Ein sachlicher Überblick lässt die eigenen Mängel erkennen, aber noch viel mehr die eigenen Stärken und Fähigkeiten aus alten Zeiten, die nun aus ihrer Vergangenheitsbindung befreit, in Zukunftskräfte verwandelt werden können. Und ebenso kann man beginnen die vorhandenen Lücken zu schließen, die Schäden, die man anderen und sich selbst zugefügt hat, auszugleichen.

Viele denken, das könne man auch, ohne ein Wissen von diesen Zusammenhängen zu haben. In der Realität wird man aber immer wieder in die alten Fehler zurückfallen, die vermeintlich guten Taten fortzusetzen und die tatsächlich richtigen Taten zu versäumen.

Um es im Bilde auszudrücken: Man kann von einem roten Faden – für den positiven karmischen Strom – und einem blauen Faden – für den negativen karmischen Strom sprechen. Es gibt aber etliche Inkarnationen, in denen sich diese beiden Fäden vermischen und sich in einigen Leben zu einem Wirrwarr verwickeln. Diese Inkarnationen betreffen zumeist ganze Menschengruppen, und das karmische Gesetz, welches nach Ausgleich ruft, bringt diese Gruppen nach einigen Inkarnationen wieder zusammen. In der nachtodlichen Zeit, im Kamaloka, in welchem man die Schmerzen erlebt, die man anderen Menschen zugefügt hat, ist der Entschluss gereift, die schlechten Taten wieder zu bereinigen. Den Schaden, den man dem Anderen zugefügt hat, will man durch besondere Zuwendung wieder ausgleichen. Aber oftmals ist es so, dass das mangelnde karmische Bewusstsein über einen Versuch, die Schuld auszugleichen, nicht hinaus kommt. Die alten Gefühle der Feindschaft leben wieder auf und werden durch Schuldgefühle überdeckt, die dann durch Schuldzuweisungen kompensiert werden. Das alte Übel taucht im neuen Gewande wieder auf. In solchen Situationen hat man die typischen Wirkungen des karmischen Doppelgängers, der als gewaltige Kraft aus den Willensuntergründen in das Gefühlsleben hineinwirkt und so den guten Impuls des Ausgleichenwollens vernebelt.

Nach solchen Erlebnissen kann uns die Frage bewegen: »Wo sitzt eigentlich dieser karmische Doppelgänger? In welches Wesensglied muss ich hineinschauen, um ihn zu entdecken?« Als Erzeugnis unserer eigenen Taten ist er auf jeden Fall sehr individuell, und er hat vorwiegend mit dem Willen zu tun. Er wirkt dort, wo das Ich nicht ganz wach ist, kann sich auch der Sprache bemächtigen, schlüpft in unbedachte Äußerungen und unkontrollierte Handlungen. Die geistige Beobachtung zeigt, dass er über den Ätherleib wirkt und von daher den Astralleib ergreifen kann. Vor der Empfängnis wird er wie magnetisch von den vorgeburtlichen, karmischen Entschlüssen der Seele, die ihre Erdenreise beginnen will, um ihre Ausgleichstaten zu vollbringen, angezogen, um sich nach der Empfängnis mit dem Ätherleib zu verbinden. Hier wirkt er als »karmisches Gedächtnis«. Durch seine Verwandtschaft mit den Regionen des Bösen hat er sich in der Zwischenzeit der Inkarnationen auch in diesen untersinnlichen Bereichen aufgehalten, ist dort genährt worden. Deshalb kann er jetzt wie ein Störsender von unserem Ätherleib aus die übrigen Leiber ergreifen und durchsetzen.

Es gibt genügend Beispiele dieser unkontrollierten Hereinwirkungen aus der neueren Karmaforschung. In anthroposophischen wie auch anderen esoterischen Gemeinschaften kann man ein allgemeines Bemühen um hohe ethische Gesinnung voraussetzen und auch antreffen. Niemand würde seinem Mitmenschen bewusst schaden wollen, jeder hat wirklich die edelsten Motive. Und doch gibt es gerade dort viel Uneinigkeit, Streit und Missgunst, was manches Mal zum Zerbrechen der Gemeinschaften, der Arbeitszusammenhänge und zum Verfehlen der Ziele führt – in kürzeren oder längeren Zeiträumen. Jeder ist entsetzt und erschüttert, niemand hat das gewollt und jeder sieht die Schuld im Anderen. Doch sind wir zumeist so weit kultiviert, dass es zu keinen Racheakten oder persönlichen Schädigungen kommt. Man geht mit mehr oder weniger Groll auseinander, ohne das Problem lösen zu können. In diesen Fällen ist es natürlich nicht nur ein Doppelgänger, der wirkt, sondern es agieren alle karmischen Vergangenheiten im Verein mit luziferischen und ahrimanischen Kräften, um das Zerstörungswerk zu vollbringen.

Gelingt es nun, an die karmischen Ursachen heranzukommen, macht man oftmals die Feststellung, dass die Betroffenen in einer früheren Zeit in feindliche Lager gespalten waren und sich bis in den Tod bekämpft haben.

Untersuchte Beispiele sind Inquisition und Ketzerverfolgung. Gerade in anthroposophischen Gemeinschaften und Zweigen trifft man diese Konstellation häufig an. Der vorgeburtliche Entschluss, den Herrschaftsanspruch der Kirche zu überwinden, äußert sich in der Zuwendung zu einer im kirchlichen Sinne ketzerischen Gemeinschaft. Aber der persönliche Herrschaftsanspruch ist noch nicht überwunden und man strebt in solche Stellungen, die es einem ermöglichen, nun subtil diese Eigenschaft geltend zu machen.

Viele Ursachen des zwischenmenschlichen Unverständnisses liegen in noch viel früheren historischen und vorgeschichtlichen Zeiten, wie schon in dem Kapitel über die Entwicklungsepochen beschrieben wurde.

Soweit bekannt, sollen auch dazu einige konkrete Beispiele an späterer Stelle beschrieben werden.

Wie häufig verkörpern wir uns?

Rudolf Steiner beschreibt in der Frühzeit der anthroposophischen Bewegung die Gesetze von Reinkarnation und Karma. Er spricht dort von einer Inkarnationshäufigkeit von zweimal in zweitausend Jahren, einmal als Mann, einmal als Frau. Auch in der indischen Tradition trifft man diese Lehre an, mit dem Hinweis, dass es vielfältige Ausnahmen geben kann.[41] In seiner späteren Karmaforschung ist Rudolf Steiner auf viele solcher Ausnahmen gestoßen und hat diese Ausnahmen ganz verschieden begründet. Seiner Forschung nach verkörpern sich materialistisch gesonnene Menschen besonders schnell wieder, weil sie in den geistigen Welten nur ein schwaches Bewusstsein entwickeln können und sich dort nicht heimisch fühlen.

Auch gibt es entgegengesetzte Forschungsergebnisse, wonach besonders hoch entwickelte Individualitäten sehr schnell wieder auf die Erde kommen, um hier in die Geschicke der Menschheit eingreifen zu können.

Wie sind diese verschiedenen Aussagen Steiners, die hiermit natürlich nicht erschöpfend behandelt sind, am Ende dieses Jahrhunderts im Hinblick auf viele konkrete Erfahrungen zu sehen? Neben einer Fülle von Literatur über sogenannte Rückführungen gibt es etliche Forschungen durch die Methoden Steiners und anderer Schulen. Mit Sicherheit werden und wurden viele Fehler auf diesem neuen Forschungsgebiet gemacht. Andererseits wird auch immer mehr Sorgfalt angewandt, um zu gültigen Ergebnissen zu gelangen. Es ist ein Problem, wenn aus einer dogmatischen Gesinnung heraus den neueren Forschungsergebnissen die Gültigkeit abgesprochen wird, nur weil sie mit bestimmten Aussagen Rudolf Steiners nicht übereinstimmen oder gar im Widerspruch zu sein scheinen.

Man kann nicht davon ausgehen, dass Rudolf Steiner alles gesagt hat, was er wusste, und genau so wenig macht es Sinn, ihn als allwissend vorzustellen. Dann wäre sein Lebenswerk keine Geistesforschung, sondern reine Offenbarung, und wir hätten es nur zu glauben und dem nichts hinzuzufügen. Der Offenbarungsglaube ist aber die Seelenstimmung der Empfindungs- und mit Einschränkung noch der Gemütsseele. Die Bewusstseinsseele hingegen will selber forschen und erkennen, und die Entwicklung der Bewusstseinsseele bei seinen Schülern ist Rudolf Steiners höchstes Anliegen. Vor diesem Hintergrund erscheint es wie ein Widersinn, ihm Allwissenheit oder Unfehlbarkeit zuzusprechen. Aus dem Grunde der vorurteilsfreien Forschung, nicht um Rudolf Steiner Irrtümer nachzusagen, möchte ich die These der tausend Jahre zwischen den Inkarnationen nicht verabsolutieren, sie allenfalls als Möglichkeit für einzelne Individuen sehen. Doch für viele sehr spirituelle Menschen scheint dieses Gesetz nicht zu gelten, zumindest seit der Zeit nach Christi Geburt.

Eine kulturelle Entwicklungsbeschleunigung in den letzten Jahrhunderten und noch offensichtlicher in diesem Jahrhundert kann auch zur Folge haben, dass die Inkarnationsrhythmen einer Änderung unterliegen.

Bei manchen Individualitäten hat man sogar den Eindruck, dass sie in einem Leben mehrere karmische Themen aufgreifen und abarbeiten: Die Tätigkeitsbereiche und der Menschenumkreis wechseln vollständig und bis in die Ausdrucksweise vollzieht sich eine Wandlung, als wären es verschiedene Leben. Lernt man dann die Inkarnationsreihen solcher Individualitäten kennen, kann man zu der Erkenntnis kommen, dass das gegenwärtige Leben wie in einem Brennpunkt das gesamte vergangene Karma spiegelt, so, als hätte man den Entschluss gefasst, wie bei einem großen Reinemachen alles aufzuarbeiten und alten Unrat zu beseitigen, um die gereinigten alten Fähigkeiten mit neuen Impulsen in Zukunftskräfte zu verwandeln. Wir leben in einer Umbruchzeit, in der sich auch alte Gesetzmäßigkeiten wandeln können.

Was geschieht zwischen den Leben?

Die Zeiten zwischen den Leben werfen die mannigfaltigsten Fragen auf. In den Religionen, die mit der Wiedergeburt rechnen, gibt es unterschiedliche Vorstellungen und Beschreibungen, die jeweils mit dem zugrunde liegenden Weltbild entstanden sind. Wir sind heute nicht mehr nur auf diese Traditionen angewiesen, sondern können auf konkrete Erfahrungen und Forschungen zurückgreifen. Die umfassendste Beschreibung der nachtodlichen und vorgeburtlichen Stadien, die die Seele durchlaufen muss, bevor sie einen neuen Körper beziehen kann, haben wir durch Rudolf Steiner erhalten. Einen weiteren wertvollen Erfahrungsschatz liefert die moderne Reinkarnationsforschung und die gut dokumentierten Nahtodeserlebnisse der letzten Jahre. In dem ersteren Forschungsgeschehen stehe ich seit einigen Jahren selber darinnen. Die diesbezüglichen Ausführungen Rudolf Steiners hatten seit einigen Jahrzehnten mein Vorstellungsleben geprägt und daneben standen die aktuellen Erfahrungsberichte, als meine ersten karmischen Rückschauen begannen. Durch meine Begleitung anderer Menschen haben sich meine eigenen Erfahrungen noch vermehrt und werden ständig erweitert.

Die Zeiten zwischen den Leben dienen der Verarbeitung und Verwandlung des verflossenen Lebens. In rückwärtiger Folge durchleben wir noch einmal alle Stadien dieses Lebens, aber nun nicht unsere damaligen Empfindungen, sondern die Wirkungen, die wir bei den anderen Menschen verursachten, und auch die Eindrücke, die wir in den Naturreichen hinterlassen haben. Die Früchte aus dieser Lehrzeit werden in der Folge unter dem Einfluss der höheren geistigen Hierarchien zu den Zukunftsplänen für die kommende Inkarnation ausgearbeitet. Das geschieht etwa in der Mitte zwischen zwei Leben. Darauf erfolgt der Entschluss des Menschen-Ich mit dem reinen Anteil des Seelenextraktes, wieder eine neue Inkarnation vorzubereiten. Sie hat aus ihren Fehlern gelernt und kann nun mit Hilfe der mächtigen planetarischen Geister – Archai, Erzengeln und Engeln – Kräfte für die künftigen Taten und die dazu erforderlichen Begabungen aufbauen. Sie sucht aus den vorhandenen Möglichkeiten das Elternpaar, welches die geeignetste Vererbung und karmischen Voraussetzungen bietet und beginnt, sich mit Astral- und Ätherkräften zu umkleiden. Im Zeitpunkt der passenden kosmischen Konstellation tritt sie ihre Erdenreise an.

Jetzt ist der Moment gekommen, wo der karmische Doppelgänger aus den Unterwelten aufsteigt und sich mit den Leibesgliedern verbindet. Das kann ein mehr oder weniger starkes Schockerlebnis für die Seele sein und dazu führen, dass sie sich nur locker mit dem Leibe verbindet, ihn nicht so richtig ergreifen will.

Die schon angesprochene Tatsache, dass Rudolf Steiner sehr lange Zwischenräume zwischen den einzelnen Leben annahm, scheint zumindest in den letzten Jahrhunderten für einen großen Teil der Menschen, die jetzt an ihr Karma herantreten, nicht zuzutreffen. Rudolf Steiner hat selbst darauf hingewiesen, dass in diesem Jahrhundert die Abstände zwischen den einzelnen Leben sehr kurz sein können und manchmal nur sieben Jahre betragen.

Es kann überraschend und fast erschütternd sein, wenn nach einer Inkarnation im vergangenen Jahrhundert, die mit einem frühen, grausamen Tod endete, jemand in ein darauf folgendes Leben gelangt, in dem nach kurzer Lebenszeit der Tod im Alter von etwa fünf Jahren durch Auszehrung eintrat. Als ich in einem Fall die rätselvolle Frage an die geistige Welt stellte, was das zu bedeuten hätte, wurde die betreffende Individualität von ihrem Engel in das nachtodliche Geschehen geführt. Nach dem Tod etwa 1905 erfolgte eine zweijährige Zeit, die der Verarbeitung des Vorangegangenen diente. Dann wurde die Seele gefragt: »Willst du ein Opfer bringen?« Sie willigte ein, ohne zu wissen, was kommen würde, im Vertrauen auf die Führung durch ihren Engel. Sie fühlte sich plötzlich in einer Stadt, die sie nicht kannte, wusste aber gleich, dass es München war und wurde geistig mit einem Menschenkreis verbunden, der spirituell arbeitete. Sie »lebte« von nun an in dieser Gruppe, »hörte« die Vorträge Rudolf Steiners und stellte ihren unverbrauchten Ätherleib den aufkeimenden künstlerischen Impulsen zur Verfügung. Sie war nicht alleine. Viele andere gleich geartete Seelen lebten mit ihr gemeinsam dieses Leben an diesem Orte mit. Es war eine frohe Stimmung, und sie fühlten sich im Zeitgeist Michael wie in einer großen Glocke oder Kuppel geborgen, waren aber in unablässiger Tätigkeit mit dem Herunterbringen geistiger Kräfte beschäftigt und ebenso mit dem Empfangen dessen, was durch Rudolf Steiner und diesen besonderen Menschenkreis erarbeitet wurde. Da diese Individualität sich besonders mit dem künstlerischen Impuls verbunden hatte, machte sie den »Umzug« nach Dornach mit, um ihre Kräfte ganz dem Bau zur Verfügung zu stellen. Eine lichte Schar »geistiger Kinder« empfing die Formen und Farben der Engel, um sie den Werktätigen zur Verfügung zu stellen. Als »Gegenleistung« durften sie Vorträge hören und manchmal auch eine Reise mitmachen, ein eindrucksvolles Erlebnis innerhalb der Geistkuppel Michaels. Nach 1920 wurde die Stimmung, die ihnen von unten entgegenschlug, dramatischer. Dunkelheiten verdüsterten die Atmosphäre, Rudolf Steiners Kampf gegen retardierende Mächte zehrte alle Kräfte auf, was sehr deutlich erlebbar war. Der Brand und das daraus folgende Leid der Menschen, die an dem Bau des ersten Goetheanums gearbeitet hatten, wurde zum eigenen Schmerz der vor der Inkarnation stehenden Seelen, der auch karmische Folgen hatte, die hier nicht beschrieben werden können. Bis 1930 wirkte diese Seele an dem zweiten Bau mit und wurde dann in höhere Regionen abberufen, um die jetzige Inkarnation vorzubereiten. Jetzt erst wurden die Pläne für das neue Leben ausgearbeitet und die karmischen Notwendigkeiten mit den frei zu wählenden Möglichkeiten abgewogen. Der Rat Rudolf Steiners, der sich damals noch »oben« befand, nicht länger zu warten, sondern die schwierigen Umstände der Kriegszeit und andere Erschwernisse zu ertragen, um bald die Anthroposophie auch physisch erarbeiten zu können, wurde beherzigt und der schwere Weg angetreten. In Erdnähe erfolgte ein starkes Erschrecken beim Wahrnehmen der finsteren Mächte, welche die Welt und Menschen ergriffen hatten, ein Zurückschrecken auch vor der Erfüllung des gewählten Karmas. Der Anblick der Doppelgängerkräfte, die von unten hochstiegen, bewirkte einen Schauer, doch die unendliche Güte und Kraft des Engels gab starke Zuversicht und Mut, den Abstieg in den Leib zu wagen.

Raum, Zeit und Ewigkeit

Die Sicherheit unseres irdischen Erlebens erhalten wir durch Raum und Zeit. Der Raum in seinem Oben-Unten, Links-Rechts, Vorne-Hinten, vermittelt uns als kleines Kind die Sicherheit, im Irdischen handeln und agieren zu können. Indem wir gehen lernen, entwickelt sich auch das raumgebundene Denken. Dieses, die äußere Welt ergreifende Denken löst das kosmisch-wahrnehmende Denken allmählich ab und die Erinnerung an das Vorgeburtliche verblasst umso mehr, als sich das Kind den Raum erobert.

Das Zeiterleben ist in dieser Phase der Entwicklung noch dumpf und wird nur durch die Wechsel von Tag und Nacht und durch das Erleben von Hunger, der in Rhythmen auftritt, wahrgenommen. In den ersten Lebensjahren erscheint die Zeit als unendlich gedehnt und gewinnt erst Bedeutung mit dem Eintritt in die Schule. Jetzt muss das Kind erfahren, dass ein äußerer Zeitrahmen besteht, in dem gewisse Verrichtungen erledigt werden müssen. Es erlebt, dass unangenehme Pflichten die Empfindung von Ausdehnung der Zeit hervorrufen und dass bei angenehmen Tätigkeiten die Zeit wie im Fluge vergehen kann. Wenn im Alter von acht oder neun Jahren die Uhr gelesen werden kann, entsteht das Bewusstsein, dass es eine ganz klare, objektive Zeiteinteilung gibt, die mit dem Sonnengeschehen am Himmel verknüpft ist, dass aber subjektive Erlebnisse das Zeitgefühl sehr stark beeinflussen können. Die Kindheit wird bis zum Beginn der Pubertät noch zeitintensiv erlebt. Ab diesem Alter tritt auch das merkwürdige Phänomen ins Bewusstsein, dass Zeit und Raum in einem Zusammenhang stehen. Um den Raum zu durchqueren, braucht man eine bestimmte Zeit. Man lernt seine Zeit einzuteilen und zu planen, bekommt ein Gefühl dafür, wie lange man für einzelne Tätigkeiten braucht, und wenn man nicht weiter nachdenkt, läuft das Leben in dem festen Korsett äußerer Gegebenheiten ab.

Etwa ab der Lebensmitte und noch mehr im zunehmenden Alter macht man die Entdeckung, dass die Zeit scheinbar schneller vergeht. Die Uhren haben sich zwar nicht geändert, aber das Zeitempfinden ist ein anderes geworden. Die Erde dreht sich, wie sie sich seit vielen Jahrtausenden dreht, um sich selbst und um die Sonne, aber das Erlebnis hat sich geändert. Die irdische Zeit hängt zwar mit den äußeren kosmischen Verhältnissen zusammen, aber unsere Empfindung von Zeit scheint noch anderen Gesetzen zu unterliegen.

Welche Bedeutung hat Zeit im kosmischen Raum? Welche Bedeutung hat Zeit im geistigen Gebiet – während der Meditation –, während außerkörperlicher Zustände und in der Zeit zwischen Tod und neuer Geburt? Die Frage muss uns sehr beschäftigen, da jeder, der meditiert, das Erlebnis kennt, dass in der Meditation noch stärker als im Wachleben das Gefühl für die äußere Zeit verloren geht und unterschiedliche Phänomene auftreten können: Einmal, dass man das Gefühl hat, man hätte vielleicht zwanzig Minuten meditiert und es sind zwei Stunden vergangen – oder umgekehrt: Man hat ungeheuerlich viel erlebt und denkt, es müsse doch ein längerer Zeitraum vergangen sein, doch in Wirklichkeit waren es nur wenige Minuten. Aus solchen Erlebnissen heraus gewinnt man ein anderes Verhältnis zur Zeit. Im Geistigen hat der Begriff Zeit eine andere Bedeutung. Die Quantität wird jetzt zur Qualität und man hat das Bedürfnis, das, was zwar immer noch innerhalb der Zeit verläuft, weil wir noch mit dem Körper verbunden sind, doch mit einem anderen Wort zu bezeichnen. Es tritt das Wort Ewigkeit an die Stelle. Damit ist nicht die gängige Vorstellung von Ewigkeit gemeint, die Vorstellung, dass etwas nie zu Ende geht, sondern ein Zustand der Intensität. »Ewigkeit« bedeutet hier die Qualität der Zustände außerhalb der Zeit und außerhalb des körperlichen Bewusstseins und hat nichts mit Endlosigkeit zu tun. Man kann für Momente in die Ewigkeit eintauchen und taucht für eine längere Weile nach dem Tode in die Ewigkeit ein.

Daraus ergibt sich die nächste Frage: Wie sind die Zeitabschnitte nach dem Tode eingeteilt und wie sind sie zu verstehen? In den Studien über die Nahtodeserlebnisse erfahren wir, dass häufig in sehr kurzer Zeit Gewaltiges erlebt wurde. Das entspricht auch der veränderten Zeitwahrnehmung in der Meditation.

Wir haben durch Rudolf Steiner eine Gliederung der Zeit nach dem Tod erhalten. Er schildert die Erlebnisse, die die Seele in der Seelen- und Geistwelt durchmacht. In den ersten drei Tagen nach dem physischen Sterben löst sich der Ätherleib allmählich aus dem Körper heraus, wird zur Außenhülle für die Seele und verbindet sich mit dem allgemeinen Weltenäther. Die Seele beginnt nun, das sogenannte Kamaloka zu durchlaufen, das heißt, das vergangene Leben wird in rückwärtiger Folge noch einmal durchlebt, aber jetzt in der Form der Schlafenszustände. Während des vorangegangenen Lebens hatten wir in jeder Nacht in geistigen Welten mit den höheren Hierarchien unsere Tageserlebnisse durchgearbeitet und dadurch die Grundlage für das nachtodliche Erleben geschaffen, wie auch für das Karma der kommenden Inkarnationen. So ist auch Nacht für Nacht die Zeit aufgehoben, wir weilen in der Ewigkeit und überblicken Vergangenheit und Zukunft, erleben die notwendigen Folgen unserer Taten und Versäumnisse.

Diese nächtlichen Erfahrungen, die im Tiefschlaf erfolgen und damit in der Regel unbewusst bleiben, bildet die Erlebnissphäre nach dem Tode, bis alle Nächte noch einmal durchlebt sind. Jetzt erleben wir die Wirkungen unserer Taten, das, was andere durch uns empfunden haben. Während dieser Phase steigen wir in die Planetensphären auf, in denen wir jeweils längere Zeit bleiben, um bestimmte Erkenntnisse und Erfahrungen zu haben. Am Ende der Kamalokazeit, Rudolf Steiner spricht von etwa einem Drittel der Lebenszeit, tritt das Ich mit dem Extrakt seiner Seelenerlebnisse in die eigentliche geistige Welt in der Fixsternregion ein. Dort lebt das Ich lange Zeit in geistigen Lernprozessen und bereitet seine nächste Inkarnation vor, um dann wieder den Weg hinunter durch die Planetensphären zu durchwandern, wobei die einzelnen Individualitäten unterschiedlich lange in den jeweiligen Sphären bleiben, um je nach dem Karma bestimmte Kräfte dort aufzunehmen, die dann den nächsten Lebenslauf bestimmen und sich auch im Geburtshoroskop ausdrücken können. Nun ist die Seele bereit, das neue Leben anzutreten.

Rudolf Steiner macht in seinem Vortragswerk sehr komplexe Ausführungen, die sich auch auf das lange Beobachten der Seele des kommenden Vererbungsstromes und der zukünftigen Eltern beziehen. Er geht deutlich von einem langem Verweilen in der Geistwelt aus und spricht von einigen hundert bis zu tausend Jahren, die zwischen den einzelnen Inkarnationen liegen sollen, wie schon angeführt wurde. Er lässt zwar auch Ausnahmen zu, besonders für dieses Jahrhundert, aber die Frage bleibt für den, der selber andere Erfahrungen gemacht hat bestehen: Wie sind diese vielfachen übereinstimmenden neueren Erfahrungen mit Steiners langen Zeiträumen in Einklang zu bringen? Das häufig von anthroposophischen Rednern und Autoren angewandte Schlagwort von den »unaufgelösten Astralleibern und -Fetzen Verstorbener« kann gar keine Geltung haben, da für den in karmischer Rückschau geübten Reinkarnationsbegleiter und zumeist auch für den, der diese Erlebnisse noch einmal durchlebt, ein tatsächliches Leben von diesen gelegentlich auftretenden fremden Anteilen deutlich unterschieden werden kann. Die bekannte amerikanische Reinkarnationstherapeutin Helen Wambach, die etwa tausend Menschen in Großversuchen durch ihre Inkarnationen begleitet hat, spricht von durchschnittlich zweiundfünfzig Jahren zwischen den einzelnen Leben. Meine Erfahrungen und die der mir bekannten Therapeuten und Geistesforscher bestätigen in etwa diese Zeitspanne. Nach kurzen Inkarnationen sind es durchschnittlich zwanzig bis dreißig Jahre, nach langen können auch einmal achtzig bis neunzig dazwischen liegen und in diesem Jahrhundert sind die Abstände oft noch kürzer.

Dieser Widerspruch zwischen Steiners Angaben und den offensichtlichen heutigen Erfahrungen kann nicht mit Schlagworten und Scheinerklärungen hinweggewischt, sondern muss als Frage ernst genommen werden und sollte in einer Forschungsgemeinschaft untersucht werden.

Meine Gedanken dazu gehen in die Richtung, dass das nachtodliche Erleben nicht dem Zeitgesetz unterworfen ist, sondern im Bereich der Ewigkeit in großer Intensität abläuft und alle die von Steiner geschilderten Erlebnisse zwar stattfinden, aber mit unseren irdischen Zeitvorstellungen nicht übereinstimmen.

Eine weitere Erfahrung lässt auch die Annahme zu, dass bestimmte wichtige oder bedeutende Inkarnationen in einem deutlichen Bezug zueinander stehen und mitunter schon in vorchristlicher Zeit geplant worden waren, so dass durchaus eine langwierige geistige Vorbereitung stattgefunden hat. Die notwendigen aktuellen Lernerfordernisse können dann kurzfristig in unbedeutenderen Leben absolviert werden. Bedeutend und weniger bedeutend meint in diesem Zusammenhang bewusstseinsbildende Aufgaben, die auch hinter den Kulissen der bekannten Geschichte ablaufen können und im Gegensatz dazu Inkarnationen ohne allgemeine Aufgaben, innerhalb einer Familie und Ähnliches. In dieser Beziehung kann man deutliche Rhythmen entdecken.

Ganz vorsichtig möchte ich es so formulieren, dass man einen Zyklus von spiralig aufsteigenden Leben erkennen kann, die an bestimmten Punkten in dieser Spirale ein ganz bestimmtes Muster durchlaufen, etwa so, wie wenn man einen Berg auf einem umlaufenden Weg bestiege und die darunter liegenden verschiedenen Blickrichtungen von immer höherer Warte anschauen könne. In Bezug auf die Leben bleibt es natürlich nicht beim Anschauen, sondern man durchlebt an einer bestimmten Stelle der Lebensspirale die damit in Verbindung stehenden karmischen Aufgaben.

Inkorporationen und Gruppenseelen

Eine große Irrtumsquelle in der Betrachtung früherer Inkarnationszusammenhänge bilden einerseits die Gruppenseelen, andererseits konkrete Inkorporationen. Deshalb muss in diesem Zusammenhang diese Thematik ausführlicher behandelt werden.

Rudolf Steiner hat den Begriff der »spirituellen Ökonomie« geprägt. Damit ist gemeint, dass bestimmte vollkommene Entwicklungsstufen einzelner Wesensglieder niemals mehr verloren gehen und anderen in Entwicklung befindlichen Individualitäten verliehen werden können. In hervorragender Weise geschieht dies mit den Wesensgliedern der vollkommenen Leiber Christi. In den ersten christlichen Jahrhunderten war es vor allem der Ätherleib des Jesus, in dem alle Ereignisse des Christuslebens immerwährend wahrnehmbar sind, der in vervielfältigten Abbildern vielen geistig strebenden Individualitäten einverleibt wurde. Dadurch war ein unmittelbares Wissen um das tatsächliche Ereignis auf Golgatha in diesen Menschen gegenwärtig. Rudolf Steiner sieht vor allem in Europa viele solcher Seelen wirken. Als Beispiel führt er den heiligen Augustinus an.

Aus meiner Geistesforschung kann ich dem hinzufügen, dass auch in anderen Erdteilen solche Individualitäten wirksam sein konnten. Sowohl in Asien wie auch in Amerika inkarnierten sich hochentwickelte christusdurchdrungene Seelen, die aus ihrer geistigen Schau heraus das Evangelium verkünden konnten.

Ein solches Schicksal möchte ich näher beschreiben:

Eine Individualität, die in vorchristlicher Zeit schon an der Vorbereitung der Christusinkarnation beteiligt war, sowohl im hebräischen wie auch ägyptischen Kulturstrom, inkarnierte sich in den ersten christlichen Jahrhunderten in Südeuropa und verband sich tief mit einem spirituellen Christentum. Im siebten Jahrhundert erfolgte eine weibliche

Inkarnation in Mittelamerika oder Mexiko. Schon bald nach der Geburt erkannten die Priester, die eine Art Taufritual vollzogen, dass dieses Kind, wie sie sagten, *»ein Kind des weißen Gottes«* sei. Daraufhin erfolgte eine besondere Erziehung und schon sehr bald traten die Schauungen des Christuslebens bei diesem heranwachsenden Mädchen auf. Im Tempelbezirk wurde auch für diesen Gott ein besonderes Heiligtum gebaut, in dem die junge Priesterin ihre Kulthandlungen in Anlehnung an das Abendmahl feiern und vor einer stetig wachsenden Zahl Zuhörern und Anhängern predigen und lehren konnte. Völlig friedlich existierten in der damaligen Zeit in dieser Kultur in der betreffenden Region die verschiedenen religiösen Kulte nebeneinander, und der *weiße Gott*, von dessen irdischem Leben und Leiden und seiner Auferstehung die Priesterin berichten konnte, wurde als ein zukünftig erscheinender Welterlöser, der die Schöpfung vollenden wird, erwartet. Es gab allerdings im weiteren Umkreis dieser friedlichen Region auch andere, feindliche Stämme, die grausame, schwarzmagische Riten praktizierten und manches Mal Angriffe wagten. Aber die lichte Kraft des geistigen Christentums konnte so nicht überwunden werden. Zwar fiel die Priesterin an ihrem Lebensende einem dieser hinterhältigen Angriffe zum Opfer, aber sie hatte beizeiten ihre Nachfolger eingeweiht, so dass eine ernsthafte Störung dieses Impulses nicht geschehen konnte.

Auch für den Astralleib und innerhalb dessen für die Empfindungsseele trifft eine solche Vervielfältigung zu. Rudolf Steiner nennt als Beispiele solcher Einverwebungen eines Abbildes des Astralleibes des Jesus von Nazareth *Franz von Assisi, Elisabeth von Thüringen* und *Thomas von Aquino.*[42]

Für die Zeit der Bewusstseinsseele wird geeigneten Seelen ein Abdruck des Ich des Jesus eingeprägt werden.

Die weiteren sehr komplexen Zusammenhänge können besser im Original studiert werden. Der Hinweis auf solche Tatsachen ist aber innerhalb dieser Arbeit notwendig, da in karmischen Rückschauen häufig Ereignisse des Christuslebens in Erscheinung treten und manche Menschen zu der Annahme verleiten, dass sie eine bestimmte Person im Umkreis Christi gewesen seien.

Aber in der Regel ist damit zu rechnen, dass diese Erscheinungen auf der Teilhabe an einem solchen vervielfältigtem Wesensglied beruhen.

Nicht nur die vollkommenen Wesensglieder Christi, sondern auch die weit ausgebildeten Wesensbereiche anderer hoch entwickelter Menschen erlangen Unzerstörbarkeit und werden der Menschheit insgesamt zur Verfügung gestellt. Die Individualität kann längst wieder in anderen Leben mit neuen Entwicklungen befasst sein, die Früchte ihres vergangenen Äther- oder Astralleibes wirken in anderen Menschen weiter. Sie selber muss mitunter wieder unter großen Mühen ihren Äther- und Astralleib erneuern. Auch da führt Rudolf Steiner in dem genannten Vortragszyklus ein Beispiel an: Der Astralleib des Nikolaus von Kues wird übergeführt in Nikolaus Kopernikus.[43]

Wenn Menschen nun in erste imaginative Wahrnehmungen gelangen, können Bilder aus diesen der allgemeinen Menschheit gehörenden Bereichen, mit denen der Betreffende in besonderem Maße verbunden ist, auftauchen.

Ein Beispiel kann das verdeutlichen:

Eine Person hat immer wieder den Eindruck, zur Zeit der Renaissance in Florenz und Rom gelebt zu haben. Der Eindruck verdichtet sich immer stärker, es treten Visionen auf und der Betreffende hält sich für einen der großen Maler. Eine befreundete Person hat ähnliche Eindrücke und besteht darauf, auch zu der Zeit dort eine bekannte Persönlichkeit gewesen zu sein. Die karmische Rückschau unter Führung ergibt, dass die beiden tatsächlich zu dieser Zeit dort gelebt hatten, aber ganz andere Erlebnisse hatten. Sie waren von der gesamten, damals in diesem Umkreis herrschenden Stimmung ergriffen und in einem Fall hat auch eine flüchtige Begegnung mit Michelangelo stattgefunden. Die Äther- und Astralleiber hatten durch die Verehrung dieser großen Meister eine starke Prägung erhalten, die als Sehnsucht in spätere Inkarnationen hineinwirkt. Das kann eine künstlerische Begabung zur Folge haben, die dann wiederum diese Sehnsucht nach Identifikation verstärkt.

Auch Heiligenleben wirken auf viele Menschen im Umkreis prägend. Sie hinterlassen Spuren im Astralleib oder, wenn jemand in nächster Umgebung einer solchen Individualität lebt, auch im Ätherleib. Das kann ebenso wie in dem erst beschriebenen Fall visionäre Bilder aufsteigen lassen. Diese Bilder sind in einigen Fällen so überwältigend, dass die Betreffenden nicht mehr von der Vorstellung loskommen, die vermeintliche Inkarnation tatsächlich gehabt zu haben. In den mir bekannt gewordenen Fällen zeichnen sich die visionären Erlebnisse bei den Betroffenen dadurch aus, dass sie nicht durch Geistesschulung auftraten, sondern in Folge extremer seelischer und körperlicher Belastungsproben begannen. Klärend kann da nur eine lange, bescheidene Arbeit am Schulungsweg wirken, um die Wesensglieder reinigend zu beeinflussen.

Inkorporationen

Neben diesen, mehr in den allgemeinen Umkreis hineinwirkenden Prägungen durch hoch entwickelte Individualitäten, gibt es noch die *Inkorporationen*. Diese sind ein bewusster Entschluss der beteiligten Individualitäten im Einklang mit der Führung der geistigen Welt.

Eine durch ihre vorangehende Entwicklung geeignete Person nimmt in ihre Seele eine noch höher entwickelte Individualität auf, um durch diese gesteigerte Kraft zu besonders großen Leistungen in Bezug auf die Menschheitsführung zu gelangen. Dauerhaftes Wirken aus der Sphäre des Heiligen Geistes beruht auf sehr hohen Inkorporationen. Aber auch vorübergehend kann eine Einwohnung einer anderen Wesenheit stattfinden, wenn in bestimmten Situationen hohe Leistungen vollbracht werden müssen.

Das Prophetentum im Alten Testament geschah in vielen Fällen unter Führung einer geistigen Anwesenheit durch Sem, Zarathustra oder Melchisedech. Man kann davon ausgehen, dass große Taten und Ereignisse, die als durch einzelne Menschen herbeigeführt erscheinen, in Wahrheit nur unter der Kraft einer hohen, übersinnlichen Individualität geschehen konnten.

So ist auch in diesen Fällen Vorsicht geboten. Wenn man sich in einer Rückschau als Prophet oder eine andere bedeutende Person erlebt, könnte man selber der unbedeutendere Träger einer höheren Individualität gewesen sein. Wesentlich ist aber in all diesen Fällen, dass man eine ganz bestimmte Prägung durch diese Trägerschaft oder durch das Miterleben erfahren hat, und das ist von Bedeutung für die eigenen Lebensaufgaben im Jetzt und in der Zukunft.

Eine weitere Klippe der frühen Lebenszusammenhänge sind die *Gruppenseelen.* Die Einzelindividualität hatte in vorchristlichen, für viele Menschen auch noch in den ersten nachchristlichen Inkarnationen noch kein stark ausgeprägtes Individual-Bewusstsein. Ein höheres geistiges Wesen, Engel oder Erzengel, wirkte durch die Führerpersönlichkeiten und der einzelne Mensch fühlte sich in seinem Volkstum oder Stamm geborgen.

Es ist aber so, dass man sich nur an die Inkarnationen wirklich erinnern kann, in denen man schon ein eigenständiges Denken entwickelt hatte. Dieses von der Gruppe unabhängige Denken trat in Ausnahmesituationen auf, zum Beispiel in extremen Angst- und Schmerzerlebnissen oder auch bei großer Freude in Feier-Augenblicken. An solche Momente kann man sich dann auch in der geistigen Rückschau erinnern.

Die allgemeinen Erlebnisse der Gruppenseele können auch als Erinnerungsbilder hochsteigen, haben aber mehr Symbolcharakter. Auch da lauert wieder die Gefahr der voreiligen Identifizierung. Erscheint der Pharao oder die Pharaonin und ist der unbewusste Wunsch übermächtig, sich in einer solch würdigen Erscheinung wiederzufinden, liegt der Irrtum nahe. Man hat möglicherweise in der Umgebung des Herrschers gelebt, vielleicht sogar manche Ereignisse miterlebt und durch das geringe Individualbewusstsein sind die Erlebnisse des höheren Bewusstseins des Pharao in den eigenen Astralleib eingeflossen und haben den Ätherleib geprägt. Die Ansprüche auf berühmte Namen sind in diesem Jahrhundert stark angewachsen, deshalb ist äußerste Vorsicht geboten.

Aber das Geltendmachen eines berühmten Namens ist vielleicht noch das harmloseste, was geschehen kann. Viel schlimmer wirkt sich die Unwahrheit als Tatsache auf die Entwicklung dieser Menschengruppen aus. Nicht nur, dass der Einzelne, der solchem Wahn verfällt, etwas verrückt wirkt, ist tragisch, sondern, dass in solchen Fällen Karmaerkenntnis zur Verfälschung der Tatsachen führt. Ein weiterer wichtiger Aspekt einer solchen Verfälschung ist die Schädigung der tatsächlichen Individualität. Dieser werden durch die gelebte Illusion Kräfte entzogen, die sie in ihrer Entfaltung behindern. Auch das ist ein Grund, weshalb nur eine Forschung durch mehrere unabhängige, miteinander im Austausch befindliche Personen in der Lage sein wird, subjektive Irrtümer zu vermeiden oder zu korrigieren. Deshalb wäre es wünschenswert, wenn sich innerhalb der anthroposophischen Zusammenhänge die dazu befähigten Menschen zusammenfinden könnten und sich nicht mehr gegenseitig argwöhnisch betrachteten.

Das Gewissen

An dieser Stelle kann eine Beleuchtung dieser aus dem verborgenen Bereich unseres Daseins hereinwirkende Instanz hilfreich sein, die wir Gewissen nennen.

Es gibt Menschen, die scheinen gewissenlos zu sein. Andere hingegen verfügen über ein sehr fein differenziertes, bewusst geführtes Gewissen. Noch andere leiden unter zwanghaften Skrupeln. Diese wenigen aufgeführten Möglichkeiten deuten schon darauf hin, dass Gewissen offensichtlich ein komplexes Seelengefüge ist und in keiner Weise einheitlich in Erscheinung tritt.

Wer und was ist das Gewissen? Wo kommt es her? Oder war es immer schon da?

Wir empfinden es als eine »Stimme« im Inneren, die sich jeweils dann meldet, wenn wir glauben, dass wir ein Gesetz oder eine Regel übertreten haben oder vor der Entscheidung stehen, so etwas zu tun. Vor wichtigen Entscheidungen befragen wir unser Gewissen. Der gewissenlose Mensch scheint dieser inneren Richtschnur verlustig gegangen zu sein. Man könnte auch fragen: Ist das Gewissen etwas, was erst erworben werden muss? Dem widerspricht die Beobachtung und auch die Selbstbeobachtung, dass schon im sehr frühen Kindesalter Gewissensregungen auftreten können, bevor noch entsprechende Belehrungen stattgefunden haben. Es muss also etwas sein, was schon als menschliche Eigenschaft mit ins Leben gebracht wird und allmählich zur Entfaltung kommt und dabei Förderung oder Hemmung und Beeinträchtigung erfahren kann.

Um an den Ursprung des Gewissens heranzukommen, muss der Blick auf die Zeit vor dem jetzigen Leben innerhalb der geistigen Welt gelenkt werden. Das individuelle Gewissen des gegenwärtigen Lebens hat auf der Grundlage des persönlichen Karmas seine Ausbildung im Anblick der geistigen Führerwesen erfahren, die die karmischen Notwendigkeiten und auch die Möglichkeiten dieser Seele kennen. So könnte man sagen, Gewissen ist eine Folge von Karma. Viele Leben haben an dem jetzigen Gewissen ihren Anteil. Doch muss es einen ersten Ursprung dieser inneren Instanz geben. Das zeigt die Beobachtung der Menschen, die ein schwach ausgebildetes eigenes Gewissen haben und nur durch Maßnahmen von außen zur Raison gebracht werden können.

Hier hilft wieder die geschichtliche Betrachtung der Entwicklung der Wesensglieder innerhalb der Kulturvölker weiter. Anhand der griechischen Mythologie und Dichtungen kann der Zeitpunkt, zu welchem das äußerlich durch die Kulturträger vorgegebene Gewissen in ein innerlich tätiges Geistorgan verwandelt wird, gefunden werden. Rudolf Steiner weist auf diesen Tatbestand hin, indem er empfiehlt zu vergleichen, wie der griechische Dichter Aischylos den Stoff der Orestie noch in ganz anderer Weise behandelt als wenige Jahrzehnte später Euripides. In relativ kurzer Zeit vollzieht sich der Wandel von dem Erleben von Rachegöttinnen, die wie von außen als Erinnyen erscheinen und den Übeltäter peinigen, und der Stimme des Gewissens, die im Inneren die Qual als Folge der bösen Tat erleben lässt.

Es ist also in der Zeit wenige Jahrhunderte nach dem Beginn der Entwicklung der Verstandesseele, dass die von außen fordernde, göttliche Gerechtigkeit als neue Kraft der Eigenverantwortlichkeit im Innern auftritt.

Auch innerhalb des hebräischen Kulturstromes ist dieser Moment des Auftretens des inneren Gewissens festgehalten. Bei Jeremia heißt es: »Siehe, es kommen Tage – spricht Jahwe –, da werde ich mit dem Hause Israel (und dem Hause Juda) einen neuen Bund schließen. Nicht wie der Bund, den ich mit ihren Vätern geschlossen habe, damals als ich sie bei der Hand nahm und aus dem Lande Ägypten herausführte, diesen Bund – meinen Bund –: sie haben ihn gebrochen, obwohl ich ihr Herr war, spricht Jahwe. Sondern das ist der Bund, den ich mit dem Hause Israel nach jenen Tagen schließen werde, spricht Jahwe: Ich werde mein Gesetz in ihr Inneres legen und ihnen ins Herz hinein schreiben, und ich werde ihr Gott sein, und sie werden mein Volk sein. Dann brauchen sie sich nicht mehr gegenseitig zu belehren und einer zum andern sagen: Erkennet Jahwe! Sondern sie alle werden mich erkennen, klein und groß, spricht Jahwe. Denn ich vergebe ihre Schuld und denke nicht mehr an ihre Sünde.«[44]

Wenn wir nun schon zweitausendfünfhundert Jahre in etlichen Inkarnationen an dieser Eigenschaft arbeiten und das Gewissen doch für viele Menschen noch kein sicherer Faktor ist, der genügen könnte, das zwischenmenschliche Leben befriedigend zu regulieren, stellt sich die Frage: worin liegt die Ursache für die unterschiedliche Reifung und warum ist für viele Menschen immer noch ein von außen gegebener Gesetzeskodex notwendig, um moralisches Handeln halbwegs zu gewährleisten? Eine wirkliche moralische Handlung kann nur eine freie Handlung sein. Eine durch Strafandrohung oder Ausgrenzung abgenötigte Handlung ist in dem eigentlichen Sinne nicht moralisch, sondern siedelt sich in einem neutralen, vormoralischen Bereich an.

Der in einer Geistesschulung begriffene Mensch, der an seinem Karma arbeiten will, muss auf der Stufe der von äußeren Vorgaben befreiten Moralität angelangt sein. Weder ein skrupelhaftes, von Autoritäten eingeschnürtes Gewissen, noch Gewissenlosigkeit, die nur nach äußeren Normen lebt, genügt den Anforderungen des geistigen Weges.

Man kann aber voraussetzen, dass ein Mensch, der den Entschluss fasst, diesen Weg zu gehen, durch seine vorhergehenden Leben sowie die Zeiten im geistigen Bereich zwischen den Leben an der Verfeinerung seines Gewissens so weit gearbeitet hat, dass zumindest eine Grundlage da ist, die nun vervollkommnet werden kann. Allerdings, Vollkommenheit kann erst ein fernes Ziel sein, aber der Weg dazu muss ernsthaft beschritten werden.

Viele von uns leiden erst einmal an einem »schlechten Gewissen.« Durch vielerlei Einflüsse in der Kindheit, aber auch im späteren Leben wird das ursprünglich gute Gewissen manipuliert und deformiert. Die Interessen von Eltern, Schule, Kirche und anderen Institutionen nehmen – vielfach aus Unwissenheit – oftmals wenig Rücksicht auf das Seelenwesen des Kindes, das mit eigenen, vielleicht hohen Impulsen in die Inkarnation geschritten ist. Durch Einschüchterungen wird ein Duckmäuser heranerzogen, der im Außen nach Orientierung sucht. Es kann dann ein langer Weg sein, bis wieder der ursprüngliche Mut zur Eigenverantwortlichkeit unter den vielen Fremdeinflüssen hervorbricht. Dann wird das untaugliche, schlechte Gewissen in ein taugliches gutes verwandelt.

Die Neugier

In diesem Zusammenhang scheint es ratsam, sich auch über den Begriff der Neugier Klarheit zu verschaffen. Wenn auf die Notwendigkeit einer Karmaerkenntnis hingewiesen wird, bekommt man manches Mal zu hören, man sei doch nicht neugierig und wolle das gar nicht wissen. Neugier wird in diesem Fall als Untugend gewertet. Aber so eine Anschauung ist nur bedingt richtig. Neugier ist wie jede menschliche Eigenschaft wertneutral. Erst die innere Gesinnung macht sie gut oder schlecht. In aller Wissenschaft, in aller Forschung wäre kaum ein Fortschritt zu machen, wenn nicht die Triebkraft Neues zu entdecken, Altes zu verändern und zu überwinden im Menschen vorhanden wäre.

Der negative Aspekt der Neugier tritt erst dann in Erscheinung, wenn sich die Sucht entwickelt, sich in persönliche Belange anderer Menschen hineinzumischen. Hier ist der Enstehungsort übler Tratschsucht und Gerüchtebildung. Es ist selbstverständlich, dass solche Neigungen nicht vorhanden sein dürfen, wenn man beginnt in sein Karma zu schauen. Die Frage nach den vermeintlich hohen Inkarnationen bei sich selber und den verwerflichen Inkarnationen bei missliebigen Menschen ist keine Grundlage einer ernsthaften Karmafoschung. Wer mit solchen Wünschen an die geistige Welt herantritt, erliegt entweder gewaltigen Täuschungen oder es führt, wenn er doch seine schlechte Neigung überwinden kann, die Realität der erfahrenen Zusammenhänge zu einer heilsamen Ernüchterung.

»Wie man in der vorhergehenden Inkarnation war, davon lässt sich gewöhnlich nichts träumen. Es ist gewöhnlich alles anders als man denkt.«[45] Diese Aussage Rudolf Steiners findet man oftmals bestätigt. Manche Menschen kommen schon mit ganz fest umrissenen Vorstellungen, was die karmische Rückschau zu bieten hätte. Sich in der Schule von Chartres wiederzufinden oder im Umkreis von Thomas von Aquin eine Rolle gespielt zu haben, gehört zu den weit verbreiteten

Wünschen. Auch der Goethe-Umkreis hat eine faszinierende Anziehung insbesondere auf viele jüngere und ältere Anthroposophen. Es kann nun sein, dass jemand wirklich mit diesen genannten Gruppierungen zu tun hatte, aber merkwürdigerweise sind das oft Menschen, deren Spekulation nicht in diese Richtung ging. Bei den Menschen, bei welchen sich der Wunsch so mächtig geltend macht, ist vielmehr zu vermuten, dass gerade das unbewusst empfundene Nachholbedürfnis die Sehnsucht erzeugt, dabei gewesen zu sein.

Karmaerkenntnis ist Bewusstmachung der Tatsachen der Vergangenheit, die im Prinzip immer gegenwärtig ist. Jede Nacht durchleben wir in den Phasen des Tiefschlafes unsere früheren Leben. So kann man sagen, wenn Ahnungen als Erinnerungen an die gegenwärtige Vergangenheit aufsteigen und daraus das Bedürfnis zur Notwendigkeit anwächst, Klarheit in diese Ahnungen zu bringen, dass Neugier eigentlich ein ganz unpassender Begriff in diesem Zusammenhang ist. Denn es sind ja alte und unbewusst bekannte Tatsachen, die ans Licht des Tagesbewusstseins drängen. Dieses Heraufdrängen aus dem schlafenden Willenspol ist immer ein anderer Vorgang als die wunschgeprägte Spekulation. Er ist zumeist mit dumpfen Gefühlen und Ängsten verbunden. Eine unbewusste, vergangene Wirklichkeit ist so real wie die Gegenwart. Sie äußert sich in ganz realen Empfindungen, die sich, so lange sie nicht erkannt sind, bis hin zu krankhaften Vorgängen steigern können.

Erkenntnisse im Einzelkarma als notwendige Selbsterkenntnis und Transformationsprozess

Im Einzelkarma ist es wichtig, zuerst die *traumatischen Komplexe* noch einmal anzuschauen und bis zu einem gewissen Grade wieder zu erleben. Das sind zumeist sehr tiefgreifende Erfahrungen, die mit einem Wandel im Seelenleben einhergehen und manchmal bis in den Körper hineinwirken. Die letzte Inkarnation sehr vieler heutiger Menschen liegt gar nicht so lange zurück und endete manchen Fällen mit einem gewaltsamen Tod innerhalb eines der Kriege in diesem oder dem vorigen Jahrhundert. Aber auch heimtückische Ermordungen aus persönlichen oder politischen Gründen sind keine Seltenheit gewesen. Die Bilder und Gefühle dieses kurz zurückliegenden Todes steigen zumeist auch sehr bald hoch und sind zuvor schon gespürt worden, aber in ihrer Realität übertreffen sie die Ahnungen bei weitem.

Jeder gewaltsame Tod durch Ermordung oder Unglück hinterlässt tiefe Spuren in den Wesensgliedern. Besonders grausame Nachwirkungen hinterlassen Folterungen bei den Opfern. Durch diese Torturen wurden die Wesensglieder so auseinandergerissen, dass sich gesundheitliche Störungen in Form von Übersensibilität, Hautkrankheiten und Allergien oder auch nur rein seelisch in den folgenden Leben äußern können. Diese Belastungen stehen wie ein Störsender vor weiteren Erkenntnissen und können das Leben der Betroffenen in seiner Entfaltung behindern. Es muss nicht immer der letzte Tod gewesen sein, der so störend hereinwirkt. In manchen Fällen taucht als Erstes ein Leben auf, welches schon einige Jahrhunderte zurückliegt, weil damals markante Ereignisse stattfanden, die vorrangig geklärt werden müssen, ehe andere Zusammenhänge verstanden werden können.

Ein *Beispiel* soll den Vorgang einer Karmaschau verdeutlichen:

In der *ersten Sitzung* mit einer Frau mittleren Alters erschienen symbolische Abläufe und Eindrücke aus der frühen Kindheit, die aber schon von starken Körperempfindungen begleitet waren:

Sie sieht sich als zorniges Kind und fühlt sich an ihren Körper gebannt. Ein Gefühl einem höheren Urteil standhalten zu müssen, begleitet die Wahrnehmung. – Es wird lichter um sie und ein friedliches Gefühl von Dankbarkeit löst die vorigen unangenehmen Empfindungen ab. – Die unangenehme Körperspannung lässt nach und eine bis dahin unbekannte Aufrichtekraft durchströmt ihren Rücken. Eine angenehme Spannkraft durchzieht Arme und Beine, das fühlt sich wie ein sattes warmes Rot an. Die Stirn fühlt sich unheimlich hoch an, Symmetrie und Ruhe strömen zur Erde. – Licht ist um ihre Stirn, das nichtphysische Licht kommt von außen durch die Haut in sie hinein, sie fühlt sich durchlässig bis in den Rücken, alles atmet Licht. – Sie fühlt sich so lächeln, wie sie als Kind lachte, die Freude aus dem Herzen erzeugt inneres Prickeln.

Im weiteren Verlauf der Sitzung durchlebt sie noch einmal einige vergessene Situationen aus der Kindheit, die ihre ursprüngliche Lebensfreude erstarren ließen. Dann erscheint ihr der vor einigen Jahren verstorbene Vater. Er sitzt da wie in der Zeit ihrer frühen Kindheit, ganz zusammen gezogen, unheimlich eng, stolz und streng, immer abgegrenzt, man durfte ihn nie berühren. Sie fühlt die Starre des Vaters in ihrem Körper, er sitzt jetzt ganz in ihrem Körper drin, sie fühlt wie sich diese Starre wie ein Panzer um sie legt.

Erst bei der Transformation mit der Hilfe der Engel löst sich die Starre und Licht strömt in alle Wesensglieder.

Schon während der *zweiten Sitzung* zeigt sich ein karmischer Zusammenhang mit dem Vater:

Sie steht vor einem Turm aus grauem Bruchstein; Gras wächst zwischen den Steinen und auch in der Umgebung unter den Laubbäumen. Der Turm hat ein Fensterchen im oberen Teil und ein spitzes Dach. Sie kann hineingehen und die Holztreppe emporsteigen und den Raum im Obergeschoss betreten. Aus dem Fenster blickt sie in eine unglaublich schöne Weite. Sie beginnt jetzt die Gegenstände in dem Zimmer zu betrachten und kann alles genau beschreiben. Eine jüngere Frau in einem langen gestreiften Gewand betritt den Raum. Die hat etwas Abweisendes, Verschlossenes. Sie selber kann jetzt ihr eigenes Aussehen erkennen: Sie trägt einen mächtigen Haarputz und ein Schnürkleid mit einem weiten Rock. Das Gesicht ist milde und hat eine warme, lichte Ausstrahlung. Die andere Frau ist dünn und nicht so prächtig gekleidet und steht in ihrer ganzen Wesenheit zu der Person, die sie damals war, im Gegensatz. Ihr ist das rätselhaft, da von ihr selber nichts Beherrschendes ausgeht. Aber es hat den Anschein, dass die Andere nicht gut ihre starke, positive Ausstrahlung vertragen kann. Sie geht wieder zum Fenster und schaut hinaus. Die andere Frau ist noch da, sitzt in der Ecke und starrt auf den Tisch. Die bekommt plötzlich etwas bösartiges, bedrohliches und sie selber spürt eine Gefahr im Rücken. In ihrer vertrauensvollen Lebensstimmung wird ihr von dieser Frau, die offensichtlich ihre Dienerin ist, ein Messer in den Rücken gestoßen. Das vorherige Gefühl von Weite geht weg, Rücken und Hinterkopf werden dunkel und Angst zieht ein. Sie spürt den Stich im Nacken und ihr Kopf hängt – auch jetzt in diesem Moment – zur Seite. Der ganze jetzige Körper reagiert auf diesen Todesstoß mit Verkrampfung. Ihre Offenheit und ihr Vertrauen sind zutiefst getroffen und Hoffnungslosigkeit zieht ein. Die Frau zieht die Leiche die Treppe hinunter und zu ihr gesellt sich ein älterer Mann, in dem sie ihren jetzigen Vater erkennt. Die beiden beseitigen gemeinsam die Spuren ihrer Untat.

Diese Erfahrung, die sehr realistisch erlebt wurde, sollte vorsichtshalber trotzdem am Anfang als symbolischer Hinweis betrachtet werden. Daraus abzuleiten, dass der jetzige Vater tatsächlich in einem vergangenen Leben der Mörder seines jetzigen Kindes war, ist zwar wahrscheinlich, aber eine allzu frühe Schlussfolgerung könnte auch ein Symptom für unbewusste Hassgefühle sein. Aus diesem Grunde ist es ratsam, sich selber und die beteiligten Familienangehörigen subtil zu beobachten. Wenn das Verhältnis sich auf Seiten derjenigen, die von dem erlebten Inhalte nichts wissen, ändert, kann davon ausgegangen werden, dass zumindest Teile der Erlebnisse auf einem tatsächlichen Geschehen beruhen. Diese Beobachtung kann man allerdings häufig machen. So kann bei einem normalen Besuch bei den Eltern deren Verhalten ohne äußeren Grund völlig verändert sein.

In *einem anderen Fall,* in dem immer wieder Spannungen zwischen Eltern und Tochter auftraten, oftmals ausgelöst durch unmotiviertes, aggressives Verhalten der Mutter, stellte diese, kurz nachdem die Tochter an eine weit zurückliegende Ermordung, die sie durch diese Individualität erlitten hatte, herankam, ihrer Tochter die Frage: »Weißt du eigentlich, warum wir es so schwer miteinander haben? Ich wüsste gerne, welches karmische Problem zwischen uns liegt?« Obwohl Mutter wie Tochter seit vielen Jahren anthroposophisch arbeiten, konnte bisher niemals über dieses Thema gesprochen werden. Als die Tochter von ihrem karmischen Rückblick berichtete, konnte die Mutter deren Schilderungen in einer für sie ungewohnt friedlichen Haltung annehmen. In den folgende Tagen stiegen bei der Tochter verdrängte Erinnerungen aus der Kindheit auf: Oft, wenn sie abends nicht einschlafen konnte, sah sie ihre Mutter mit einem im Mondlicht blitzenden Messer auf sich zustürzen, um ihr die Kehle durchzuschneiden. Das erfüllte sie damals mit großer Angst und gleichzeitig mit Schuldgefühlen, weil sie so schlecht über ihre Mutter dachte, wie sie glaubte. Dieses Erlebnis geschah häufig nach Tagen, an denen das kleine Mädchen ausgeschimpft oder gar geschlagen wurde. In späteren Jahren wurde das unbewusste Wissen »die Mutter hat kein Recht, sich so zu verhalten« zur inneren Gewissheit. Aber die Ursache für dieses Verhalten blieb im Dunkel und konnte erst durch die aktive Rückschau geklärt werden.

Ähnliches ergab sich in *einem Fall,* in dem Vater und Sohn zwar keine Aggressionen gegeneinander hatten, aber seit vielen Jahren kein Gesprächsthema mehr bei den Besuchen aufkam. Nachdem bei dem Sohn während einer Rückschau eine dramatische Verfolgung, die mit seiner Ermordung durch den heutigen Bruder endete, ins Bewusstsein getreten war, erfuhr auch der Vater eine Entspannung. Sie saßen erstmalig wieder seit langer Zeit in gelockerter Stimmung miteinander am Tisch und konnten plaudern und alte Erinnerungen austauschen. Da der Vater und auch der Bruder keinen Zugang zu esoterischem Gedankengut hatte, konnten natürliche keine inhaltlichen Gespräche über die Erfahrungen des Sohnes geführt werden. In solchen Fällen kehren nach einiger Zeit doch wieder Spannungen zurück, da nur Teillösungen stattfinden konnten.

Die Frage erhebt sich nun: Warum gehen von dem einstmaligen Täter in manchen Fällen wieder solche Attacken auf das ehemalige Opfer aus?

Die Beobachtung und Erfahrung zeigt, dass die Seele des Täters während ihres Durchganges durch die höheren Regionen im nachtodlichen und vorgeburtlichen Zustand zwar die Erkenntnis über das Verwerfliche ihrer Tat erlangt und auch das Bedürfnis entsteht, den Ausgleich zu leisten. Aber gleichzeitig fehlt die individuelle, persönliche Reife, wirklich diesen Ausgleich leisten zu können. Es muss erst noch sehr viel gelernt und erfahren werden. Die ermordete Individualität hat möglicherweise schon seit langer Zeit einen höheren Reifegrad aus karmischen Gründen. Es kann mit ihren geistigen und kulturellen Aufgaben zusammenhängen, dass sie solche gewaltsamen Tode einige Mal ertragen muss. Die karmische Ausgleichsforderung muss *nicht unmittelbar* geschehen, sondern erst dann, wenn die Entwicklung der einzelnen Individualitäten wie auch der allgemeinen kulturellen Bewusstheit weiter vorangeschritten ist. Die eine Person nimmt bewusst Leiden und Entbehrung in manchen Leben auf sich, die andere muss zu Einsichten erst heranreifen.

Nach einigen Inkarnationen kommen die beiden wieder zusammen. In den Zwischenzuständen in der geistigen Welt hat die Täterindividualität den Impuls gefasst, an der Wiedergutmachung zu arbeiten. Beim Herabstieg in den Leib vereinigt sie sich aber mit ihrem in der Unterwelt mit negativen Kräften aufgeladenen karmischen Doppelgänger. In diesem sitzen die alten ungeläuterten Leidenschaften und Triebe. Die Opferindividualität sieht den guten Vorsatz des Anderen und da sie auch den Ausgleich und Frieden möchte, willigt sie in ein gemeinsames Leben ein. Auch sie hat selbstverständlich einen karmischen Doppelgänger, der noch nicht ganz geläutert ist, und so nimmt das Drama seinen notwendigen Lauf. Der gute Wille ist da, aber die ungeklärten Triebe schießen aus dem Willen hoch.

Das Böse als Faktor in der Entwicklung der Menschheit und die Rolle der Widersacher

Hier ist es notwendig, dass einiges Klärende über die Aufgabe des Bösen innerhalb des Bewusstseinsfortschrittes der Menschheit und des Einzelmenschen ausgeführt wird. Viele Zusammenhänge karmischer Verknüpfungen und eben auch der Entwicklungsfaktor Leid sind nur zu verstehen, wenn die Mission der Widersachermächte verstanden werden kann.

Das Böse wie das Leid wird von vielen Menschen verabscheut und doch kann ihnen niemand entfliehen. Nur scheinbar sind manche Menschen zeitweise davon verschont. Wir sind ständig der Kampfplatz der Widersachermächte mit den dem Fortschritt dienenden Wesenheiten. Der Grund dazu liegt einerseits in dem Entwicklungsziel der Menschheit und andererseits in der Notwendigkeit, die Bedingungen zur Erlangung dieses Zieles herzustellen. Diese Voraussetzungen können nur mit Hilfe der Widersacher geschaffen werden. Das Ziel der Menschheitsentwicklung ist die Verwirklichung von Freiheit und Liebe oder, anders formuliert, aus vollkommener Freiheit geschenkte Liebe zu Gott, Mensch und Welt. Die Freiheit können wir aber nur erlangen, wenn wir zuvor die Unfreiheit erfahren haben und diese aus eigener Kraft überwinden. Wären wir als vollkommene Wesen im Schoße der Gottheit verblieben, wäre eine Entwicklung zum Eigensein, zur Individualität nicht möglich gewesen. Deshalb liegt es im göttlichen Plan, dass bestimmte höhere geistige Wesen eine andere Entwicklung nahmen, um auf unseren Astralleib einen solchen Einfluss ausüben zu können, dass wir uns in der Folge in den Gegensatz zum göttlichen Willen stellen können.

Es sind die luziferischen Geister, die in unserem Weisheits- und Sprachvermögen fortschrittlich wirken, uns aber, wenn sie unser Wunsch- und Triebleben ergreifen, zum Bösen verführen können. Alle Perversitäten der Menschen haben hier ihren Ursprung, und jede Seele ist in alten Zeiten einmal erstmalig in solcher Weise verführt worden, als notwendiger erster Schritt in die Freiheit. Die Folge einer solchen Tat ist erst einmal Unfreiheit. Durch den entstandenen Doppelgängeraspekt wird der Trieb zum Bösen überhaupt erst geweckt, und im Laufe der Zeit kann auch die andere Kategorie feindlicher Wesen Zutritt über unseren Ätherleib in unser Denken erlangen. Die schon geschilderten ahrimanischen Wesen sind in aller Materiewerdung notwendig und in diesem Bereich berechtigt. Zu Verführerwesen werden sie innerhalb des Denkens. Und so kann man sagen: Wie die erstgenannten Geister Perversitäten im Gefühlsleben verursachen, stiften uns die ahrimanischen Geister an, die so erzeugten Leidenschaften mit ausgeklügelter Raffinesse zu befriedigen. Dazu ketten sie uns an Macht und Reichtum, was in früheren Leben eine immer stärkere Verstrickung zur Folge hatte, da die Erfahrung noch fehlte, wie man wieder aus diesem Strudel von Wechselwirkungen herauskommen konnte. Niemand ist davon ausgenommen, da erst die Überwindung des Bösen zur Freiheit führt.

Die Widersacher haben schon sehr bald sehr gründlich ihre Chance wahrgenommen, um das Ziel der guten Geister zu verhindern und sehr viele Seelen für ihre eigenen Ziele zu vereinnahmen, in der Hoffnung ihren eigenen Plan zu verwirklichen und ein eigenes Reich mit materiegebundenen Individuen zu erschaffen, die sogenannte »Achte Sphäre«.[46] Diese existiert tatsächlich und kann nur durch die dem Menschen wohlgesonnenen Geister noch von uns ferne gehalten werden. Es soll in einem späteren Kapitel noch ausführlicher darauf eingegangen werden. Alle Kategorien der Widersachermächte sind viel mächtigere Wesen als der Mensch, und wir könnten uns ohne Hilfe des göttlichen Weltenplanes nicht aus deren Fängen befreien. Die Elohim, die uns unser Ich verliehen haben, sind die mit Christus verbundenen Schöpfermächte. Sie sind es auch, die an unserer Rückholung und damit Höherentwicklung arbeiten. Die Angriffe der Widersacher wurden von besonderen Maßnahmen der Christushierarchie beantwortet. Den Menschen wurden gewisse Gaben verliehen, damit sie nicht ganz zugrunde gingen. So ist mit jedem Niedergang auch ein Aufschwung und Neuimpuls zu verzeichnen. Die Christuswesenheit hat sich in Stufen der Erde genähert und mit jeder Stufe eine Erlösungstat innerhalb der Wesensglieder der Menschen vollbracht.[47]

Einer der sieben Elohim ist Jahwe, der führende Geist des hebräischen

Volkes. Um die Überwindung des Bösen zu impulsieren, hat er sich mit einem ganz bestimmten, besonders geeigneten Volkstum verbunden. Die Erziehung dieses Volkes diente der Vorbereitung der Christusinkarnation. In der Zeitenwende konnte Christus in einen so hochentwickelten Menschenleib einziehen, um sich ganz mit der Erde und Menschheit zu verbinden, damit dieser die Möglichkeit der Überwindung des Bösen gegeben ist. Am Beginn der dreijährigen Wirksamkeit des Christuslebens stehen die drei Versuchungen in der Wüste, in denen zuerst Luzifer und dann Ahriman und darauf beide gemeinsam Angriffe auf die menschlichen Wesensglieder Christi ansetzen. Das Überwinden und der Beginn der Erlösung der Versucher findet seine Vollendung im Tod am Kreuz und dem darauf folgenden Abstieg in die Regionen des Erdinneren, die von den Widersachern beherrscht werden. Das ist der Beginn der Erlösung der gesamten Erde und Menschheit.

Doch wie der Abstieg in Stufen erfolgte, geschieht auch der Aufstieg in Stufen. Die Erlösung erfolgt nicht automatisch, sonst wäre das Ziel der Erde – Liebe aus Freiheit – nicht erreicht. Jeder einzelne Mensch muss zu dieser Erkenntnis kommen und sich aus freiem Entschluss mit Christus verbinden, um an der Erkenntnis und Auflösung der alten Verfehlungen zu arbeiten. Ein kirchliches Kollektiv kann dazu nur eine Zwischenstufe bilden und muss im Laufe der Geschichte überwunden werden. Dazu dienen die Stufen der zukünftigen Christusopfer, die den Einzelmenschen immer mehr befähigen werden, sein individuelles Verhältnis zu Christus zu finden. Für einzelne Individuen ist dieses schon in der heutigen Zeit in immer größer werdender Anzahl möglich. Aber ein großer Teil der Menschen wird noch lange im Materialismus festhängen und kann erst in späteren Zeiten den Anschluss finden. Aus diesem Grunde hat der Eloha Jahwe sich als Schutzschild vor die Achte Sphäre gestellt, um die noch unwissenden Menschen vor dem gänzlichen Zugriff der Widersacher zu bewahren. Doch gibt es in heutiger Zeit – und in der Zukunft wird diese Gefahr zunehmen – verstärkte Angriffe der urbösen Mächte, die Asuras genannt werden, deren Anführer der Sonnendämon Sorat ist. Diese attackieren unser Ich und wollen es für die Achte Sphäre gewinnen. Das können sie durch eine entartete Sexualität, wie auch durch Alkohol- und Rauschmittelmissbrauch im Ansatz erreichen, aber nicht gänzlich. In einer gewissen Weise ist die Gesamtmenschheit in der heutigen Zeit noch geschützt, aber mit zunehmender Freiheit steigt auch die Eigenverantwortung immer mehr und damit die geistige Gefahr, diesen Wesen zu verfallen. Doch nur ein bewusstes Wollen des Bösen kann uns diesem ganz ausliefern.

Aus all dem wird ersichtlich, dass das Böse ein unumgänglicher Entwicklungsfaktor in der Menschheit war, aber in der Gegenwart und Zukunft immer stärker überwunden werden muss, damit der Erdensinn nicht verloren gehe. Um uns diese Erkenntnis zu bringen und uns zu stärken, erscheinen von Zeit zu Zeit hohe Individualitäten wie Rudolf Steiner, Christian Rosenkreutz und andere Geisteslehrer, indem sie uns an unsere Aufgaben erinnern und das nötige zeitgemäße Wissen zu Grunde legen. Durch sie können wir verstehen, dass in der heutigen Zeit wieder ein Christusopfer stattfindet, welches immer mehr Menschen in Form von Christusschauungen wahrnehmen können. Christus verbindet sich mit dem Ätherleib eines Engels und rückt damit näher in die Erdensphäre, um uns in unserer verdorbenen Welt mit neuer Kraft zu helfen. Vielleicht deutet sich auch in den zunehmenden Katastrophen dieser Christusimpuls an, der reinigend auf die Erde wirken soll.

Vom Einzelkarma zu übergeordneten Zusammenhängen

Alle Menschen haben eines gemeinsam: dass sie sich vielfach in alten Zeiten in Schuld verstrickt haben, gewollt und ungewollt. So kann sich kein Mensch über den anderen erheben, auch der Hochentwickelte nicht. Denn auch der Mächtige und Weise ist auf seine Art irgendwann einmal mit schlechten Impulsen in Berührung gekommen. Ein Beispiel kann das verdeutlichen:

Die Führer des Sonnenorakels der atlantischen Epoche galten als höchste und weiseste und wurden durch lange Zeiten von allen anderen Mysterien fraglos anerkannt. Doch kam mit zunehmender Individualisierung der Zeitpunkt, an dem einzelne Stämme der Vulkanmysterien Techniken der Machtgewinnung entdeckten und versuchten, das Sonnenorakel anzugreifen. Dadurch wurden die führenden Eingeweihten gezwungen, Abwehrtechniken zu entwickeln und beauftragten eine Gruppe begabter Magier aus ihrem Kreise damit, ein Abwehrgerät zu entwickeln, was diesen auch mit Hilfe der Verbindung bestimmter Elementarwesen gelang. Eine neue Form des Krieges war damit erfunden, und nicht nur die Angreifer wurden schuldig, sondern ebenso die mit dieser riskanten Entwicklung beauftragten Mysterienweisen und deren Auftraggeber und Helfer. Die karmische Spur dieses Geschehens kann bis in die heutige Zeit verfolgt werden.

Niemand braucht also zu befürchten, dass er mit seiner Schuld alleine dasteht. Sie ist zwar mitsamt ihren Folgen individuell, aber »schuldig« ist immer die Gesamtmenschheit und innerhalb dieser eine bestimmte sehr komplexe Gruppierung.

Aus dem eben Gesagten geht hervor, dass das Einzelkarma zwar zuerst und vorrangig erkannt werden muss, um persönliche Lebensprobleme lösen zu können, aber den tieferen Sinn bekommt diese Erkenntnis erst im Zusammenhang mit den karmischen Gruppierungen und Strömungen, einerseits zur Lösung des gemeinsamen Schuldkomplexes, andererseits um gemeinsame Aufgaben und Fähigkeiten wieder zu beleben und für die Zukunft fruchtbar zu machen. Da es hier um Karmadarstellung innerhalb der Kulturströmungen geht, müssen noch einmal kurz, diesesmal aber von etwas anderen Gesichtspunkten aus diese Entwicklungen erwähnt werden, als Verständnisgrundlage für konkrete Inkarnationsreihen.

Für viele sich geistig entwickelnde Menschen liegen *Schlüsselinkarnationen* in der *ägyptisch-babylonisch-chaldäisch-hebräischen* Kulturperiode. In dem langen Zeitraum, in welchem sich die Empfindungsseele ausdifferenzierte, entstanden große kulturelle Leistungen, die uns bis auf den heutigen Tag in Ehrfurcht erschauern lassen. Die äußeren Spuren dieser Kulturen sind so eindrucksvoll, dass gerne die Kehrseite dieser Errungenschaften übersehen wird. Wenn man schon den Übergang von der frühen persischen Entwicklungsepoche hinzunimmt, kann man erste aufkeimende Impulse in diesem Kulturraum schon vor etwa 5500 Jahren von heute an gerechnet wahrnehmen.

Laut Überlieferung wurde die *ägyptische* Kultur von *Hermes Trismegistos* oder *Thot* begründet. Diese Gestalt bleibt im Dunkel der Geschichte als gottgleiches Sagenwesen verborgen. Ob dieser Hermes als physische Inkarnation gelebt hat oder nicht, ist äußerlich nicht nachzuweisen. Rudolf Steiner sieht in ihm einen Schüler Zarathustras, der von diesem dessen unverweslichen Astralleib einverwoben bekommen hatte, um mit den darin enthaltenen Kräften und weisheitsvollen Wissen die ägyptische Kultur zu begründen. Aus meiner geistigen Forschung kann ein erstes Wirken des Hermes schon in dem genannten frühen Zeitpunkt ca. 3800 vor Christus bestätigt werden. Er kam im Auftrag des Zarathustra von Persien und schuf gemeinsam mit den Stammesfürsten eines frühägyptischen Volkes eine erste Mysterienschule im Sinne der Megalithkultur. Die Altäre und Gebäude bestanden aus großen unbehauenen Steinen und einfachen Konstruktionen. Aber der Keim zu allen späteren glanzvollen Entfaltungen war gelegt. Durch die Einweihung, die diese ersten Pioniere durch Hermes erhielten, ging auch ein Abglanz des unverweslichen Astralleibes des Zarathustra auf diese über. Sie waren aus früheren Inkarnationen schon mit Zarathustra verbunden. Dieser hohe Impuls gelangte in wenigen Jahrhunderten zu seiner ersten Blüte. Wieder inkarnierte sich Hermes, um seine ursprünglichen Impulse zu erneuern, denn die Gefahr der Verfälschung blieb nicht aus. Machtbestrebungen bedrohten schon in frühen Zeiten die Reinheit der Mysterien.

Die ägyptischen Völkerschaften sind die physischen Nachfahren der Venus- und Merkurmysterien. Aber in den Führern, den Herrschern und Priestern konnten sich in dieser Zeit schon führende Seelen aus anderen Mysterien inkarnieren. Das führte dazu, dass Angehörige des Sonnenorakels ebenso wie Führer der Vulkanmysterien und aller anderen Orakelstätten Zugang zu dem innersten Geschehen der ägyptischen Tempel hatten.

Das macht verständlich, dass sehr bald auch missbräuchlich mit dem okkulten Wissen umgegangen werden konnte und Rivalitäten und Machtkämpfe hereinwirkten. Im Laufe der über dreitausendjährigen Geschichte gewannen mehrmals dunkle Praktiken die Oberhand. Das soll an späterer Stelle an einzelnen Beispielen anschaulich gemacht werden.[48]

Der *babylonisch-chaldäische* Entwicklungsstrom hatte zwar viele verwandte Elemente, doch herrschten andere Anschauungen und Interessen vor. Ein wichtiges Merkmal scheinen mir die Tieropferkulte zu sein. Auch habe ich den Eindruck, dass die Baukunst dort schon in einer früheren Zeit als in Ägypten zu einer großen Höhe entwickelt war. Die Zikkurat genannten mächtigen Türme innerhalb der hohen Stadtmauern dienten im Außenbereich der Erforschung des Sternenhimmels. Im Innern bargen sie Kultstätten, in denen durch rituelles Töten von Tieren magische Kräfte erlangt wurden. So hat auch diese Kultur ihre zwei Seiten – die dem Geistigen zugewandte Erforschung der Himmelsweisheit und die dunkle Seite der Machtmagie.

Auch in diesen Zusammenhang inkarnierten sich Angehörige aller alten Orakelstätten, so dass viele heute lebende Individualitäten auch Prägungen dieser Völkerschaften aufweisen.

Der *hebräische* Entwicklungsstrom beginnt etwa zweitausend Jahre vor Christus mit Abraham, der aus Ur in Chaldäa stammte.

Im ersten Teil dieser Arbeit ist schon auf Wesentliches dieses neuen heilsgeschichtlichen Impulses hingewiesen worden. Auch hier ergibt die Geistesforschung, dass an markanten Punkten der Entwicklung die

Schüler des Zarathustra als ehemalige Angehörige des Sonnenmysteriums die geistige Führung übernehmen. Um die Christusgeburt vorzubereiten, kann nur ein hoher Sonneneingeweihter mit seiner zahlreichen Schülerschar Kulturträger sein. In Moses wirkt der Ätherleib Zarathustras,[49] und er leitet so die Reinigung der Empfindungsseele ein, indem er Vermittler der göttlichen Gebote werden kann. In diesem Volkstum ist es wichtig, dass die Reinheit der Vererbungslinie gehütet wird, da nur diese besondere Erbschaft Abrahams, die in der frühen Ausbildung der Verstandesseele besteht, den hoch ausgebildeten Leib des Jesus, der Christusträger werden soll, möglich macht. Es herrscht hier also eine zweifache Vererbung vor: der geistige Strom der Angehörigen des Sonnenmysteriums und der physische Vererbungsstrom durch Abraham. Das Alte Testament legt von den mannigfaltigen Verstößen gegen diesen göttlichen Plan Zeugnis ab, und auch hier müssen viele von uns damit rechnen, in diese Verwicklungen hineingezogen gewesen zu sein.

Von den sieben nachatlantischen Epochen nimmt die *griechische* Zeit eine Mittelstellung ein. Sie ist die Zeit größter Harmonie zwischen den Wesensgliedern des Menschen. Das Ankommen auf der Erde hat hier seinen Höhepunkt erlangt. Die liebevolle Zuwendung zur künstlerisch-kulturellen Gestaltung findet in vielen Lebensbereichen einen Ausdruck.

Unser heutiger fünfter Kulturzeitraum hat sich von diesem Ideal wieder entfernt und geht neuen geistigen Impulsen entgegen. Der Entfaltung dieser Epochen liegt eine Gesetzmäßigkeit zugrunde, die man bei subtiler Betrachtung bestätigt findet.

Das starke Interesse, welches in weiten Kreisen für die ägyptische Kultur besteht, hat seine Grundlage in der Tatsache, dass in vieler Beziehung in dieser frühen Zeit die Grundlage für unsere heutige Technik und den Materialismus gelegt worden ist. Dem scheint zu widersprechen, dass doch eine ausgedehnte Vorstellung einer jenseitigen Welt bei den Ägyptern vorhanden war. Wenn man die okkulten Riten und Praktiken aus geistiger Anschauung betrachtet, kann aber deutlich werden, dass wir in direkter Spiegelung zur ägyptischen Kultur stehen. Viele gegenwärtige karmische Verwirrungen haben ihr ursächliches Gegenbild in damaliger Zeit. So genügt es in vielen Fällen nicht, dass man einige dramatische Leben aus den letzten Jahrhunderten kennt, sondern, dass es gelingt, an den wichtigen Knotenpunkt in der Empfindungsseelenentwicklung heranzukommen. Unser heutiges Leiden und die Unfähigkeit Konflikte lösen zu können, hängt oft mit Fesselungen durch magische Praktiken zusammen. Es sind meistens Gruppen von Menschen, die damals als Täter und Opfer eine okkulte Verbindung unguter Art eingegangen sind. Eine solche Bindung kann in etlichen Inkarnationen weitere karmische Spannungen unbewusst ausgelöst haben. In dem jetzigen Leben ist für viele Menschen der Moment gekommen, in dem diese Ursache wie ein eitriges Geschwür aufbricht und nach Wundbehandlung und Heilung ruft. Deshalb führen die höheren Mächte diese Gruppen wieder zusammen, entweder innerhalb einer Familie oder in Arbeitszusammenhängen. Die sympathische Anziehung steht anfangs im Vordergrund, doch bald schon mischen sich unterschwellige Antipathien ein, die in kurzer Zeit den notwendigen Konflikt heraufbeschwören. Jetzt können nur Konfliktbereitschaft und -fähigkeit einerseits und wirkliches Anschauen des Karmas andererseits zu einer tatsächlichen Lösung und Auflösung des Problems führen.

In den Mysteriendramen haben wir ein urbildhaftes Beispiel eines solchen langwierigen Erkenntnis- und Lösungsgeschehens von Rudolf Steiner anschaulich vorgeführt bekommen. Dem möchte ich einen Fall aus meiner Arbeit hinzufügen.

Fallbeispiele: Nachwirkungen von Taten in vergangenen Kulturepochen in heutigen Verkörperungen

I

Ein in anthroposophischen Zusammenhängen seit langem tätiger Mann, jenseits der Lebensmitte, leidet seit seiner Kindheit an Dauerkopfschmerz. Als in einer Zeit starker beruflicher Anspannung und damit verbundener Sinnfrage der schon quälende Zustand noch eine Steigerung erfährt, macht er die Bekanntschaft mit mir und entschließt sich, mit meiner Hilfe der Ursache auf den Grund zu gehen.

Gleich zu Beginn der ersten Sitzung werden die physisch empfundenen Kopfschmerzen imaginativ sichtbar. Ein kuppelartiger dunkler Gegenstand senkt sich über seinen Kopf und presst ihn zusammen, verbunden mit einer dumpfen gelbgrünlichen Farbe. Von ganz hoch oben kommt ein zartes Gelb herangeschwebt, das weitet die Brust und erzeugt ein Gefühl von einer Blüte, die sich öffnet wie eine Seerose. Gleichzeitig klammert sich die Kuppel um den Kopf und trennt diesen vom übrigen Erleben ab. Es wird lichter und er spürt den Drang, sich gerade hinzusetzen, doch gelingt es ihm nicht. Der Nacken ist nicht frei, eine unsichtbare Kraft beugt seinen Rücken, der fühlt sich jetzt dunkel und ganz verbogen an. Viel Finsternis ist in diesem verbogenen Rückgrat. Er spürt eine ungeheure Spannung, der Kopf wird nach vorne geschoben und trägt eine verbeulte Krone. Diese Krone hat etwas unmenschlich Zwingendes und erzeugt einen Druck, der von hinten-außen auf ihn einwirkt. Ein helles symbolisches Auge erscheint und schafft ihm etwas Erleichterung. Über ihm erscheint für einen Moment das Christusantlitz im Strahlenkranz. Die Dunkelheit überwiegt wieder und der Kopf wird zu einer großen Eiform nach oben gezogen, in der kurz eine helle Blütenform erscheint. Ein dunkler Arm nimmt diese Helligkeit wieder hinweg, der Schmerz tritt wieder in den Vordergrund. Ein sanftes Blau-Violett erscheint und nimmt die Spannung weg, die

Krümmung löst sich auf, er kann frei atmen, doch spürt er die mächtige, viel zu schwere Krone auf seinem Haupt. Sie drückt nach links hinten zum Ohr und nun bis auf die Schulter und von da zum Herzen. Vom Herzen her wird es hell und warm, das strahlt nach oben und möchte diese Last hochheben, schafft es aber nicht. Sein Engel erscheint und erfüllt ihn mit starkem Licht, und ein Glücksgefühl durchströmt ihn, zugleich hat er die Gewissheit, dass seine Seele an ein unendliches Leid gebunden ist.

Jetzt sitzt er da wie eine ägyptische Statue mit einem Löwenkopf aus grün-schwarzem Granit, aber wieder gebeugt, was gar nicht zu der Gestalt mit der strengen Haltung passt. Er spürt wieder die schreckliche Verbiegung als starken Zug im Rücken und im Kehlkopf. Der Löwenkopf ist freischwebend darüber, fühlt sich wie getrennt an. Es fühlt sich nun wie eine Reparaturstelle an, die mit einem Eisenband verbunden worden ist. Er bleibt fixiert in dieser Haltung und fühlt sich unvermittelt in einem Glaskasten im Museum sitzen. Von draußen schauen Menschen zu ihm herein. – Er war in diesem Leben noch nie im Kairoer Museum, weiß aber unmittelbar, dass es dort sein muss. – Jetzt fühlt er sich hinter der Statue stehend, diese entrückt nach vorne und löst sich langsam auf. Er sieht in seinem Kopf eine helle Raute, oben ist ein heller lichtgleißender Edelstein, sich wie eine Seerose öffnend. Doch wieder verdunkelt es sich zu einem Wollknäuel und auch der Schmerz bringt sich in Erinnerung.

Die zweite Sitzung, einige Stunden später, beginnt mit kosmischen Erlebnissen, die an Welterschaffungsmythen erinnern. Nach einigen Licht-Finsternis-Wechseln und damit verbundenen starken Empfindungen tauchen kurze Episoden aus römischen und mittelalterlichen Leben auf, aber nur wie kurze Hinweise, die allerdings auch mit Körperempfindungen einhergehen. Nach Lichterlebnissen im Stirnbereich und sehr aufhellenden Glücksgefühlen im Herzen, erscheint wieder die dunkel-grau-grüne Atmosphäre und daraus formiert sich der dunkle Marmorstein. Er steht hinter der Figur, die unerbittlich starr in ihn hineinwirkt und wieder seinen Rücken verkrümmt und den Kopf nach vorne schiebt.

Dieses Mal gelangt er in den tatsächlichen Ablauf einer damaligen markanten Situation. Ein starkes äußeres Licht in einer sonnigen Landschaft erzeugt ein Glücksgefühl und gleichzeitig spürt er einen unglaublichen Druck auf den Schultern. Er fühlt sich wie in ein Korsett eingeschnürt und empfindet den Kopf wie eine Schale nach oben geöffnet, in die Licht einfließt. In ihm entsteht eine starke Entschlossenheit, etwas zu beherrschen, zielgerichtet nach vorne. Die Szenerie wechselt in eine nächtliche Stimmung. An seiner Stirne befindet sich ein Adler, der ihn in wilder Entschlossenheit nach vorne zieht. Er fliegt über eine nächtliche Sandlandschaft, ein schemenhaftes Flusstal, bis der Vogel mit ihm an einem Tor landet, immer noch im milden ruhigen Mondlicht. Doch nun spürt er wieder den Druck auf den Schultern. Jetzt kann er erkennen, dass es eine runde schwere Scheibe ist, auf welcher eine Kopfbedeckung angebracht ist, die ihn so belastet. Sie ist aus Metall und Stein und staucht ihn in seinem Leib zusammen, es ist kaum auszuhalten. Er kann nun erkennen, dass er ein Gestell mit einem Horuskopf auf den Schultern trägt und während einer Feierlichkeit vor einem Tempel steht.

Die Sitzung endet wieder mit einem Hinweis auf eine spätere Inkarnation und einem kosmischen Erlebnis der Zeit zwischen den Leben.

Die folgende Sitzung beginnt wieder mit einer Reihe symbolischer Bilder, begleitet von dramatischen Empfindungen, auch Bilder aus fremden Kulturen tauchen auf, sowie Gestalten und Architekturformen aus dem Mittelalter. Ein dämonisches Wesen nimmt Form an und beginnt einen Kampf mit ihm. Indem sich das Wesen wieder auflöst, spürt er etwas Zwingendes, und der Schmerz im Nacken macht sich wieder bemerkbar. Eine geistige Lichtgestalt kommt ihm zu Hilfe, es bleibt aber ein dunkler Kern im Herzen zurück, der noch Schmerz bereitet. Die verschiedenen Chakren werden von tierartigen Gestalten bedroht, können aber immer wieder gereinigt werden. Ein alter Druide erscheint als geistiger Ratgeber. Die lichte und die dunkle Seite in ihm liegen in einem harten Kampf, es wird ihm gezeigt, welche Schritte er tun muss, um die Dunkelheit zu durchhellen.

Die nächste Sitzung, zwei Monate später, beginnt wieder mit symbolischen Hinweisen auf ein Geschehen in einem kirchlichen Zusammenhang in der Barockzeit und mündet durch einen Gang in einem geometrischen Lichtfarbenspiel, das in die ägyptische Situation überleitet. Er schreitet an einer langen Reihe hoher, aufrechter Skulpturen aus dunklem Gestein entlang, die lassen ihn winzig klein erscheinen, sie wachsen in den Himmel hinein. Er kann jetzt an der Gestalt emporgleiten und erkennt in großer Höhe, dass der Kopf abgeschlagen ist und der Hals nur eine Bruchkante hat. Er schlüpft in die Gestalt hinein und fühlt sich verkehrt darin sitzen, wird wieder gepresst. Nach einer Reihe merkwürdiger symbolischer Abenteuer, die wichtige Hinweise auf seinen Zustand geben, fühlt er sich wieder befreit auf einer Wiese liegen. Es folgen Lichterlebnisse in den Chakren, bevor sich der weitere Rückblick in die ägyptische Schreckensvision fortsetzt. Er fühlt sich jetzt wieder vor dem Tempel stehend in ein Gestell ab der Hüfte eingepfercht, auf dem Kopf eine Anubismaske. Große Menschenmengen bevölkern den Tempelvorplatz und er hat die Aufgabe, diese Massen als verkörperte Gottheit in Furcht zu halten. Er spürt sehr deutlich, dass da Unwahrheit und Unrechtes mit im Spiel ist, dass er von einer anonym empfundenen Macht, die der Tempel ausstrahlt, missbraucht wird, um die Menschenmassen in Schach zu halten. Er spürt in sich ein starkes Bedürfnis, den Menschen zuzurufen: »Ich bin einer von Euch!« Das ist aber unmöglich, er muss schweigen und das verlogene Spiel mitmachen. Die Menschen sind gebannt und auch er fühlt sich als Gefangener.

Sein innerer »Verrat« ist der hellsichtigen Priesterschaft nicht verborgen geblieben. Es wurde ein Ritualmord beschlossen. Er erlebt ihn folgendermaßen: Er wird rückwärts auf einem Wagen festgebunden in eine Höhle hineingefahren. Er trägt ein Tuch um den Kopf und einen Lendenschurz. Die bedrohliche Finsternis von hinten bereitet starke Angstgefühle. Er weiß noch nicht, was mit ihm geschehen soll, ahnt es aber. Er sieht durch seinen Rücken hindurch, wie die Priester ihm auflauern. Sie stehen dort mit Fackeln in den Händen, jetzt wird er mit Seilen an den Schultern zur Erde gezogen und liegt nun am Rand eines schwarzen Wassers. Sie ziehen ihn zu dem Wasser hin und er versucht sich in seiner Todesnot zu wehren, aber er ist so fest verschnürt, dass er keine Chance hat, langsam gleitet er in den schwarzen Grund, wo er von Krokodilen empfangen wird. Jetzt wird es leicht um ihn, der Tod hat ihn aus der Angst erlöst, die weicht einer friedlichen, gleichgültigen Stimmung. Er schwebt über dem Wasser in der Grotte und fühlt sich nur entspannt. Nach geraumer Zeit strahlt ein Licht von oben in den Schacht hinein, aber er hat kein Bedürfnis in das Licht zu gehen, er ist noch nicht bereit, etwas Neues zu erleben. Doch das Licht zieht ihn empor, er stemmt sich dagegen, die Intensität des Lichtes ist ihm zu stark, er spürt Wesen in dem Licht, die schauen ihn an und ziehen ihn hoch.

Eine weitere Sitzung am gleichen Tag führt in trostlose Zustände nach dem damaligen Leben. Gefühle der Verlassenheit in kraterartigen, felsigen Gegenden der »Unterwelt« können erst ganz allmählich überwunden werden. Zwischendurch erscheinen »Modelle« von modernen, futuristischen Gebäuden, wie Hinweise auf den Zusammenhang der damaligen Kultur und Architektur mit der heutigen. In die dunklen, schwer empfundenen Regionen leuchten erst zaghaft, dann immer stärker, lichte Wesen hinein. Die Sehnsucht nach seinem jetzigen, leiblichen, schon seit geraumer Zeit verstorbenen Vater macht sich überraschenderweise bemerkbar, so als hätte er mit dem damaligen Geschehen zu tun gehabt. Die Lichterlebnisse überwiegen jetzt und wandeln sich in ein Empfinden von Geborgenheit und Liebe. Bald darauf findet er sich in einer Umgebung von dunkelhäutigen Menschen in einer Wiege liegend.

Wieder zwei Monate später erscheinen dramatische Abläufe aus einer mittelalterlichen Inkarnation, die sich schon anfangs in symbolischen Bildern angekündigt hatte, dann etwas aus dem achtzehnten Jahrhundert und eine noch nicht lange zurückliegende weibliche Inkarnation im anthroposophischen Umkreis und eine Begegnung mit Rudolf Steiner.

Nach dem nachtodlichen Durchgang der ägyptischen Verfluchung war eine Besserung des Kopfschmerzes eingetreten, aber keine vollkommene Überwindung. Das ist auch nicht zu erwarten, da die Ursachen viel komplexer sind als man gewöhnlich glaubt. Erst eine jahrelange Arbeit an den karmischen Verflechtungen kann Licht in diese Untergründe bringen, die dann in vielen Fällen eine allmähliche Gesundung nach sich ziehen kann. Befreiung von Leiden und Schmerzen ist aber nicht das vorrangige Ziel der Karmaerkenntnis. Die Auflösung gerade der okkulten Fesselungen, Verzauberungen, Verfluchungen und Bannungen ist wesentlich, um allmählich die daraus entstandenen seelischen Verkrampfungen zu überwinden, was dann auch langfristig Heilung bringen kann.

Im geschilderten Fall hat eine weitere Sitzung nach einigen Monaten in einem Seelendrama den Kampf der dunklen und lichten Mächte im Inneren gezeigt und gipfelte in einem zu erringenden Christuserleben.

Nur in Christus können wir Heilung finden. Eine solche Heilung kann auch darin bestehen, dass wir unsere Leiden als Sühne für die Sündhaftigkeit der damaligen Täter und aller Menschen auffassen und dadurch die Kraft erlangen, Schmerzen und Schwächen gelassen zu ertragen.

Seit einigen Jahren gelangen immer mehr Menschen an ähnliche Ursprünge ihrer Lebensproblematik. Es hat den Anschein, dass diese Erkenntnisse gerade in der jetzigen Entwicklungssituation ins Bewusstsein treten müssen wie eine Lektion, die auf einer ganz bestimmten Stufe durchgemacht werden muss. Und genau wie in einer Schulklasse viele Schüler gleichzeitig am selben Stoff arbeiten, werden in diesem allgemeinen menschlichen Lernprozess gewisse Aufgaben zu bestimmten Zeiten für viele Strebende zugänglich.

Dabei wird es von vielen so erlebt, dass die Opfer dieser Magie stärker unter den subjektiven Folgen zu leiden haben als die Täter. Die Opfer sind zumeist durch viele Inkarnationen zu verantwortungsbewussten, sensiblen Individualitäten herangereift und dadurch besonders als Zielscheibe für bestimmte Manipulationen geeignet. Allerdings muss eines dabei beachtet werden: Um eine Angriffsfläche für die Widersacher zu bieten, ist in der Regel in einer oder auch mehreren weiter zurückliegenden Leben auch ein Schuldigwerden vorangegangen. Dadurch ist man verletzbar und angreifbar geworden, auch wenn der Entschluss einer Abwendung vom Bösen stattgefunden hat.

Das Tätersein hat ebenso Tradition. Der rücksichtslose Erhalt von Macht lässt nicht vor finsteren magischen Praktiken zurückschrecken. Eine so geartete Machtpersönlichkeit kann sehr lange die karmischen Folgen umgehen, schneidet sich aber dadurch vorerst von einer spirituellen Weiterentwicklung ab.

II

Ein weiterer Fall kann das Verständnis dieser Problematik vertiefen. Eine Persönlichkeit, die seit vielen Jahren an ihrem Karma arbeitet und schon sehr umfangreiche und weit zurückliegende Zusammenhänge erforscht hat, ist durch verschiedene Ereignisse und durch neue zwischenmenschliche Bekanntschaften mit unbekannten Bereichen schon teilweise bekannter Lebensläufe konfrontiert worden, die erstaunendes

Erschrecken hervorriefen, aber gleichzeitig auch Erklärungen für bisher unerklärlich gebliebene Gesundheitsstörungen geliefert haben.

Ausgangspunkt nach vorne und nach rückwärts in der Zeit ist wiederum eine ägyptische Inkarnation in noch verhältnismäßig früher Zeit. Die betreffende Individualität hatte damals eine führende Position innerhalb der Priesterschaft inne und wachte streng darüber, dass keine falschen magischen Praktiken angewandt wurden. Es gab aber in ihrem Umkreis schon starke Machtkämpfe und sehr subjektive Interessen der herrschenden Sippe wie auch einzelner Priester. Einweihungen für Menschen, die dafür nicht die Voraussetzungen hatten, wurden von den Machthabern erzwungen, und nur in Teilbereichen konnte dieser Priester die geistigen Ideale und Gesetze bewahren. Er wurde aufgrund seines Bestrebens nach Gerechtigkeit und Einhaltung der geistigen Gesetze wenig geschätzt. Er selber besaß weitreichende Kenntnisse der kosmischen und irdischen Zusammenhänge, besonders auch des menschlichen Körpers und seiner Bezüge der Organe zu den Sternen und geistigen Wesenheiten. Dieses Wissen und Können hatte er sich in manchen vorhergehenden Inkarnationen angeeignet seit der atlantischen Epoche.

Seine Schüler und Mitarbeiter im Tempel lernten sehr viel durch ihn auch beim Mumifizieren, doch seine Strenge und Reinheit erzeugte bei einigen Groll und Missgunst. Die neidische Partei, die mit den Machthabern verbündet war, gewann allmählich immer mehr Einfluss, und nach dem Tode dieses Priesters konnte der Anführer dieser Gruppe seine Rache an dem Verstorbenen ausüben, indem er durch eine besondere Art der Mumifizierung der einzelnen Organe und ihrer ganz speziellen Platzierung in den Kanopen um den Leichnam herum mit Hilfe des Krokodilgottes einen Bann auf die Mumie legte. Die reinen spirituellen Kräfte dieses Priesters konnten nun abgelenkt werden und standen dem Pharao und seiner Herrschaftsentfaltung zur Verfügung. Die Seele des Priesters blieb für viele Jahre an die Grabkammer gebunden. Ganz allmählich konnte sie sich etwas lösen und einen Grabräuber geistig zu dem Grab hinlenken. Der brachte etwas Unordnung in die Aufstellung der Götterstatuen und Kanopen, so dass ein allmähliches Verlassen der Mumie nach langer qualvoller, erzwungener »ewiger« Ruhe geschehen konnte. Die Individualität, die zur Schülerschar Zarathustras gehörte, konnte nun dem Sonnengeist Christus begegnen und fragte nach der Ursache seiner leidvollen Erfahrung. Die Erinnerung an eine vergangene Zeit in einer Kultur, in welcher Tieropfer dargebracht wurden, tauchte vor dem Bewusstsein auf und ließ die Ursache der Verletzbarkeit erkennen. Die heutige Persönlichkeit kannte schon lange diese Inkarnationen, aber dieser Aspekt war neu und wurde erst durch eine im jetzigen Leben stattfindende Auseinandersetzung mit den damaligen Beteiligten aktuell.

Die Grundursache einer solchen Kette karmischer Verwicklungen liegt aber noch viel früher und kann bis in atlantische Zeiten zurückverfolgt werden. Sie muss keine böse Tat sein, sondern könnte als ein verfrühter Freiheitsimpuls gesehen werden, der entwicklungsgeschichtlich notwendig, aber doch ein Vergehen gegen die herrschenden Sitten war. Das hat eine erstmalige Verfluchung der Machthaber nach sich gezogen, obwohl die Individualität im Einklang mit der Führung aus geistigen Welten gehandelt hat. Aber in alten Zeiten hatten Flüche immer eine Wirksamkeit auch wenn sie ungerecht waren; sie gehörten zu den magischen Handlungen der Priesterschaft.

Der positive karmische Strom dieser Persönlichkeit liegt in der frühen Verbindung mit der Zarathustra-Individualität. Der negative Einfluss folgte durch spätere Berührung mit den Vulkanmysterien, als Folge des eben geschilderten notwendigen Freiheitsimpulses.

Es ist fast unmöglich im Rahmen einer solchen Arbeit wie der vorliegenden, diese sehr komplexen Zusammenhänge verständlich zu schildern. Sie können und dürfen nur andeutungsweise veröffentlicht werden, um alle jetzt lebenden Beteiligten zu schützen. Viele dieser Individualitäten wissen gar nicht, dass sie daran beteiligt waren, da ihr jetziger Reifegrad ein solches Wissen noch nicht zulässt. Andererseits ist es notwendig für die Voranschreitenden, dieses Wissen zu veröffentlichen. Vielleicht wird die Schwierigkeit dieser Gratwanderung deutlich, einerseits mit größtmöglicher Klarheit die Zusammenhänge zum Ausdruck zu bringen und andererseits taktvolle Verschwiegenheit zu wahren. Das ist schier unmöglich und es wird in manchen Bereichen ein Kompromiss nötig sein. In diesem Sinne sollen einige weitere Stationen der soeben erwähnten Individualität angedeutet werden.

Nach dieser nachtodlichen Erkenntnis in der Christusregion erfuhr die Seele, dass Christus sich mit einem Vererbungsstrom verbunden hatte, um sein Erdenleben vorzubereiten. Das gab der Individualität den Impuls, sich ganz mit dieser Aufgabe zu verbinden. Es war ein freier Entschluss, den viele Angehörige des Sonnenmysteriums fassten. Die Folge waren viele Inkarnationen insgesamt und etliche innerhalb des hebräischen Volkstums, aber auch in der griechischen und ägyptischen Kultur. Tatkräftige Leben wechseln mit leidvollen ab. Viele Facetten menschlicher Erfahrungen werden durchlebt. In nachchristlicher Zeit wird der begonnene Auftrag innerhalb der esoterischen, christlichen Strömung fortgesetzt, aber auch Impulse fremder Kulturen werden aufgenommen und diese wiederum mit einem geistigen Christentum durchdrungen.

Auch in diesen späteren Leben sind die Begegnungen mit der positiven karmischen Gruppe, aber auch mit der leiderzeugenden Gruppe noch deutlich wahrzunehmen. Es ist damit nicht gemeint, dass diese zweite Gruppe aus schlechteren Menschen besteht, sondern es herrscht ein Unverständnis aus karmischen Gründen, was oftmals zu feindschaftlichen Auseinandersetzungen führt.

In unseren jetzigen Inkarnationen spiegeln sich viele dieser früheren Konflikte und Aufgaben und insbesondere anthroposophische Zusammenhänge scheinen ein Sammelbecken solcher Konfliktparteien aus alten Zeiten zu sein.

Für die betreffende Persönlichkeit haben sich weitere markante Zusammenhänge ergeben, die nur durch leidvolle Erfahrungen innerhalb der Familie ans Tageslicht kamen. Obwohl es viele Gemeinsamkeiten mit den Eltern gab, die sich mit zunehmendem Alter auch tief in die Anthroposophie einarbeiteten, traten immer wieder Situationen auf, die nur in absolutem Unverständnis endeten. Auch der herannahende Tod des Vaters änderte nichts an seiner problematischen Einstellung gegenüber seinem Sohn. Diesem war es seit geraumer Zeit eine Frage, warum ihm so viele karmische Zusammenhänge klar geworden waren und nur die Verbindung zum Vater noch völlig im Dunkel lag. Einige Monate vor dessen Tod wurde ihm dieser im Traum von einer bekannten sehr würdigen Gestalt angekündigt. Aber alles Bemühen, das Verhältnis noch vorher zu klären, schlug fehl. Erst nach dem Tode des Vaters stiegen zuerst auf symbolische Weise in Träumen und danach im bewussten Forschen die sehr dramatischen und teilweise traumatischen Zusammenhänge auf.

Der Vater hatte zeitlebens alles, was mit schwarzer Magie zusammenhing, voller Abscheu betrachtet, und er wirkte auf die Außenstehenden als feinsinniger und künstlerischer Mensch. Es stellte sich nun in der Karmaforschung heraus, dass er in einer alten Tradition dunkelokkulter Praktiken stand. Als Eingeweihter der Vulkanmysterien war er im Ausgang der atlantischen Epoche in gefährliche magische Experimente verstrickt. Sein jetziger Sohn hatte in der damaligen Inkarnation einen Auftrag von dem Führer seines Volksstammes erhalten, auf dessen Insel etwas auszukundschaften und wurde von einer Wächtergestalt entdeckt und verfolgt. Dieser Wächter war ein künstlich erzeugtes Wesen und erinnerte an die Geschichte von den Zyklopen. In seiner Not erschoss der junge Mann dieses Monster mit einem Pfeil und versuchte zu fliehen, was auch gelang, aber der Herr der Insel war schon zur Stelle und schoss nun seinerseits mit einem mit einem Fluch beladenen Pfeil nach dem Flüchtling. Dieser wurde zwar nicht tödlich getroffen, aber doch schwer verletzt. Mit letzter Kraft gelangte er mit seinem Boot über das Meer auf seine nahe Heimatinsel und konnte von dem heilkundigen Stammesältesten wiederhergestellt werden. Aber der Fluch blieb bestehen und bildete den Beginn einer langen Kette von *magischen Zugriffen* durch die Individualität, die damals der Herr der Insel war. Das heißt nicht, dass diese Manipulationen immer möglich waren, sondern durch ca. 11 000 Jahre einige Male. Der letzte Eingriff dieser Art fand zu Beginn des letzten Jahrhunderts in Mitteleuropa innerhalb einer als Erziehungsanstalt getarnten okkulten Loge statt und endete mit dem frühen Tod durch Vergiftung dieses jungen Mannes. Es ist eine Individualität, die Aufgaben innerhalb des esoterischen Christentums hat und gerade aus diesem Grunde besonders interessant für diesen düsteren Orden war, um die Kräfte dieses Jünglings zu missbrauchen und dadurch bis in folgende Inkarnationen nachhaltig abzulähmen.

Aufarbeiten des Karmas mit einem Verstorbenen

Die hier naheliegende Frage: Warum ist das Schicksal so grausam, warum wird diese schon so gepeinigte Individualität Kind dieses subtil gewalttätigen Menschen? findet ihre Antwort im Sinn des Schicksals selber. Indem sie sich im Laufe ihres Lebens durch viele Widerstände hindurch die Fähigkeit der Karmaerkenntnis erarbeitet hat, hat sie auch damit die Möglichkeit erlangt, nach Wegen zu suchen, dieses verworrene Karma aufzulösen. In diesem besonderen Fall ist es vielleicht noch interessant zu erwähnen, dass ein weiteres Familienmitglied auch eigene karmische Zusammenhänge mit dem Verstorbenen erkannt hat und nun das Karma von zwei Seiten gemeinsam zusammen mit dem Toten bewusst werden konnte, wodurch ihm die Befreiung von seinem negativen Anteil ermöglicht wurde. Zumindest ein Beginn dieser charakterlichen Umarbeitung ist eröffnet worden und das, was durch Zauber verschlüsselt war, hat seine Lösung erfahren.

Im konkreten Fall hat sich der Verlauf der einzelnen Erkenntnisschritte im Wechsel von im Traum auftretenden symbolischen Gegenständen und daran anschließenden bewussten Imaginationen, geistigen Fragen und erfolgenden inspirativen Antworten ergeben. Aber genauso wesentlich war es immer wieder, den Kontakt zu dem Verstorbenen aufzusuchen und mit ihm die Ergebnisse durchzusprechen. Nachdem etliche grausame Zusammenhänge erkannt waren, erschienen auch sehr positive Elemente. Besonders beglückend war ein Leben im Umkreis Zarathustras vor etwa 6 000 Jahren, das die heutige Hinneigung zur Anthroposophie begründet hat. Auch eine sehr gute, christliche Inkarnation im 14. Jahrhundert trat in Erscheinung, um das Gleichgewicht wieder herzustellen, indem der Blick für die positiven Anteile dieser Individualität frei wurde. Durch diese letzte Erkenntnis konnte die Seele des Verstorbenen den schweren Bereich der nachtodlichen Fesselung an die Versäumnisse verlassen und den Gang der Läuterung in höhere Regionen antreten.

Nur der bewusste Umgang mit Verstorbenen kann heilsam wirken. Die unbewusste oder halbbewusste, gefühlsbetonte Verbindung mit diesem Bereich hat oftmals sehr zerstörerische Folgen, wie schon beschrieben wurde. Da ist es unerheblich, ob ängstliche oder liebevoll sehnsüchtige Gefühle vorherrschen oder ob Verdrängung stattfindet; erdgebundene Tote – und das sind sehr viele in der heutigen Zeit – leben in der Region unterhalb der Mitte in unserem Leibesgliedergefüge und können dort die Kräfte abziehen und krankhafte Zustände verursachen.[50]

Das Charakteristische der Seeleneigenschaften der Individualität und die Metamorphose durch die Inkarnationen

Jeden, der mit wiederholten Erdenleben umgeht, muss diese Frage beschäftigen: Wie erkennt man, dass es wirklich dieselbe Individualität ist, die bei Rückschauen auftritt? Können es nicht allgemeine Urbilder aus dem kollektiven Unbewussten, um mit C.G. Jung zu sprechen, sein?

Dass Bilder auftauchen ähnlich wie Traumbilder, nur etwas regelmäßiger und zusammenhängender, muss nicht zwangsläufig zu der Schlussfolgerung führen, dass man es mit früheren Leben zu tun hat oder mit eigenen Inkarnationen. So werden von den verschiedensten weltanschaulichen Richtungen auch mannigfaltige Einwände gemacht und für die nicht wegzudiskutierende Tatsache, dass diese Bilder und Erlebnisse auftauchen, ganz unterschiedliche Erklärungsmodelle geliefert.

Was gibt die Gewähr, dass diese inneren Erfahrungen auf tatsächliche Leben hinweisen und dass es auch meine eigenen Lebensläufe sind und nicht die eines Verstorbenen, der mit seinem Astralleib in meinem Umkreis lebt und in meinen Organismus hineingreift?

Auf diese verschiedenen Möglichkeiten ist schon an früherer Stelle hingedeutet worden. Es ist also oberstes Gebot, sehr sorgfältig über längere Zeiträume die anfänglichen Erfahrungen immer wieder zu überprüfen und gegebenenfalls zu korrigieren.

Ein wichtiges Merkmal sind die *charakteristischen individuellen Eigenschaften,* die unabhängig von der jetzigen Persönlichkeit das einzelne Individuum von jedem anderen unterscheiden. Der Charakter ändert sich nur allmählich und nur bis zu einem gewissen Grade. Jeder ewige Wesenskern eines Menschen ist eine Welt für sich und muss sich deutlich von jedem andern unterscheiden. Das Erlebnis, das wir heute am anderen Menschen haben, dass er auf jeden Fall der ganz andere ist und nicht ich selbst bin, war in archaischen Gruppenseelenkulturen nicht so ausgeprägt wie in der gegenwärtigen Zeit. Dennoch ist auch in ganz frühen Zeiten schon ein beginnendes Individuelles erfahrbar. Es muss da allerdings berücksichtigt werden, dass wir uns nur so weit erinnern können, wie wir Individualbewusstsein entwickelt hatten. Inkarnationen, die wir nur träumerisch erlebt haben, steigen auch nur, wenn überhaupt, als traumhafte Bilder auf.

Aus dem Grunde treten von vielen Leben auch nur die markanten, zumeist leidvollen Erlebnisse ins Bewusstsein, da im Schmerz das Bewusstsein erwacht ist. Schmerz erleben und Schmerz zufügen sind die prägenden Faktoren des Karmas. Die Folgen des Schmerzzufügens werden erst in der Zeit nach dem Tode wahrnehmbar und haben durch die Entstehung einer Doppelgängergestalt eine andere karmische Erinnerungsqualität als das Erlittenhaben von Schmerz. Das Erstere wird als unerträglicher seelischer Druck empfunden, das Letztere als seelische Empfindung des Schmerzes, der keine physische Ursache hat, sich aber zu einer psychosomatischen oder allergischen Erkrankung auswachsen kann. So ist der Schmerz in diesen Fällen der Bewusstseinsbildner und gibt die Gewähr, dass die damit zusammenhängenden Rückschauen Wahrheitsgehalt haben.

Nun wäre es schrecklich, wenn wir nur schmerzvolle Zusammenhänge anschauen könnten. Aus meinen Erfahrungen bei der von mir angewandten Methode, die sich ganz auf die Führung durch die Engelwelt verlässt, wird ein sinnvoller Wechsel von erhebenden und schweren Leben gezeigt. Die Bezüge zwischen den einzelnen Ereignissen, oft innerhalb langer Zeiträume lässt eine karmische Logik erkennen, die wiederum das Charakteristische erfahrbar macht und ebenso die Metamorphose durch lange Zeiträume deutlich werden lässt.

Das Charakteristische einer Individualität äußert sich in bestimmten Aufgaben, die der Betreffende häufig übernimmt und an der Art, wie er diese Aufgaben angeht. Eine bestimmte Prägung im Fühlen und Wollen, die aus einer speziellen Denkungsart hervorgeht, kann manchmal bei starken Individualitäten bis in Urzeiten zurück verfolgt werden. So wird ein in seiner Grundhaltung leichtgestimmter Mensch oftmals Sanguiniker sein und etliche Leben durch eine unbedachte Tat in Gefahr gebracht haben. Er ist jemand, der nicht gut im Voraus die Folgen seiner Taten abschätzen kann oder will und lieber in der Praxis ausprobiert, ob es klappt oder nicht. Manchmal ist diese fröhliche, leichte

Grundstimmung von einer kaum wahrnehmbaren Todessehnsucht untermalt. Ein solcher Mensch möchte immer schnell fertig werden und nimmt es in Kauf, dass auch gelegentlich das Leben schnell zu Ende geht. Er hängt nicht sonderlich am Leben, ohne es zu verachten. Andererseits kann durchaus eine starke Religiosität vorhanden sein, die diese Todessehnsucht zu rechtfertigen scheint.

Im Konkreten ergibt sich bei der Beschreibung die Schwierigkeit, dass nicht alle Inkarnationen nach dem Grundmuster verlaufen, sondern dass gerade auch die Metamorphose manchmal dazu führt, dass der andere Pol sehr stark erlebt werden muss und die Mischung zwischen Ernsthaftigkeit, Zuverlässigkeit und Leichtsinn dann als Ergebnis der vielfältigen karmischen Erfahrungen in Erscheinung tritt.

Anhand eines konkreten Falles will ich versuchen die Problematik klarzumachen.

Die gemeinte Individualität lebt in der gegenwärtigen Inkarnation in einem erfüllten, arbeitsreichen und sehr bescheidenen Arbeitszusammenhang in einer anthroposophischen Einrichtung. Liebe zu den Menschen, die ihr anvertraut sind, selbstverständliche Opferbereitschaft und zuverlässige Pflichterfüllung sind die hervorragenden Charaktereigenschaften. Doch die beschriebene Leichtlebigkeit hat schon so manches Drama im jetzigen Leben tatsächlich oder beinahe heraufbeschworen. Diese Persönlichkeit hat niemals in irgendeiner Form karmisch spekuliert, auch die gängige anthroposophische Zuordnung zu Platonikern und Aristotelikern machten für sie keinen Sinn. Durch die karmische Rückschau, anfangs unter Führung, später selbstständig, kamen erstaunliche, ganz unerwartete Zusammenhänge ans Licht.

Die einzige Ahnung, die zuvor bestand, war der Tod durch einen Löwen während der Christenverfolgung in Rom. Das hat sich auch bestätigt. Die Begleitumstände dieser Todesart zeigten aber schon diese Leichtfertigkeit. Durch mangelnde Verschwiegenheit wurde sie verraten und ausgeliefert. Die erstaunlichen Leben beziehen sich auf drei markante Zeitpunkte: einmal den Auszug aus Ägypten, das zweite auf den Umkreis der Jünger um Christus, das dritte war die Mitarbeit am Goetheanum in Dornach und die Verbindung zu Rudolf Steiner. Da die Persönlichkeit schon Anfang der dreißiger Jahre wiedergeboren wurde, hatte sie damit in gar keiner Weise gerechnet. (Das Thema der wiedergeborenen Anthroposophen vom Anfang des Jahrhunderts soll an späterer Stelle gesondert behandelt werden, deshalb wird hier nur der Aspekt der langdauernden Charaktereigenschaften und der damit verbundenen Lebensaufgaben beschrieben werden.)

Von Moses wurde der Individualität die Mitwirkung an einer Aufgabe übertragen, während dieser auf dem Berg Sinai weilte, um die Gesetzestafeln zu empfangen. Sie war aber diesem Amt nicht gänzlich gewachsen und entsprach nicht den an sie gestellten Anforderungen. Es kam zu den in der Bibel beschriebenen Entgleisungen des Volkes, dem Tanz um das goldene Kalb.

Hier manifestiert sich eine anfängliche Verantwortungsbereitschaft, ein darauf folgendes Versagen und anschließende Einsicht und das Bemühen um Wiedergutmachung.

Zur Zeit Christi im Umkreis der Jünger ist diese Individualität erst wankelmütig, feige und uneindeutig, um erst nach Tod und Auferstehung ihr Leben ganz der Verkündigung zu widmen bis hin zum Martyrium durch Enthauptung. Ein Nachklang spielte sich circa 1700 Jahre danach auf »dem« Platz in Jerusalem ab. Im Menschengetümmel einer Passionsprozession wurde diese Individualität als arabischer Märchenerzähler von der Menge niedergetrampelt und war ab da gelähmt und bettlägerig. Sein europäischer Freund, der ihn pflegte, konnte ihn vor seinem Tod zu Christus hinführen.

Es gibt noch einige weniger wichtige Leben, die sich durch einen gewissen Leichtsinn auszeichnen.

Trotzdem geht diese Individualität in tiefer Religiosität und Verantwortung durch viele ihrer Inkarnationen. Einige davon sind unter einem anderen Gesichtspunkt in diesem Zusammenhang noch interessant. Die Mithilfe beim Bau der Bundeslade findet in einigen Leben ihre Weiterentwicklung: in Norwegen beim Bau eines Wikingerschiffes, im Mittelalter in Deutschland als Architekt beim Burgenbau, eine weibliche Inkarnation in einer Geigenbauerfamilie in Italien. Damals ist das Interesse für Musik erwacht. Die Mitwirkung am Goetheanumbau kann sicherlich als Höhepunkt gesehen werden, doch auch in der jetzigen Inkarnation lebt diese Fähigkeit fort, vielleicht als Ausklang neben dem neuen starken Impuls zur Musik hin.

In vielen Inkarnationsreihen kann das Charakteristische sowohl in den bleibenden Eigenschaften wie auch in den Aufgaben, die häufig übernommen werden, verfolgt werden. Wer heute in einflussreiche Positionen strebt, hat auch früher oft in Herrschaftszusammenhängen gewirkt. Jemand, der den Schulungsweg geht, hat in aller Regel in diesem Gebiet eine reiche Erfahrung. Es sind die Seelenstimmungen und Fähigkeiten, die früh erworben sind und die Zeiten überdauern. Diese können nur durch bewussten Entschluss schneller verändert werden, durch den allgemeinen Wechsel der Leben geht eine Änderung nur allmählich vonstatten.

Da kommt das Gesetz der Metamorphose zu Geltung, das am deutlichsten im Wechsel der Geschlechter in Erscheinung tritt. Wie durch einen Pendelschlag wird eine Einseitigkeit durch die andere wieder in die Waage gebracht. Doch auch hier kann im konkreten Karma beobachtet werden: Wenn nicht ein bewusster Lernwille vorhanden ist, findet Entwicklung nur sehr langsam statt. In vielen Fällen kann man auch finden, dass ein Geschlecht häufiger als das andere gewählt wird. Es gibt Individuen, die offensichtlich eine Scheu vor weiblichen Leben haben, andere hingegen sehen in der weiblichen »Schwäche« gerade ihre Stärke und entwickeln in diesen häufig gewählten Leben eine außerordentliche Spiritualität. Da tun sich Fragen auf, die nur für den speziellen Fall ergründet werden können.

So kann es sein, dass eine Individualität schon vor vielen Inkarnationen, nachdem sie eine große Schuld auf sich geladen hat, den Vorsatz gefasst hat, in keine kriegerischen Auseinandersetzungen mehr einzutreten und immer dann, wenn die Wahrscheinlichkeit groß ist, dass sie zum Wehrdienst eingezogen werden könnte, lieber eine weibliche Inkarnation wählt, auch wenn das andere Nachteile bringen kann. Der Vorzug der geistigen Reifung ist mit äußeren Vorteilen nicht aufzuwiegen. Die in unserer Kultur immer noch gängige minderwertige Einschätzung des weiblichen Daseins hat im Geistigen keinerlei Bedeutung.

Rudolf Steiner hat viele differenzierte Beschreibungen der Wandlungen durch mehrere Leben gegeben und man kann in vielen Fällen diese fortschreitenden Entwicklungen bestätigt finden. Innerhalb der Heilberufe wie auch im künstlerischen und wissenschaftlichen Bereich werden viele Etappen durchgemacht.

Es kann jemand in alten Zeiten eine heilkundige Frau in einem Volksstamm gewesen sein und nach weiteren Leben folgt eines innerhalb der ägyptischen Mysterien, wo der Betreffende beim Mumifizieren Erfahrung sammelte. In dem Naturvolk wurden bei der Einweihung die unteren Chakren aktiviert, bei der ägyptischen die oberen. Es folgen Inkarnationen mit Erfahrungen in unterschiedlichen Kulturen und über weite Zeiträume verteilt. Im Mittelalter sammelt diese Individualität Erfahrungen als kräuterkundige Nonne, dann als islamischer Wissenschaftler. Das gegenwärtige Leben in einem heilenden Beruf erscheint wie eine Synthese dieser vielen Lernerfahrungen.

Aber manches Mal ergeben sich auch verschlungenere Verhältnisse und man muss lange mit der Frage nach dem Sinn bestimmter Ereignisse leben.

Gruppenkarma

Die Gewissheit der Kontinuität des eigenen Wesenskernes, also des Teiles in uns, der sich reinkarniert, und die Bereiche, die sich durch die verschiedenen Zeitenläufe wandeln, spielen ineinander und müssen klar erkannt werden, um die Lernprozesse und Lebensaufgaben zu verstehen. Um bei der karmischen Rückschau Sicherheit zu gewinnen, ist immer auf diese beiden Kriterien zu achten. Das ist aber nur dann wirklich möglich, wenn eine größere und weit zurückreichende Inkarnationskette bekannt geworden ist. Der Sinnzusammenhang der Inkarnationen untereinander wie auch im Kontakt mit karmisch verbundenen Menschen und Gruppierungen lässt Stärken, aber auch Einseitigkeiten und Mängel erkennen, die ihre Spiegelung im gegenwärtigen Leben erfahren. Auch in Menschengruppen kann es etwas Bleibendes, durch lange Zeiten Prägendes geben, und ebenso tritt die Metamorphose in Erscheinung. Das macht die menschlichen Zusammenhänge so überaus komplex, da alle Mitglieder einer karmischen Gruppe zwischen den gemeinsamen Leben auch noch sehr unterschiedliche Erfahrungen in ganz anderen Kulturen durchlaufen haben.

Eine allgemein bekannte karmische Gemeinschaft ist der *Gralszusammenhang*. Er gliedert sich wiederum in verschiedene Untergruppen, den nördlichen Kreis um Artus und den südlichen Gralsstrom um Parzival. Aber auch nach Osten haben diese Geistbewegungen ihre Ausdehnungen erfahren. Es soll hier keine umfassende Untersuchung über den Gral erfolgen, sondern anhand der aus meiner Geistesforschung erkannten Tatsachen ein Beitrag zur Erhellung des Themas versucht werden. Es ist sicher nicht zu verwundern, dass jemand, der selber seit Urzeiten mit der Menschengruppe um Parzival verbunden ist, auch in seinem jetzigen Leben Begegnungen mit Menschen dieses karmischen Stromes hat. Obwohl die Charaktere sehr individuell sind, verbindet die »Gralsfamilie« doch eine gemeinsame Lebensstimmung, die man allerdings schlecht in Worte fassen kann. Nun waren schon damals, im neunten Jahrhundert, die einzelnen Individuen sehr ausgeprägt. Die Aufgabe der Gralszusammenhänge bestand darin, die Bewusstseinsseelenentwicklung vorzubereiten. Amfortas, als der Repräsentant der sündig gewordenen Verstandesseele, machte es für seinen Menschenumkreis notwendig, durch Entbehrung und Verzicht eine neue Seelenqualität in Parzival zu erwecken. Die an dieser Aufgabe beteiligten Individualitäten können schon an einigen entscheidenden Punkten in der Vergangenheit mit dem späteren Parzival zusammenwirkend angetroffen werden: im hebräischen und ägyptischen Kulturstrom und in noch früheren Zusammenhängen.

Die gemeinsame Beziehung zum Christusimpuls und zum Voranschreiten in der Bewusstseinsbildung vereint diese Gruppe in vielen Leben.

Die Gralsfamilie müsste sich meines Erachtens auch heute wieder finden, um an wichtigen geschichtlichen Ursprüngen zu forschen. Zwar sind schon viele aufschlussreiche Details bekannt, aber wesentliche Lücken können nur durch die tatsächlichen Rückschauen der betreffenden Individualitäten geschlossen werden.

Gerade bei Parzival und seinem engvertrauten Umkreis kann die individuelle Eigenständigkeit und die kontinuierliche Aufgabe durch lange Zeiträume ebenso wie die Metamorphose der Aufgabe innerhalb der Kulturabschnitte und der jeweiligen Einzelinkarnationen wahrgenommen und studiert werden. Es ist innerhalb dieses Buches nicht möglich, diese Einzelschicksale näher zu beschreiben, da, wie eben angedeutet, noch wichtige Teile im Dunkel liegen.

Doch kann man davon ausgehen, dass neue Zukunftsaufgaben auf die betreffenden Individualitäten warten und dass sich weitere geistig verwandte Gruppierungen damit verbinden werden.

Volksgeister und Gruppenseelen

An diesem Punkt erhebt sich die Frage: Warum ist es heute nicht mehr selbstverständlich, dass sich die Menschen zusammenfinden und erkennen, wie es doch offensichtlich in vergangenen Jahrtausenden der Fall war?

Da ist einerseits die Entwicklung der Freiheit zu nennen, die es notwendig machte, dass der Mensch erst einmal seine alte Hellsichtigkeit verlor, um zu wirklich eigenverantwortlichen Taten zu gelangen. Das hat zur Folge, dass die Verbindung zum eigenen Engel ins Unbewusste gerückt ist, und der Gruppengeist, der in alten Zeiten diese Gemeinschaften inspiriert und geistig verbunden hat, sich ebenfalls zurückgezogen hat, um auch diesen Gemeinschaftsimpuls dem Bereich der Freiheit zu übergeben.

Wie ganze Völker ihre Volksseele und Zeitepochen ihren Zeitgeist haben, so können auch Menschengemeinschaften durch eine Gruppenseele verbunden sein. Die Volksgeister stammen aus der Hierarchie der Erzengel und inspirieren die Menschen über das Temperament und durch gefühlsmäßige Stimmungen, die innerhalb dieses Volkstums vorherrschen. Sie können sich über den Sagen- und Märchenschatz und die religiöse Symbolik in dem betreffenden Volk äußern. Die Zeitgeister stammen aus der Hierarchie der Archai und wirken jeweils über einige Jahrhunderte, um dann dem nächstfolgenden das Amt zu übergeben. Sieben hohe Geistwesen impulsieren im Wechsel die Kulturentwicklung. Sie sind nicht mit dem einzelnen Menschen verbunden, sondern wirken willenshaft in das Denken aller inkarnierten Menschen hinein. Nur durch Geistesschulung kann man sich bewusst in diese Sphäre erheben. Die fortschreitenden Archai und Erzengel haben jeweils auch ihre Gegenspieler aus den Hierarchien der Widersachermächte.[51]

Was für größere Volks- und Zeitzusammenhänge gilt, kann auch für bestimmte Menschengruppen mit einer besonderen Aufgabe eintreten. Es gibt zahlreiche Geistwesen, die sich von Menschengruppen angezogen fühlen, von der Stimmung und dem Gedankengut, welche dort vorherrschen. Man kann bewusst oder unbewusst einen *Inkarnationsraum* für eine höhere Geistindividualität bieten. Auch hier gibt es fortschreitende und retardierende Wesen der unterschiedlichsten Kategorien. Ich möchte es hier unterlassen, die ganze Bandbreite negativer Gruppenseelen aufzuzählen. Jeder, der einmal auf das Phänomen aufmerksam geworden ist, kann durch seine eigene Beobachtung viele Beispiele wahrnehmen; und es ist wichtig, sich in dieser Hinsicht zu schulen, um viele Zeiterscheinungen verstehen zu können. Der weiterführende Aspekt der Gruppenseele liegt in der bewussten Verbindung mit einem aufsteigenden Engel oder Erzengel. In alten Zeiten haben die Eingeweihten des jeweiligen Mysteriums diese bewusste Verbindung gepflegt und für die ihnen anvertrauten Menschen diesen Kontakt durch Rituale und Kulte erlebbar gemacht. Kraftvolle Wirkungen aus diesem Gruppengeist verbanden diese Gemeinschaften. Das war auch bei der Gralsgemeinschaft der Fall. So gibt es einen Zeitgeist, der europaweit in diesem Impuls durch Jahrhunderte gewirkt hat, wie auch aufsteigende Engel und Erzengel, die sich mit den einzelnen Gemeinschaften verbunden haben. Als diese Epoche endgültig ihr Ende fand, mit der Ausrottung der Ketzerbewegungen im zwölften und dreizehnten Jahrhundert, wurden die Früchte dieser Geistigkeit in Form von Mysteriendichtungen der Allgemeinheit zugänglich. Damit haben sich die Gruppenseelen losgelöst, um höhere geistige Entwicklungen durchzumachen.

Welche Bedeutung hat das für die einstmaligen Angehörigen dieser Gemeinschaften? Wo und wie wirken diese Gruppengeister in der heutigen Zeit? Das sind Fragen, die nicht einfach zu beantworten sind, sondern man muss ihnen intim nachspüren, um zu einem Verständnis zu finden. In heutiger Zeit wird auf jeden Fall die Freiheit des Menschen von diesen in fortschreitender Entwicklung befindlichen Geistern respektiert. Zu dieser Freiheit gehört auch, dass sich ein Mensch langsamer, der andere schneller entwickeln will. So kann jemand einen Umweg wählen, weil er glaubt, ganz bestimmte Erfahrungen machen zu müssen. Diese Erfahrungen können ihn für lange Zeit von seinem ursprünglichen karmischen Strom abtrennen, ohne deshalb negativ bewertet werden zu müssen. Die Individualisierung kann so etwas erforderlich machen.

Die Gruppenseelen sind aber in der heutigen Zeit wieder mit neuen zukünftigen Impulsen bereit, die einstigen Mitglieder zu versammeln, um neue spirituelle Zusammenhänge zu bilden. Um wirklich in unserer Niedergangskultur etwas zu verändern, sind solche Gemeinschaften, die in geistiger Erkenntnisfähigkeit zusammenkommen, sehr notwendig. Und da die ehemaligen Gruppen aus den eben genannten Gründen nicht unbedingt so wie damals zusammenfinden werden, können sich auch ganz neue Gemeinschaften um damalige Gralsträger bilden. Doch wäre es wünschenswert, wenn viele, die den Gral kennen, auch einander erkennen, weil dann die gemeinsame Wirksamkeit eine große positive Kraft sein wird.

Das eben Ausgeführte gilt selbstverständlich nicht nur für die Gralsgemeinschaft, sondern für alle geistigen und kulturellen Zusammenschlüsse wie Orden, Bruderschaften und Geheimbünde aus vergangenen Zeiten. Aber soweit sie positiv impulsiert sind, müssten sie heute auch übergreifend zusammenarbeiten. Man kann nicht mehr die alten Formen kultivieren, das wäre ein Anachronismus. Das karmische Erkennen ist dazu allerdings notwendig. Noch so schöne Ideen, noch so schöne Gemeinschaftsgefühle können die zwischenmenschlichen Probleme nicht lösen, die in vielen Gemeinschaften nach kurzer Zeit auftreten, wenn nicht die unterschiedliche karmische Herkunft geklärt ist und dann nach verständnisvollen Lösungen gesucht wird.

Wie wird sich der ehemalige Inquisitor mit dem ehemaligen Katharer verständigen können, wenn der Erstere immer noch seinen »allein selig machenden Anspruch«, nur heute mit Hilfe anthroposophischer »Dogmen«, geltend machen will? Oder es geraten zwei ehemalige Könige, nur heute leider ohne Hofstaat, aneinander. Vielleicht ist der jeweilige Hofstaat in der Schar der gemeinsamen Mitarbeiter verteilt und das Problem verkompliziert sich. In eine solche Arbeitsgemeinschaft wird eine zukunftsimpulsierende Gruppenseele kaum hineinwirken können. Ohne eine wahre Karmaerkenntnis kann Zukunft nicht mehr bewältigt werden.

Das Karma der mit Rudolf Steiner verbundenen Seelen und wiedergeborene Anthroposophen

An dieser Stelle scheint es angebracht, die Frage nach den karmischen Gruppierungen innerhalb anthroposophischer Zusammenhänge zu stellen. Es gibt von Rudolf Steiner vor allem aus seiner letzten Lebenszeit zahlreiche Hinweise auf karmische Grundtendenzen der damals in seinem Umkreis lebenden Mitarbeiter der anthroposophischen Bewegung. In den Karmavorträgen des Jahres 1924, aber auch in persönlichen Gesprächen die er mit einzelnen Schülern geführt hat, kann man Aussagen finden, die nicht nur den Blick in die Vergangenheit richten lassen, sondern auch wie ein Vermächtnis in die Zukunft weisen. Die Vergangenheit lässt nach seinen Aussagen vordergründig zwei Hauptströmungen erkennen, die offensichtlich Ursache für viele Missverständnisse unter den damaligen Mitgliedern war.

Die eine Strömung besteht aus sogenannten alten Seelen. Damit sind diejenigen gemeint, die schon sehr früh in der atlantischen Zeit ihre erste Inkarnation hatten. Die andere Gruppe besteht aus Seelen, die erst zum Ende der Atlantis die Erde betreten haben, das heißt, weniger Erdenerfahrungen haben. In der Kulturgeschichte findet man die Ersteren vorwiegend im platonischen Gedankengut beheimatet. Sie haben auch oftmals innerhalb der Mysterien gewirkt und bringen dadurch ein selbstverständliches inneres Wissen um die geistige Welt als Seelennuancierung mit. Im Mittelalter haben sich die so gestimmten Individualitäten vorwiegend in beschaulichen, kontemplativen Orden wiedergefunden. Rudolf Steiner nennt da vor allem die Zisterzienser und die Schule von Chartres, aber auch weitere verwandte Strömungen.

Die andere Gruppierung fühlte sich stärker von aristotelischer Geistigkeit angezogen und strebte im Mittelalter in den Dominikanerorden, wo die denkerische Auseinandersetzung mit den bisherigen Interpretationen der Philosophie des Aristoteles betrieben wurde. Thomas von Aquin ist es zu verdanken, dass er die arabistische Version mit gewaltiger Geistesschärfe widerlegen konnte. Dadurch wurde Aristoteles zum Vorboten neuzeitlichen christlichen Denkens.

Darüber hinaus wurden von Rudolf Steiner andere Seelen beschrieben, die sich zum Beispiel in Ketzerbewegungen vereinten.

Für die Zeit am Beginn dieses Jahrhunderts bedeutete das, dass damals vorwiegend aristotelisch gestimmte Seelen bestimmend in den anthroposophischen Kreisen wirkten, Rudolf Steiner aber darauf hinwies, dass am Jahrhundertende, also gegenwärtig, die platonische Geistigkeit wieder stärker zur Geltung kommen müsse, um wirklicher Spiritualität den Weg zu bereiten. Beide Gruppen sollen seiner Aussage nach jetzt wieder inkarniert sein und so zusammenwirken, dass durch gegenseitige Befruchtung und Ergänzung die Einseitigkeiten überwunden werden und so eine über die internen Angelegenheiten hinaus wirkende Spiritualität von allgemeiner kultureller Bedeutung entwickelt werden könne.

Für die konkrete Karmaforschung hat die Frage nach der Wiederkunft der damaligen Persönlichkeiten durchaus eine Bedeutung. Allerdings erscheint es mir unfruchtbar, mit den teilweise üblich gewordenen pauschalen Einteilungen weiter fortzufahren, als könne das für jeden und für alle Zeiten gelten. Jeder Mensch ist durch sein Karma ganz individuell geprägt und wenn einer sich stark von Thomas von Aquin angezogen fühlt, kann das auch auf einem Nachholbedürfnis beruhen und braucht kein »Beweis« für ein Leben als Dominikaner zu sein. Dass es unterschiedliche Arten gibt, Anthroposophie aufzunehmen und zu verstehen, ist eine unbezweifelbare Tatsache, und sicher gibt es mehr als nur jene zwei Seelenstimmungen und Denkungsweisen, die man insbesondere in anthroposophischen Kreisen antrifft.

Wenn Rudolf Steiner Aristoteles als den »ersten Materialisten« bezeichnet,[52] kann man die Taten Thomas von Aquins, seine Auseinandersetzung mit der Philosophie des Aristoteles und dessen Integration in das Christentum als ein Verlassen einer älteren, spirituelleren Auffassung ansehen, die bei Platon noch vorhanden war. Die gewaltige Denkleistung des Thomas leistet zugleich dem Materialistischwerden des Glaubens Vorschub. Das war entwicklungsgeschichtlich notwendig. Die alte Geistigkeit musste für einige Jahrhunderte verlassen werden, um die Menschen an den Nullpunkt der Gottesferne zu führen. So nimmt es nicht Wunder, dass Thomas und mit ihm große Teile des gesamten Ordens sich für die Bekämpfung geistiger und freiheitlicher Strömungen, wie der Katharer und Templer eingesetzt und ganz die Position des Papstes vertreten haben. Einen Höhepunkt dieser Treue zum römischen Geist bildet die Liturgie des Fronleichnamsfestes, die auf Bitten des Papstes von Thomas von Aquin ausgearbeitet wurde.

Auch platonische Geistigkeit hat innerhalb der Kirche ihren Ausdruck gefunden. In kontemplativen, beschaulichen Orden konnten so gestimmte Seelen Nahrung finden. Neben dem Zisterzienserorden ist hier die franziskanische Geistigkeit zu nennen. Aber auch diese Orden sind von dem inquisitorischen Geist nicht verschont geblieben. Es gab fanatische Franziskanermönche und ebenso stimmte Bernhard von Clairvaux der Verfolgung von Ketzern zu.

Doch darf man nicht übersehen, dass es darüber hinaus noch ganz andere karmische Vergangenheiten gibt. All die vielen Individualitäten, denen jegliches römische Christentum in seiner reduzierten Geistanschauung schon damals unzureichend erschien und die sich einer esoterischen oder freiheitlichen Geistesströmung zugewandt haben, dürfen nicht übersehen werden. Gerade die, die schon in alten Zeiten reale Geisterfahrungen hatten, konnten sich weder im Mittelalter noch zu Beginn dieses Jahrhunderts mit gedachtem oder geglaubtem Geist zufrieden finden. Es gibt Menschen, die umfassende karmische Erfahrungen haben, die sowohl Platon wie auch Aristoteles gekannt haben und trotzdem ihre eigenen Wege suchten. Auch solche leben heute im anthroposophischen Umfeld. Darüber hinaus muss man an all die Vielen denken, die wiederum ganz andere Vergangenheiten haben und Rudolf Steiner in ganz anderen Zusammenhängen begegnet sind und trotzdem dazu gehören.

Anthroposophie soll allen modernen Menschen die Grundlage zur Geistesschulung vermitteln. Deshalb muss ein unflexibles Gruppendenken allmählich überwunden werden. Da aber auch gegenwärtig der dominikanische, allein selig machende Anspruch noch nicht ausgestorben ist, wird vielen spirituellen Begabungen kein Lebensraum geboten. Zu diesen Vielen zählen auch mitunter reinkarnierte Anthroposophen und die zahlreichen Individualitäten, die wie zuvor beschrieben, geistig an der Ausbildung der Anthroposophie beteiligt waren.

Rudolf Steiners Hinweise auf die Wiederkunft seiner damaligen Schüler am Ende dieses Jahrhunderts sind *Realität* geworden. Kann man die wiedergeborenen Anthroposophen erkennen? Gibt es besondere Merkmale?

Es sind nicht nur junge Menschen, die gegenwärtig ihre zweite Inkarnation in diesem Jahrhundert erleben und ahnen oder wissen, wer sie waren, was sie erlebt haben und welches Karma mit diesem speziellen Umstand, schon einmal Anthroposophie aufgenommen zu haben, verbunden ist. Bei all denen, die mir bekannt sind, ist auffallend, dass sie in altvertrauter Weise Anthroposophie praktizieren, aber unsäglich unter den konventionellen anthroposophischen Zusammenhängen und festgefahrenen Anschauungen leiden und möglichst keine festeren Bindungen innerhalb der Gesellschaft und deren Einrichtungen eingehen wollen. Und wenn es sich nicht umgehen lässt, ist der Konflikt schon unausweichlich eingebaut.

In meinem Umkreis leben einige dieser Individualitäten, die auch selber ein Wissen um diese Tatsache haben. Sie erfüllen still ihre Aufgaben innerhalb anthroposophischer Einrichtungen oder im Umfeld. Interessant ist, dass diejenigen, die ich kenne, mit wenigen Ausnahmen, nicht in anthroposophische Familien hineingeboren worden sind, auch keine Waldorfschüler waren, sondern relativ spät zur Anthroposophie mühsam hingefunden haben. Es scheint beinahe ein Kennzeichen zu sein, dass sie sich den Weg dahin schwer erkämpfen müssen, um dann mit einer inneren Selbstverständlichkeit die anthroposophischen Inhalte zu leben, oft ohne große theoretische Vorbereitung. Aber es gilt doch, dass sie in einer gewissen Weise Fremdlinge in den Zusammenhängen bleiben.

Krankheit und Leiden als notwendige Faktoren der geistigen Entwicklung

»Leiden ist eine Begleiterscheinung der höheren Entwicklung. Es ist das, was man nicht entbehren kann zur Erkenntnis. Der Mensch wird sich einst sagen: Was mir die Welt an Freude gibt, dafür bin ich dankbar. Wenn ich aber vor die Wahl gestellt werde, ob ich meine Freuden oder meine Leiden behalten will, so werde ich die Leiden behalten wollen; ich kann sie nicht entbehren zur Erkenntnis. Jedes Leiden stellt sich nach einer gewissen Zeit so dar, dass man es nicht entbehren kann, denn wir haben es als etwas in der Entwicklung Enthaltenes aufzufassen. Es gibt keine Entwicklung ohne Leiden, wie es kein Dreieck ohne Winkel gibt. Wenn der Christus-Einklang erreicht sein wird, werden wir erkennen, dass zu diesem Einklang alle vorangegangenen Leiden notwendige Vorbedingung waren. Damit der Christus-Einklang da sein kann, muss das Leid da sein; es ist ein absoluter Faktor in der Entwicklung.«[53]

Ganz allgemein wird heute Krankheit und Leiden als etwas zu Vermeidendes, die Entwicklung Störendes angesehen. Dass eine materialistische Gesinnung im Leiden und Tod nur etwas Negatives sehen kann, mag verständlich erscheinen. Wenn man aber verschiedene geistige Weltanschauungen betrachtet, stößt man auf die merkwürdige Tatsache, dass auch innerhalb solcher Traditionen wie auch in moderner Spiritualität die Tendenz überwiegt, das Leiden als Kennzeichen eines schlechten Schicksals aufzufassen. Aber auch die andere Auffassung, die mit dem angeführten Text Rudolf Steiners im Einklang steht, hat Tradition, wird aber in der gegenwärtigen esoterischen Bewegung, ja selbst innerhalb anthroposophischer Kreise häufig ignoriert.

Jedes Leiden, jede Krankheit, jeder Unfall, jedes Missgeschick soll auf ein schlimmes karmisches Vorleben des Betroffenen oder auf sein Fehlverhalten im jetzigen Leben hinweisen. Man sucht immer nach Ursachen im Tun des Erleiders und will darüber hinaus nichts denken, denn dieses Erklärungsmodell ist einfach und praktisch für den Gesunden und der sowieso schon Geschundene hat neben seinem Schmerz auch noch den Spott und die Mitleidslosigkeit seiner Mitmenschen zu ertragen. Das kann zu schweren Schuldgefühlen führen und wird dem tatsächlichen Hintergrund des Leidens in keiner Weise gerecht. Eine Förderung des Heilungsprozesses, oder die Überwindung eines depressiven Zustandes nach einem Schicksalsschlag ist in einer solchen Umgebung nur schwer möglich.

Krankheit und Leid – und wie sie im Geschichtsverlauf erlebt wurden

Man kann den Eindruck haben, dass sich heute archaische Vorstellungen mit Patentrezepten mischen. Aus dem Grunde möchte ich versuchen, einige alte Kulturvölker in ihrer Einstellung zu Krankheit und Leid zu betrachten. Auf babylonischen Tontafeln sind interessante Hinweise auf ärztliche Behandlungsmethoden, auf damals gängige Krankheiten, besonders aber auf den Glauben an die Urheberschaft durch Geister und Dämonen entdeckt worden. Bestimmte Krankheiten wurden mit namentlich bezeichneten bösen Geistern beschworen. Jeder Körperbereich konnte von einem speziellen Wesen befallen sein. Durch Opfergaben, Kulthandlungen und rechtschaffenes Leben versuchte man die Götter und Dämonen günstig zu stimmen, um die Krankheit abzuwenden. Ähnlich wie im ägyptischen Totenbuch zählte der von einer Krankheit Heimgesuchte seine guten Taten und Vorzüge auf, um sein Recht auf Gesundheit einzuklagen.

Diese alte Hochkultur mit ihrem in sich schlüssigen Glaubenssystem beruhte zum Teil durchaus auf geistigen Wahrnehmungen. Und eine Mischung aus medizinischer Kunst und Götterbeschwörung sollte ebenso wie Wohlverhalten dazu beitragen, die Krankheit zu verhindern oder zu beenden.

Auch aus der Bibel sind uns viele Beispiele dieser Einstellung bekannt. Das sich im Einklang mit der göttlichen Ordnung befinden, was gleichbedeutend mit dem von Moses gegebenen Gesetz war, wird durch Reichtum und Gesundheit belohnt und das Fehlverhalten durch Krankheit und Armut bestraft.

Das Buch Hiob aber kehrt diese gängige Vorstellung um, es stellt sie geradezu auf den Kopf; und man kann den Eindruck haben, dass in Hiob schon der christliche Gedanke vom Sinn des Leidens vorbereitet wird. Der Gedanke der Prüfung durch Verlust und Krankheit ist revolutionär. Auch hier ist es der Dämon, der göttliche Widersacher, der von Gott die Erlaubnis erhält, Hiob, den vollkommen gerechten Menschen, zu peinigen, ihm alles zu nehmen, ihn mit furchtbaren Geschwüren zu übersäen. Seine Freunde und Verwandten sparen nicht mit wohlfeilen Ratschlägen und Moralpredigten, die sie aus ihren gängigen Vorstellungen beziehen. Doch treffen sie damit nicht die geistige Realität der Seele des Hiob, der in innerer Gewissheit der göttlichen Führung vertraut und doch alle seelischen Qualen, Zweifel und Prüfungen durchstehen muss.

Die Menschen des christlichen Mittelalters mit seinen verheerenden Epidemien mussten mitansehen, wie Gute und Böse gleichermaßen dahingerafft wurden und lenkten ihren Blick mehr ins Jenseits, um durch ein gottgefälliges Leben den ewigen Lohn im Leben nach dem Tode zu sichern.

Das 20. Jahrhundert begann mit einer sehr einseitigen Revolution in der Anschauung der Ursache vieler Krankheiten. Doch auch die Einseitigkeit hat ihre Wahrheit, und so sind wir Sigmund Freud zu Dank verpflichtet, indem er Ursachen komplexer Erkrankungen im späteren Alter in frühkindlichen Störungen durch Fehlverhalten von Eltern und Erziehern entdeckt hat. Doch durch seine Blickverengung auf die Sexualität konnte er der Wirklichkeit nicht ganz gerecht werden. Seine Wirkung auf die allgemeine Weltanschauung in diesem Jahrhundert ist aber unübersehbar. Die sogenannte sexuelle Befreiung, die teilweise einer sexuellen Entfesselung entspricht, ist allgegenwärtige Tatsache. Hätte Freud Recht gehabt, müssten die solchermaßen befreiten Menschen sehr glücklich sein. Wer aber genau hinschaut, kann in diesen Kreisen und ganz allgemein nur selten glücklichen Menschen begegnen. Folglich ist man immer noch auf der Suche nach dem Glück und der Ursache der Krankheit und hat sich nun auf Schuldzuweisungen des Betroffenen verlegt. Während noch vor wenigen Jahrzehnten die Eltern die Hauptverschulder allen Elends waren, können es die heutigen Eltern nicht mehr sein, denn sie sind ja die damaligen Kinder und haben die Fehler ihrer Eltern nicht wiederholt, sie sind sexuell befreit und auch ihre Kinder wachsen schrankenlos auf. Nun kann nur noch der Betroffene selber schuld sein, wenn ihn ein Elend trifft.

Diese Anschauung hat sich vorwiegend innerhalb der psychologischen Richtungen herausgebildet, die sich mit dem östlichen Karmagedanken verbunden haben. Alles Leid, welches der Mensch erfährt, ist nach dieser Auslegung in jedem Fall selbstverschuldet und wird vorwiegend als Strafe aufgefasst. Entweder man ist zu stark oder zu schwach, in jedem Fall aber ein Versager. Nur der Gesunde hat offensichtlich ein gutes Karma, ist ein guter Mensch.

Gesichtspunkte bei Rudolf Steiner

Die Karmaauffassung Rudolf Steiners ist sehr viel differenzierter, aber auch komplexer.

Zuerst einmal muss man zu der Feststellung kommen, dass Steiner keine durchgängige, einheitliche Beschreibung der karmischen Gesetze gegeben hat. Da ich die Anthroposophie gründlich, jedenfalls mehr als zwei Jahrzehnte studiert hatte, ehe ich zu eigenen karmischen Einsichten gelangte, kenne ich aus eigener Erfahrung die Fragen und Einwände, die man gegenüber moderner Karmaerfahrung vorbringen kann. Bestimmte Aussagen Steiners sind bekannt und werden häufig angeführt, andere hingegen bleiben unbeachtet. Wenn man vorurteilsfrei mit Steiners Werk umgeht, kann man zu der Ansicht kommen, dass er um seine zweifelsfrei sehr hohen und umfangreichen, geistigen Erkenntnisse ringen musste und sie erst allmählich aus vielen Einzelerkenntnissen entwickelt hat. Durch sein Anknüpfen an Goethe hat er auch karmische Abläufe unter dem Blickwinkel der Metamorphose betrachtet. Solange man diesen Gesichtspunkt im konkreten Fall hinzunimmt, können sich manche Zusammenhänge erhellen. Wenn man den Metamorphosegedanken aber von wirklichen Tatsachen losgelöst als starres mechanisches Gesetz anwenden will – damit meine ich nicht Rudolf Steiner, sondern anthroposophische Theoretiker –, wird man den karmischen Tatsachen nicht mehr gerecht. Bei Rudolf Steiner können wir vielfältige Aussagen über die karmischen Ursachen von Leid und Krankheit finden. Sein Bemühen, diese ganz unterschiedlichen Gesichtspunkte als Ausgestaltung eines zugrunde liegenden allgemeinen Gesetzes zu betrachten, darf jedoch nicht zur dogmatischen Anwendung dieses Gesetzes im realen Fall verleiten. Im Konkreten führt nur das wirklich Erfahrene, aber auf dem vergleichenden Hintergrund vieler Beschreibungen Rudolf Steiners Betrachtete zu gültigen Urteilen.

Als erlebtes Beispiel möchte ich folgende Episode anführen: Ein mir sehr gut bekannter Freund hat von Kindheit an zeitweise unerklärliche Schmerzen am linken Knie, die mit zunehmendem Alter auch quälender werden. Vor einigen Jahren wurde ihm seine letzte Inkarnation als Mitarbeiter am Dornacher Bau, dem Ersten Goetheanum, bewusst. Als ich bei einer Tagung in Dornach einen Vortrag über die Person, die er damals am Beginn dieses Jahrhunderts war, hörte, erfuhr ich zu meinem Erstaunen, dass der Betreffende in jüngeren Jahren einen Unfall erlitten und das linke Bein gebrochen hatte. In der Zwischenzeit war die heutige Persönlichkeit zum Orthopäden gegangen und wurde geröntgt. Der Orthopäde stellte eine verheilte Fraktur fest. Die hatte der Freund aber in *diesem* Leben nie gehabt.

Dieses Beispiel erzählte ich einem älteren Anthroposophen. Der war aber keineswegs beeindruckt, sondern erwiderte: »Rudolf Steiner hat gesagt, dass die Metamorphose des Beines im nächsten Leben als Kopf wiedererscheine.« Damit war für ihn erwiesen, dass das, was für uns erlebte Tatsachen waren, ins Reich der Träume gehöre. Mit einem solchen theoretischen, schlagwortartigen Umgang kommt man der karmischen Wirklichkeit aber nicht näher, sondern verbaut sich jegliche vorurteilsfreie Betrachtung. Man könnte ja die Frage stellen: Auf welcher Ebene wirkt die Metamorphose, und wirkt sie in jedem Fall gleich? Wirkt sie nicht vielmehr im Geistig-Seelischen über lange Zeiträume?

Die vielen Erfahrungsberichte, die mittlerweile in der allgemeinen esoterischen Literatur vorliegen, zeigen individuelle Gesetzmäßigkeiten. Die Schicksalsgeste einer Individualität ist in sich stimmig. Das bewahrheitet sich auch in meinen Erfahrungen immer wieder. Das Bleibende und die Metamorphose kann nur anhand einer größeren Inkarnationsreihe subtil beobachtet werden. Gerade auch im Zusammenhang mit Krankheit und Leiden kann nur eine weit zurückreichende Gesamtschau dem einzelnen Karma Erhellung bringen. Der Gesichtspunkt der Strafe verliert dabei aber seine Bedeutung weitgehend. Davon abgesehen, dass sich jeder Mensch früher oder später in karmische Schuld verstrickt hat, der eine mehr, der andere weniger oft, steht es uns besser an, Krankheit und Leiden als Entwicklungsmöglichkeit zu verstehen. Sie gehören zum Leben dazu wie der Tod und sollten wie dieser bejaht werden. Nur dann kann eigene Entwicklung stattfinden, wie Steiner das im obigen Zitat ausführt.

Ein ganz wichtiger Aspekt in diesem Zusammenhang ist das *stellvertretende Leiden*. So wie Christus in seinem Opfertod die Schuld der ganzen Welt getragen und damit überhaupt den Impuls zur Befreiung des Menschengeschlechtes aus der Fesselung an die Erde gesetzt hat, kann auch der Mensch, der sich innig mit Christus verbunden hat, an dieser Passion mittragen. Zahlreiche Menschen ertragen in vielen Leben Folter und grausame Tode, aber auch Krankheiten im Wissen um die Verbundenheit mit Christus für die Gesamtmenschheit, manchmal auch für ganz bestimmte Individualitäten, mit denen sie verbunden sind und die sie in geistiger Gefahr sehen.

Wenn wir nur die vielen Untaten betrachten, die sich allein in diesem Jahrhundert in den Weltkriegen und gegenwärtig in örtlich begrenzten Massakern ereignen, den grenzenlosen Hass, der sich unvorstellbare Grausamkeiten ausdenkt, und dann erwägen, wie lange ein so beschaffener Mensch wohl brauchen wird, um sein Karma abzutragen und seine Seelenkräfte zu verwandeln, so müssten wir verzweifeln und die Hoffnung auf Weiterentwicklung der Menschheit als Gesamtheit aufgeben. Nur der christliche Gedanke des stellvertretenden Leidens kann uns Zuversicht für die Zukunft geben.

Beispiele häufig wiederkehrender karmischer Leidensmuster

Innerhalb der etwa fünftausendjährigen bekannten Geschichte haben wir zahlreiche Beispiele menschlicher Gewalttätigkeit in Form von Kriegen, Intrigen, heimtückischen Morden, religiösem Fanatismus und völkischer Wahnideen. Das sind nicht Erfindungen unseres Jahrhunderts, aber sie haben in der heutigen Zeit eine andere Qualität als früher. Unter Berücksichtigung der Bewusstseinslage vergangener Epochen kann man manchen damaligen Ausschreitungen mit Nachsicht begegnen, was im gegenwärtigen Jahrhundert viel schwerer fällt. Wir alle haben die vergangenen Kulturen durchlebt und müssen damit rechnen auch in die Wirrsale dieser Zeiten verwickelt gewesen zu sein.

Unsere heutigen Leiden und Schmerzen sind in vielen Fällen die direkte Fortsetzung eines erlittenen Schmerzes der Vergangenheit. Durch Folterungen und grausame Todesarten werden die Wesensglieder so auseinandergerissen, dass sie sich nicht so ohne weiteres in den folgenden Leben auf normale Weise wieder verbinden können. Der Schmerz ist programmiert und unter bestimmten Voraussetzungen taucht er in Form einer gesundheitlichen Labilität wieder auf. Darauf ist schon hingewiesen worden. Wenn ein so vorgeschädigter Mensch sich in ein Elternhaus inkarniert, in welchem raue Sitten herrschen, die Kinder angeschrien und geschlagen werden, aktiviert sich die latente Angst vor Grausamkeit und gesundheitliche Störungen sind die Folge. Allergien und Hautkrankheiten haben eine mögliche Ursache in Folterungen und Verbrennungen in früheren Jahrhunderten. Paradoxerweise sind es in der gegenwärtigen Inkarnation *oftmals* die früheren Täter, die als Eltern ihr einstmaliges Opfer tyrannisieren. Es sind meistens die Formen der Hassliebe, die hierbei karmisch zur Wirksamkeit kommen. Die ehemaligen Täter haben den vorgeburtlichen Willen, den karmischen Ausgleich zu schaffen, das frühere Opfer, das vielleicht schon seit Jahrtausenden in manchen Inkarnationen auch positiv mit dem Täter verbunden war, willigt ein, der anderen, doch im tiefsten Seelengrund geliebten Individualität die Möglichkeit des Ausgleichs zu geben, und die einfachste Form Liebe zu entwickeln, besteht im Verhältnis der Eltern zu ihrem Kind. Doch so einfach ist es eben nicht: Der Doppelgänger, in dem die Gewalttätigkeit durch die früheren Taten als treibende Kraft verankert ist, springt in die Bresche, wenn Eitelkeiten der Eltern verletzt werden, wenn das Kind nicht so gerät, wie es den Wünschen der Eltern vorgeschwebt hatte oder die äußere Norm der gesellschaftlichen und schulischen Anforderungen nicht erfüllt wird. Der alte Hass paart sich mit eitler »Liebe«, das heißt Besitz- und Erfüllungsansprüchen. Diese Ereignisse spielen sich unterschwellig ab, sie kommen zumeist kaum ins Bewusstsein und die meisten Menschen wären auch mit einer solchen Erkenntnis überfordert.

Es sind selbstverständlich nicht nur Eltern, sondern alle im Umkreis eines Kindes lebenden Menschen, Lehrer, Erzieher, Großeltern usw., die diese Rolle verkörpern können, aber natürlich nicht müssen. Man kommt vorwiegend in solche Konstellationen herein, wenn am Karma gearbeitet werden soll, um daraus Erkenntnisse zu gewinnen. Je nach konstitutioneller Veranlagung kann die Reaktion des Betroffenen mehr im seelischen Bereich liegen, als Funktionsstörungen in Erscheinung treten und dann im späteren Alter zu Stoffwechselerkrankungen führen oder in der Kindheit schon manche Sensibilität und Anfälligkeit hervorrufen. Es wäre aber verfehlt daraus zu schließen, dass Eltern generell dann, wenn die Kinder gesundheitliche Störungen haben, ihren Kindern gegenüber Täter waren oder sind. In den vielen Fällen trifft das nicht zu. Auch hier gilt: Man muss individuell abklären, was im Einzelfall vorliegt. Pauschale Mutmaßungen führen zu keiner Erkenntnis.

Dass ein Kind sich gegenüber den Eltern in der Rolle des Täters befindet, ist eine weitere Variante, auf die man ebenfalls stoßen kann.

Auch im späteren Leben kann man seinen ehemaligen Übeltätern begegnen. Leiderzeugende Beispiele gibt es genug. Auf liebevolle Anziehung folgt hasserfüllte Abwendung, und vielfach kann Krankheit die Folge sein, aber noch häufiger tritt eine tiefe seelische Verunsicherung ein, die lebenszerstörend wirken kann.

Wie ergeht es nun den *Tätern*? Krankheiten und Schicksalsschläge werden vielmals als Folge der schlechten Taten eines früheren Lebens gedeutet. Der östliche Karmagedanke fußt auf dieser Anschauung, und auch von Rudolf Steiner gibt es zahlreiche Schilderungen, die in diese Richtung gehen. Doch lässt seine konkrete Geisterkenntnis differenziertere Gesetzmäßigkeiten erkennen. Gute wie böse Taten können eine Metamorphose durch die Wesensglieder in den nachfolgenden Inkarnationen durchlaufen. Das kann zu seelischen Abnormitäten wie zu Krankheiten führen. Darüber hinaus weist Steiner auf Erstursachen hin, die in Form von Krankheiten und Schicksalsschlägen auf zukünftige Ereignisse hindeuten. In diesem Falle führt das erlittene Leid immer zu einem Kraftzugewinn.

In der konkreten Geistesforschung kann man auf die unterschiedlichsten karmischen „Muster" stoßen, die jeden spekulativen Umgang mit den vermeintlichen karmischen Folgen auf eine böse Tat in Form von Krankheit und Leid verbietet.

Es gibt Täter – und wir alle sind irgendwann einmal Täter gewesen –, die in weit zurückliegenden Zeiten ihre Untaten vollbracht haben und verhältnismäßig schnell zur Erkenntnis ihres Unrechtes gelangt sind und sich seither um Ausgleich bemühen. Manchmal verbringt so jemand die folgende Inkarnation in einem behinderten Leib, um nach dieser Erfahrung mit neuen Kräften wieder positiv in die Weltgeschichte eingreifen zu können. Aber es gibt auch viele Individualitäten, die sehr langsam lernen. Man kann sich anscheinend viele Inkarnationen hintereinander einem oberflächlichen und gewalttätigen Leben zuwenden, ehe der karmische Ausgleich gefordert wird. Die eigenen bösen Taten drücken auf jeden Fall in anderer Form als die erlittenen Taten. Viele ehemalige Täter haben eine erstaunlich gute Gesundheit, gepaart mit einem starken Selbstbewusstsein. Dies Phänomen kann man vor allem bei früheren Schwarz- und Graumagiern und bei ehemaligen Herrscherpersönlichkeiten beobachten. Offensichtlich gibt es Möglichkeiten, das Karma lange zu umgehen, ehe man bewusst in den karmischen Ausgleich einstimmt. Deshalb gibt es auf der anderen Seite die Opfer, die dann bewusst an dem Ausgleich mitarbeiten.

Am häufigsten tritt eine frühere böse Tat als *Doppelgängerwirksamkeit* ins Leben des betreffenden Menschen. Als seelischer Druck und äußerlich unmotivierte Angst peinigt sie uns überraschend. Es kann sein, dass jemand sehr mutvoll sein Leben in die Hand nimmt, weite Reisen unternimmt, dabei riskante Unternehmungen macht, ohne die geringsten Ängste zu haben. Wieder zu Hause angekommen, sitzt er abends in seiner vertrauten Umgebung und plötzlich überfällt ihn wie von unsichtbarer Hand ergriffen, ein Grauen, er weiß nicht wie und woher. Irgendwie scheint es aus dem Körper zu kommen, und doch bedroht ihn die unbekannt-bekannte Macht wie von außen.

Aus solchen Hereinwirkungen aus dem Unterbewussten können sich krankhafte Zustände neurotischer und psychotischer Art entwickeln, die auch das Organgeschehen ergreifen und sich als Krankheiten manifestieren.

So ein Erlebnis ist ein deutlicher Aufruf, den Schulungsweg zu beginnen und sein Karma zu erforschen. Diese Erfahrungen werden im Laufe der Jahre viele Metamorphosen durchmachen, bis der Ursprung der Untaten erkannt ist.

Diese andeutungsweisen Ausführungen können nicht die ganze Bandbreite möglicher karmischer Folgen beschreiben. Sie mögen als Ergänzung zu dem von Rudolf Steiner und anderen Autoren Mitgeteilten gesehen werden.

Eines ist sicher: Man kann aufgrund körperlicher Gebrechen niemals auf ein Karma rückschließen. Eine Beurteilung des Menschen nach seiner leiblichen Beschaffenheit, seinem Aussehen oder irgendwelcher Abnormitäten kann nicht zur karmischen Wahrheit führen. Aber umgekehrt kann karmische Erkenntnis manche Krankheit und manches seelische Problem verstehen und lösen helfen. Die Ursachen liegen nur manchmal anders als vermutet.

Die Vererbung in ihrer Bedeutung für das individuelle Karma

Wir werden nicht nur in eine Gemeinschaft karmisch verbundener Seelen hineingeboren, sondern wir verbinden uns mit einem Vererbungsstrom. Was das heißt, kann man sich klar machen, indem man einmal nur einige Generationen zurückzählt. Die Vorfahrenreihe vervielfältigt sich sehr bald zu einer Schar von Trägern der jetzigen, in jedem Einzelnen wirkenden Erbsubstanz.

Schon im Alten Testament heißt es: »Ich werde die Sünden der Väter strafen an den Kindern und Enkeln und Urenkeln derer, die mich hassen, aber Huld erweisen bis ins tausendste Glied an denen, die mich lieben und meine Gebote halten.«[54] Darin drückt sich eine Wahrheit aus. Etwa sieben Generationen bleiben gewisse Faktoren der Vererbung erhalten. Sie werden durch jede Generation leicht verändert und wandeln sich allmählich, um dann entweder zu verschwinden oder zu neuen Kräften zu werden. In diesem Bibelsatz spricht sich noch eine Tatsache aus: Wir üben einen Einfluss auf unsere Erbmasse aus. Durch gute oder durch schlechte Gewohnheiten verbessern oder schädigen wir unsere physische Substanz und bereiten unseren Nachkommen eine gute Ausgangslage oder bürden ihnen ein schweres Schicksal auf. Bekanntlich können Schädigungen der Erbmasse durch Alkohol verursacht werden. Auch manche Umweltgifte können schwerwiegende Folgen haben. Dass über solche massiven und nachweisbaren Folgen hinaus auch schlechte Gewohnheiten, materialistisches Denken, leidenschaftlicher Charakter usw. einen Einfluss auf die Erbsubstanz haben, macht man sich seltener klar. Wir fürchten uns heute vor den Folgen der Genmanipulation, diese ist aber die Folge eines verdorbenen Denkens, was bei den betreffenden Wissenschaftlern schon durch Generationen veranlagt worden ist.

In der Vererbung wirken viele Faktoren zusammen. Nicht nur der physische Leib, auch der Seelenleib als der Teil des Ätherleibes, der eine

Hülle für den Astralleib bildet, unterliegt den Vererbungseinflüssen. Das Ich mit dem Extrakt der vergangenen Leben im Astralleib ist von der Vererbung unberührt, aber es wirkt beständig auf die unteren Wesensglieder; und durch diesen Einfluss ist eine permanente Änderung sehr feiner Art in den Erbträgern möglich. Die unteren Wesensglieder mit ihrer Vererbung sind aber auch als ständige Tatsache vorhanden und können, wenn sie unpassend sind, der Individualität große Konflikte bis hin zu Krankheiten bereiten. Wenn eine Individualität von ihren Vorleben her spirituell eingestellt ist und sich in eine materialistisch verdorbene Vererbung inkarniert, gerät sie in einen Dauerkonflikt, der sich im Unbewussten abspielt und in der Folge psychische und physische Krankheiten auslösen kann.

Hier erhebt sich die Frage nach dem Familienkarma. Was hat die Individualität mit dem Vererbungsleib zu tun? Was bedeuten die Vorfahren?

Es gibt eine rätselhafte Aussage Rudolf Steiners, als er über karmische Ursachen von Krankheiten und deren Metamorphose in den Wesensgliedern spricht. Er sagt sinngemäß: Die *Vererbungskrankheiten sind Krankheiten des Ich.*[55] Da das Ich aber nicht wirklich erkranken kann, deute ich das so, dass das Ich die Aufgabe hat, trotz oder durch diese schlechte Vererbung stark zu werden. Es ist leicht in einem starken, gesunden Leib seine Lebensziele zu erreichen. Wenn der Leib einem aber alle möglichen Hindernisse in den Lebensweg legt und der Betreffende sich nicht entmutigen lässt, trotz vieler Widerstände ein Stück weit vorwärts zu kommen, kann das für das Ich einen Sieg bedeuten, den die Außenwelt vielleicht gar nicht wahrnimmt. Darauf kommt es auch nicht an. Die kleinen Schritte eines schwachen oder behinderten Menschen können im Menschheitskarma schwerer wiegen als die großen Taten berühmter Leute, denen alles in den Schoß gefallen ist.

An dieser Stelle soll das Phänomen der *genialen Begabung* berührt werden. Welche Bedeutung hat es für die Individualität, wenn sie sich in eine Vererbungsbasis inkarniert, die mit Leichtigkeit große Leistungen ermöglicht? Ist es das Verdienst dieser Individualität? Folgt auf eine geniale Inkarnation eine weitere mit hohen Begabungen?

Auch hier kann man keine pauschalen Antworten geben. Zumeist wird ein genialer Mensch sehr bewundert und verehrt, aber er hat auch genau so viel Neider wie er Verehrer hat, zumindest zu Lebzeiten. Die

Vererbung spielt mit Sicherheit eine Rolle, was anhand der Vorfahren und Nachkommen von Genies leicht nachgewiesen werden kann. Aber da weder die Vorfahren noch die Nachkommen die Genialität des bekannt gewordenen Genies erreichen, müssen noch andere Faktoren eine Rolle spielen. Die nächstliegende Vermutung ist, dass das Karma der betreffenden Individualität, das heißt diese selber das Genialische in sich trägt. Wäre es dann so, dass so jemand in jeder Inkarnation ein Genie würde?

Es müssen zumindest zwei Faktoren zusammentreffen: eine starke Individualität und eine besondere Vererbung, die den Intentionen der Individualität für dieses bestimmte Leben entsprechen.

Wer Gelegenheit hat, sehr kleine Kinder über einen längeren Entwicklungszeitraum zu beobachten, wird wahrnehmen, dass in jedem gesunden Kind ein kleines Genie steckt. Man hat das Gefühl, alles könnte aus dem Kind werden! Deshalb sind die Pläne und Erwartungen der Eltern oft so hoch gesteckt. Kommt aber das Schulalter heran, dämpfen sich viele Fähigkeiten herab, das Kind stößt immer häufiger an seine Grenzen oder vielleicht auch an die Grenzen der Lehrer, die ihm mit Unverständnis begegnen. Diese Beobachtung findet man bei Rudolf Steiner im Zusammenhang mit den Polaritäten Geburt und Tod zum Verständnis des Sozialen folgendermaßen ausgesprochen: »Das Genie bringt sich der Mensch durch seine Geburt in dieses Leben herein. Es ist immer das Ergebnis des vorgeburtlichen Lebens. Und da begreiflicherweise das vorgeburtliche Leben besonders in der Kindheit zum Ausdruck kommt – später passt sich der Mensch dem Leben zwischen Geburt und Tod an, aber in der Kindheit kommt all das heraus, was der Mensch vor der Geburt erlebt hat –, deshalb zeigt sich beim Genie das Kindliche während des ganzen Lebens. Es ist geradezu die Eigenschaft des Genies, das Kindhafte durch das ganze Leben zu bewahren. Und es gehört sogar zum Genie, bis in die spätesten Tage sich die Jugendlichkeit, die Kindlichkeit zu erhalten, weil alles Genie zusammenhängt mit dem vorgeburtlichen Leben. Aber nicht nur das Genie, alle Begabungen, alles dasjenige, wodurch ein Mensch eine Individualität ist, hängt mit dem vorgeburtlichen Leben zusammen.«[56] In diesem Zusammenhang ist es wichtig, zu beobachten, dass die Vererbung wohl ein wichtiger Faktor ist. Aber das Ergreifenkönnen der Begabungsmöglichkeiten durch die Individualität hat mit den vorgeburtlichen Entschlüssen, die wiederum mit den karmischen Möglichkeiten im Zusammenhang stehen, zu tun. Wird die latente Genialität aber nicht vom sozialen Umkreis des Kindes wahrgenommen und gefördert, kann sie verkümmern.

Eine andere wichtige Frage, die auch noch aufgeworfen werden kann, ist die: Ist eine Individualität, die herausragende Leben hatte, in jedem folgenden Leben wieder mit außergewöhnlicher Fähigkeit ausgestattet? Und umgekehrt: Kann jemand, der in den meisten Leben eine mittelmäßige Individualität war, plötzlich zum Genie werden, wenn die Vererbung das zuließe?

Wenn man die Gelegenheit hat, längere Inkarnationsreihen zu betrachten, kann man zu der Ansicht gelangen, dass bei einigen Individualitäten geniale Leben vorhanden sind, die Genialität aber nicht in allen Leben in Erscheinung treten kann. Nach einem kraftvollen Leben folgen ein oder mehrere, in denen die Individualität sich wieder zurücknehmen muss, ganz andere Erfahrungen machen muss, entweder innerhalb einer einschränkenden Vererbung oder in verhindernder Umgebung. Es tritt das ein, was zuvor schon angedeutet wurde: dass in solchen Leben die Erfahrung darin besteht, durch schwere Umstände hindurch trotzdem seine Ziele, vielleicht nicht so spektakuläre, zu erreichen. Die Genialität einer hochentwickelten Individualität kann dann nur mittelbar gelegentlich wahrgenommen werden und bleibt dieser selbst oft verborgen.

Und was liegt vor, wenn jemand in einen Zusammenhang hineingeboren wird, der ihm viele Begabungen möglich macht, und auch die Förderung von außen so ist, dass er eigentlich etwas werden könnte, aber nichts wirklich ergriffen wird? So etwas kann natürlich verschiedene Hintergründe haben, aber eine Variante scheint es doch oft zu geben: dass nämlich die Individualität zu schwach ist, die ihr gebotenen Möglichkeiten auszuschöpfen. Trotzdem hat es für sie einen tiefen Sinn, diese Begabungen zu haben. Durch die Gnadengeschenke dieser Begabung werden ihr für die Zukunft neue Perspektiven eröffnet, die sie dann in einer weiteren Inkarnation ergreifen kann, wenn sie im Nachtodlichen ihr Versäumnis durchlebt hat.

Eine Individualität beispielsweise, die in manchen Inkarnationen in wilden Volksstämmen, in räuberischen Gruppen, gelegentlich auch in kultivierteren Bevölkerungsschichten gelebt hat, aber relativ häufig eine Wildheit ausgelebt hat, kommt in eine Familie, die ihr viele Begabungen vererbt und viel Förderung angedeihen lässt. Aber auch innerhalb der Waldorfschulerziehung konnte sie ihre Begabungen nur teilweise entfalten. – Eltern können an so etwas verzweifeln, und die Lehrer bringen manchmal wenig Verständnis für den karmischen Hintergrund auf. Der Sinn eines solchen Lebens und auch der schulischen Förderung liegt aber offensichtlich darin, das bisher veranlagte Karma zu durchbrechen und Impulse für die Zukunft zu setzen, die erst in weiteren Leben Früchte tragen.

Die Vererbung ist ein wichtiger Faktor in jedem Leben. Man kann davon ausgehen, dass sie beim kleinen Kind siebzig Prozent der Prägung ausmachen, etwa zwanzig Prozent der heranwachsenden Persönlichkeit werden durch die Erziehung beeinflusst, und nur etwa zehn Prozent können wir der Individualität zuschreiben. Erst der bewusst an sich arbeitende Mensch kann den Vererbungs- und Milieu-Anteilen immer mehr abtrotzen und so den individuellen Anteil ständig vergrößern. Jeder mag sich selbst fragen, wie stark er noch als älterer Mensch den Familiengewohnheiten unterworfen ist oder wie weit er diese Hüllen hinter sich gelassen hat. Es ist die Aufgabe der Vererbung, der Individualität durch das Familienkarma ganz bestimmte Erfahrungen zu ermöglichen, die oft wie ein zentnerschweres Gewicht empfunden werden können und nichts mit dem persönlichen Verschulden zu tun haben müssen. Die Sünden der Vorfahren aber auch ganzer Bevölkerungsgruppen haben oft nachhaltig die Vererbung beeinträchtigt. Der Inkarnationswille und die karmische Notwendigkeit können nicht darauf warten, dass Regeneration eintritt – die kann nicht eingefordert werden – , sondern die Individualität macht es sich zur Aufgabe, die schlechte Voraussetzung in Kauf zu nehmen und durch gute Gewohnheiten und spirituelle Gedanken für spätere Generationen wieder bessere Voraussetzungen zu schaffen.

Die Erscheinung des Christus im Ätherischen und gegenwärtige Christuserfahrungen

Ab 1909 beginnt Rudolf Steiner verstärkt auf eine neue Erscheinungsweise Christi hinzuweisen. Als heilsgeschichtliche Notwendigkeit beschreibt er dieses damals noch bevorstehende Ereignis, welches etwa ab 1933 anfangs für eine kleine Anzahl von Menschen, aber im Verlaufe dieses Jahrhunderts und mehr noch in den nächsten zwei- bis dreitausend Jahren zunehmend für einen immer größer werdenden Menschenkreis erfahrbar werden wird. *Dieses Erlebnis ist keine Folge einer Geistesschulung und muss davon deutlich unterschieden werden.* Diese mögliche Wahrnehmung tritt einerseits als Folge der allgemein beginnenden Lockerung des Ätherleibes und dem damit verbundenen neuen natürlichen Hellsehen auf, andererseits findet ein durch Christus hervorgerufenes Ereignis in der Ätherwelt der Erde statt. Rudolf Steiner vergleicht es mit dem Opfertod auf Golgatha und beschreibt es als eine weitere Stufe der Christusopfer, die schon seit der lemurischen Epoche in den verschiedenen geistigen Ebenen von Christus vollbracht wurden. Da die Wesensglieder der Menschen durch den luziferischen und in der Folge den ahrimanischen Einfluss verdorben worden sind und die gesamte menschliche Entwicklung dadurch gefährdet war, stieg Christus durch die Sphären herab und verband sich mit der »reinen Schwesterseele« des Adam, heilte die deformierten Organe und Sinnesorgane des Menschen und stellte in einer weiteren Opfertat die abhanden gekommene Harmonie zwischen Leib, Seele und Geist wieder her. Vor zweitausend Jahren stieg er in Palästina bis in den physischen Leib hinab, um wie alle Menschen den Tod zu erleiden und sich gänzlich mit dem Erdengeschehen zu verbinden. Dadurch wurde dem physischen Menschenleib und dem Leib der Erde der Keim zum ewigen Leben eingepflanzt. Mensch und Welt können wieder aufsteigen und allmählich die Materie vergeistigen. Um den weiteren Aufstieg möglich zu machen, muss der Ätherleib der Erde, wie auch die Ätherleiber der Menschen mit neuen geistigen Verwandlungskräften versehen werden.

Als Rudolf Steiner am Beginn dieses Jahrhunderts unermüdlich immer wieder dieses bevorstehende Ereignis beschrieb, konnte er vielleicht ahnen, wie sehr die Umwelt im Laufe dieses Zeitraumes bis jetzt zerstört werden wird und wie sehr der Ätherleib der Erde durch Atomkraft und Raubbau an der Natur gefährdet ist. Das mangelnde Umweltbewusstsein ist Folge des materialistischen Abstiegs eines großen Teiles der Menschheit. Und wir alle sind untereinander verbunden, jeder nimmt, ob er will oder nicht, an diesem Zerstörungswerk teil.

Es liegt an uns, uns sensibel für die feinen Veränderungen in der Ätherwelt zu machen und uns mit der in der Natur wirkenden Christuskraft zu verbinden.

Es ist wichtig zu unterscheiden, dass es gegenwärtig *zwei Wege der Christusverbindung* gibt, den *Weg der Gnade* und den *Weg der Geistesschulung*. Für viele Menschen, die Gnadenwirkungen erfahren haben, ist daraus der Entschluss gereift, die Schulung zu ergreifen, um die erfahrenen Gaben nicht verkümmern zu lassen.

Zu allen Zeiten hat es in der gläubigen Christenheit Christuserscheinungen gegeben. Es waren in der Regel mystisch veranlagte Menschen, die durch ein asketisches Leben solche Erfahrungen anstrebten, die vorwiegend einen visionären Charakter hatten.

Die neue Art der Christusschau erfahren Menschen, auch Menschengruppen, die sich nicht besonders dazu vorbereitet haben, die sich aber oftmals in extremen Situationen befinden. Am bekanntesten sind in den letzten Jahren die Erlebnisse infolge von Nahtodsituationen geworden. Menschen an der Schwelle des Todes, während Operationen oder nach Unfällen berichten von Erlebnissen außerhalb ihres Leibes, die in vielen Fällen in der Begegnung mit einem Lichtwesen, das als Christus erkannt wurde, gipfelte.

Aber auch außerhalb lebensgefährdender Situationen sind Christuserscheinungen aufgetreten.

Aus geisteswissenschaftlicher Forschung kann man wissen, dass mit der ganzen Erdenaura eine Veränderung vorgehen wird. Dieser neue geistige Einschlag hat im Laufe dieses Jahrhunderts begonnen und ist für den oberflächlich beobachtenden Zeitgenossen noch wenig erkennbar, da die Folgen der Umweltzerstörung stärker ins Auge springen.

Aber Christus wirkt im Ätherleib der Erde und steigt noch tiefer in das Innere des Erdenleibes hinab. Das geht nicht ohne Erschütterungen ab. Die Mächte der Finsternis rebellieren und steigen nach oben. Katastrophen und neue Krankheiten können die Folge sein, die aber letztendlich auch die heilenden Kräfte frei werden lassen. Nur durch Leiden kommen wir zur Erkenntnis.

Was für den Einzelnen gilt, kommt auch als Gesetz für Viele, für große Menschengruppen in Betracht. Die Zunahme der weltweiten Katastrophen lässt uns erschauern und erfüllt viele Menschen mit Angst und Weltuntergangsstimmung. Aber der verborgen wirkende Christusimpuls wird immer mehr Menschen offenbar werden und zerstörerische Kräfte durch gewaltige äußere und seelische Erschütterungen in heilsame Kraftwirkungen verwandeln. Seele und Ätherleib werden ergriffen und gereinigt und die davon betroffenen Menschen werden für die Zukunft eine Kraft erlangen, die weltverändernd wirken kann.

Wirken solche Erlebnisse auch auf Menschen mit einer *atheistischen* Gesinnung? Was ist überhaupt mit den doch sehr zahlreichen Menschen, die keinen Zugang zu spirituellen Weltanschauungen haben? Können sie durch Erfahrungen zwangsbekehrt werden?

Die Beobachtung zeigt, dass materialistische Weltanschauungen für die Vertreter dieser Denksysteme so logisch und in sich schlüssig sind, dass für die allermeisten ein übersinnliches Erlebnis auch eine materialistische Deutung erfahren kann. Für diese Menschen kann alles mit chemischen oder physikalischen Abläufen im Gehirn erklärt werden. Es gibt Menschen, die selber außerkörperliche Erlebnisse haben, sie auch willentlich hervorbringen können und doch ihre sehr umfangreichen Erfahrungen als Erzeugnisse des eigenen Kopfes deuten.[57]

Rudolf Steiner weist darauf hin, dass sich die Zukunftsmenschheit in zwei ganz unterschiedliche Kulturen entwickeln wird.[58] Die eine wird den Siegeszug der Technik und des Materialismus bis zum Exzess treiben und sich dabei immer rücksichtsloser die finsteren Mächte dienstbar machen. Parallel dazu wird sich eine spirituelle Bewegung unter vielen Menschen geltend machen, die sich dann zusammenfinden und neue Technologien mit Hilfe ätherischer Kräfte entwickeln, die im Einklang mit Natur und Mensch stehen werden. Die neu erfahrene Christuskraft, von der diese Menschen durchdrungen werden, wird ungeahnte Möglichkeiten des Zusammenlebens und Bildens an dem Erdorganismus bieten.

Welche Rolle spielt in diesem Zusammenhang die *systematische Geistesschulung,* wenn doch vieles der Menschheit so allgemein zuzufallen scheint?

Wie schon angedeutet, kann eben nicht damit gerechnet werden, dass jemandem automatisch etwas zufällt. Das geht auch aus dem zuletzt Ausgeführten hervor. Geisterlebnisse und Christuserfahrungen sind entweder eine Folge von Vorbereitung als Vergangenheitsaspekt oder Gnade als aus der Zukunft entgegenströmende Aufforderung zum Sinneswandel. Auch wenn man sich im jetzigen Leben nicht darauf vorbereitet hat, muss etwas in dem Menschen sein, was aus früheren Zeiten einen Anknüpfungspunkt geschaffen hat, der durch das jetzt hereinbrechende Erlebnis wieder aktiviert wird. Und wenn es wirklich auch einmal geschehen sollte, dass ein Mensch sich durch viele Inkarnationen gänzlich vom Geistigen abgewandt hatte und er durch ein plötzlich hereinbrechendes Erlebnis zum Geiste bekehrt würde, gingen ihm die Früchte dieses Erlebnisses wieder verloren, wenn er nicht in der Folge sein Leben umgestaltete. Geistesschulung ist in jedem Fall notwendig, entweder als Vorbereitung in der Hoffnung auf Geisterfahrung oder aus Einsicht in die eigene Unvollkommenheit nach einem unvorhergesehenen geistigen Erlebnis.

So wie wir heute beschaffen sind, müssen wir aktiv an der Umgestaltung unserer Wesensglieder arbeiten. *Die geistigen Erlebnisse, auch die Christusbegegnungen haben einen anderen Charakter, wenn sie durch Geistesschulung erlangt werden.* In diesem Falle sind sie feiner und stiller. Sie reifen zu einer ständigen Erfahrung der Gegenwärtigkeit Christi heran.

Grundlegende Aspekte zur Geistesschulung – das Chakrensystem

Kernpunkt im Schulungsweg ist die Ausbildung der Geistorgane des Astralleibes. Der Astralleib, auch Seelenleib genannt, hat eine feine Gliederung innerhalb derer sich Zentren oder Energiewirbel befinden, die zu geistigen Sinnes- oder Empfangsorganen heranreifen können. Die gebräuchlichste Bezeichnung für diese geist-seelischen Sinnesorgane ist Chakra, in der Mehrzahl Chakren oder Chakrams oder auch Lotusblumen. Wie der physische Organismus gegliedert ist, so haben auch Astral- und Ätherleib ganz geregelte Strukturen. Im Gegensatz zum physischen Leib, dessen Organe in der Regel bei guter Ernährung und gesunder Lebensweise ohne unser Zutun wachsen, müssen die Geistorgane durch bewusste Übungen ausgebildet werden. In uralten Zeiten waren die Chakren zu einem dumpfen, traumhaften Hellsehen fähig. Diese Gabe ist uns durch die Zuwendung zur Welt verloren gegangen. Die Fähigkeit der äußeren Erkenntnis konnten wir nur unter Preisgabe der traumhaften Hellsichtigkeit erlangen. Ein Rückfall in diese alten Zustände ist auch nicht erstrebenswert. Was durch die moderne Geistesschulung erreicht werden soll, ist eine das wache Wissenschaftsbewusstsein mit einschließende Hellsichtigkeit. Und die kann nur durch bewusstes Üben unter Ausschluss von mediumistischen Zuständen erreicht werden.

Als Erstes muss der *Astralleib* bearbeitet werden. In ihm sind Triebe, Begierden und Leidenschaften zu Hause. Die setzen uns, wenn wir mit der Arbeit der Seelenübungen beginnen, die allerstärksten Widerstände entgegen. Vorher hatten wir vielleicht gar nicht bemerkt, dass wir bestimmte schlechte oder problematische Eigenschaften haben. Nun treten sie mit Gewalt als selbstständige Kräfte auf. Jetzt ist es wichtig, nicht ziellos einfach irgendwelche Kämpfe mit diesen inneren Angreifern auszufechten, sondern in aller Ruhe und Besonnenheit eine Strategie zu entwickeln. Der Plan dazu liegt in der Beschaffenheit der Organe selber, und Rudolf Steiner hat uns eine Charakteristik derselben in seinen Schulungsbüchern gegeben.

Es gibt im wesentlichen sieben geistige Sinnesorgane des Astralleibes und darüber hinaus zahlreiche Nebenchakren. Zielstrebig müssen in erster Linie fünf Hauptchakren durch Übungen ausgebildet werden. Diese Übungen bilden eine Grundstruktur in den Astralleib ein, die auf die weiteren Chakren und auf den Ätherleib ausstrahlt.

Beginnend mit dem Stirnchakra, ist auf dieses sowie auf Kehlkopf- und Herzchakra das Hauptaugenmerk zu richten. Sehr sorgfältig und über lange Zeit muss das Bewusstsein in diese Bereiche hingewendet werden. Die Eigenschaften dieser Organe müssen bewusst werden, man muss erspüren, was man damit machen kann, aber ebenso soll man ein Gefühl dafür bekommen, wo die Gefährdung des betreffenden Chakras liegt.

Das *Stirnchakra* wird durch logisches und lebendiges, schöpferisches Denken vorbereitet. Der Umgang mit Philosophie, mit Mathematik und Kunst ist geeignet, in diesen Bereich Ordnung zu bringen. Zielloses, umherschweifendes Denken muss einem geordneten, beherrschten Denkwillen weichen.

Das Denken allein bringt aber noch keine Hellsichtigkeit hervor. Durch die gesteigerte Aufmerksamkeit auf diesen Bereich entsteht bewusste Denkbeobachtung, die wiederum zu einem sinnlichkeitsfreien Denken führt. Die willensmäßige Anspannung des Denkens bringt die Denkbewegung zur Ruhe und diese Ruhe in der Konzentration schafft den freien Geistraum, in welchen übersinnliche Wahrnehmungen einströmen können.

Den Erfolg der Übungen merkt man nicht nur an dem geistigen Licht, welches im Inneren aufleuchtet, sondern auch an dem Chakra selber, welches spürbar wird, einen Druck erzeugt und zu strömen beginnt. Bevor dieses Strömen auftritt, können unangenehme Gefühle bis hin zu Kopfschmerzen auftreten. Es kann ein Gefühl auftreten, als ob der Kopf sich spalte. Manch einer hat schon deshalb die Übungen abgebrochen, weil er befürchtete krank, oder gar verrückt zu werden. Aber eine so starke Umwandlung des Geistorganismus geht nicht ohne Schmerz und bis in den Körper spürbare Veränderungen vor sich.[59] Dadurch wird ein vorläufiger Mittelpunkt des Chakrasystems im Stirnbereich geschaffen.

Es reicht aber nicht, nur das Stirnchakra auszubilden. Die Wahrnehmungen wären zu einseitig und gäben ein verzerrtes Bild geistiger Welten wieder.

Ebenso wie wir nur durch das Zusammenwirken unserer zahlreichen Körpersinne die Außenwelt umfassend spiegeln können, ist auch nur das Zusammenspiel aller geistigen Sinne fähig, ein umfassendes Bild geistiger Welten zu erkennen. Es gibt allerdings nur wenige Menschen, die ihre Geistorgane schon so umfassend entwickelt haben, dass sie vollkommen sichere Einblicke in geistige Bereiche haben. Wie auch im Physischen der Mensch mit geschädigten Sinnesorganen durch entsprechendes Training und Hilfsmittel trotzdem sein Fortkommen finden kann, müssen wir auch im Geistigen zu Beginn des Weges schon mit geringen Erfolgen zufrieden sein und allmählich durch die weitere kontinuierliche Übung die Fähigkeiten steigern.

Für das *Kehlkopfchakra* gibt Rudolf Steiner acht Übungen an, die den Wochentagen zugeordnet sind (siehe hierzu S. 234f.). Sie harmonisieren das gesamte, nach außen gerichtete Leben, innere Ruhe und Besonnenheit kann eintreten. Auch hier werden allmählich Strömungen spürbar, die sich bis in die Schultern und Arme ausdehnen.

Da gleichzeitig die Übungen für das *Herzchakra* gemacht werden müssen, verbindet sich der Strom zum Herzen und allmählich von da aus bis in die Hände. Dort werden jetzt auch die Handchakren wahrnehmbar, die sich zu Heilorganen entwickeln können. Das Herzdenken beginnt und die Wahrnehmungen erhalten einen anderen Charakter.

Die Figuren und Formen von Seeleneigenschaften, die man durch das Kehlkopfchakra wahrzunehmen beginnt, erfahren durch das Herzchakra eine qualitative Erweiterung. Alle Wahrnehmungen sind von Wärme- und Kälteausstrahlungen begleitet. Negative Eigenschaften anderer Wesen können bis zum Schmerz hin empfunden werden. Liebe und Wahrheit erzeugt sanftes angenehmes Strömen.

Beim Teilnehmen an einer liturgischen Handlung kann man über ein entwickeltes Herzchakra wahrnehmen, ob die Wandlung gültig vollzogen ist. Wenn der Priester keine wirklichen Glaubenskräfte hat, zieht nicht Christus in die Substanz ein, sondern der Widersacher. In einem solchen ins Gegenteil verkehrten sakralen Geschehen kann man wie von »scharfen Krallen« gepackt werden, die einen bis zur Atemnot einschnüren.

In ein entwickeltes Herzchakra zieht Christus ein. Man macht von nun ab das Leiden Christi mit. Jede Verkehrtheit in der Umgebung wird als Schmerz erlebt. Natürlich hinterlassen auch die eigenen Verkehrtheiten ihre Spuren in diesem Selbstkontrollorgan. – Rudolf Steiner nennt das *physische* Herz ein Sinnesorgan, das Veränderungen im eigenen Organismus wahrnimmt. Das geistige Herzorgan nimmt alle Regungen im Seelenorganismus wahr. Und da wir im Seelischen mit allen Menschen und Geistwesen verbunden sind, haben wir nun eine gesteigerte Wahrnehmungsfähigkeit für viele seelische Prozesse.

Zur Verdeutlichung dieser auftretenden Strömungen kann ein Hinweis auf das rote Glasfenster des Goetheanums dienen. Wie in den Mysteriendramen Rudolf Steiners die geistige Entwicklung anschaulich wird und miterlebt werden kann, so auch in den Formen des Baues und vor allem in den Glasfenstern. Im roten Fenster blickt das Antlitz eines sich in Entwicklung befindlichen Geistesschülers in unergründliche Weiten. Es ist kein physisches Ereignis, welches hier zur Darstellung gekommen ist, sondern wir sehen die beweglichen Chakren und Strömungen, die durch Engelgestalten impulsiert werden. Im Herzchakra agiert Michael mit dem Schwert, um Ahriman, den alten Drachen zu vertreiben. Michael, als der große Hüter der Schwelle, kann erscheinen und erfahren werden, wenn wir mit seiner Hilfe die Widersacher, die unser Herz belagern, besiegt haben.[60]

Es ist wichtig diese drei oberen Chakren zuerst durchzuarbeiten, ehe man mit weiteren Schritten fortfährt. Als Folge dieser Arbeit und in der Fortsetzung eines willentlich verstärkten Denkens, treten als erstes Imaginationen auf. Diese Stufe sollte gründlich durchlaufen werden, da sie immer, auch wenn noch höhere Bewusstseinszustände erreicht werden, als Kontrollorgan hilfreich sein kann. Die wahre Imagination ist auf jeden Fall von visionären Zuständen deutlich zu unterscheiden, da diese letzteren im Stoffwechselpol ihren Entstehungsort haben und ohne vorhergehende Schulung aus dem Unterbewussten aufsteigen. Die Vision ist eine verfehlte Intuition. Intuitionen im höheren geistigen Sinne setzen eine weitere Durcharbeitung vor allem der unteren Chakren voraus. Wenn Solarplexus-, Nabel- und Basischakra durch weitere vertiefende Übungen belebt worden sind, kann die Kundalinikraft – darüber sogleich mehr – sich mit dem göttlichen Strom durch das Scheitelchakra verbinden.

Diese Entwicklungen gehen nicht immer geradlinig. Das hängt mit der individuellen Beschaffenheit, Veranlagung und karmischen Besonderheiten zusammen. Bei manchen Menschen können durchaus zu Beginn des Weges schon Inspirationen und Intuitionen auftreten. Die Gefahr ist dann mit eingebaut, dass man sich selbst und seine Eingebungen überschätzt und glaubt, man könne auf die Durcharbeitung der Chakren und auf das Kontrollorgan der Imagination verzichten. Dann gewährleistet die Intuition keine gesicherte Erkenntnis, sondern durch Ahriman verzerrte Teilerkenntnisse, denn Ahriman, der in unserem Stoffwechsel zu Hause ist, hat Zugriff zu einer durch mangelnde Ausbildung ungeschützten Intuition.

Die voll ausgebildete Intuition gibt absolute geistige Gewissheit. Der Vorgang kommt einem Verschmelzen mit der anderen Wesenheit gleich. Der Wille muss durchgeformt und beherrscht werden, um diese Kraft zu erlangen. In alle Naturreiche wie in alle Geistgebiete lernt der fortgeschrittene Geistesschüler sein Bewusstsein auszudehnen. Bevor das erreicht sein wird, müssen viele Stufen durchschritten worden sein. In neun Stufen steigert man seine Fähigkeiten.

Doch auch auf den unteren Stufen kann man schon zu gesicherten Teilergebnissen gelangen, wenn man seine Fähigkeiten richtig einschätzt und sorgfältig prüft. Innerhalb der Imagination kann man schon die Inspiration, das geistige Hören, und die Intuition üben. Sie haben im Bereich der oberen Chakren eine andere Qualität als in den unteren Chakren. Die Inspiration gehört dem Brustbereich an und hat dadurch eine Mittelstellung. Durch sie erlangen wir Verständnis von der Bedeutung der Imaginationen. Solange uns der Sinn eines Symbols oder Bildgeschehens nicht erkennbar ist, mag uns die Tatsache, dass überhaupt solche Bilder auftreten, schon beglücken, aber einen Wert für die Entwicklung erlangen sie erst, wenn das Verständnis inspirativ über die Chakren hineinwirkt. Inspiration ist wachbewusstes Gefühl, Intuition ist vollkommen erwachter und beherrschter Wille.

Auch im Bereich der Inspiration kann die Imagination auftreten. Auf dieser Stufe bekommt man zu dem inneren Hörerlebnis das entsprechende Bildgeschehen. Es ist also der umgekehrte Vorgang wie auf der Imaginationsstufe. Auch intuitive Gewissheit kann hier in Teilbereichen hereinragen, soweit Herz- und Scheitelchakra schon zusammenwirken, was individuell durchaus möglich ist.

Ist der untere Pol vollkommen durchgearbeitet, kann die Kundalinikraft zum Herzen aufsteigen und sich mit der kosmischen Welt, dem Vatergöttlichen über das Scheitelchakra verbinden. Die Kundalini ist die verwandelte unerschöpfliche Lebenskraft, der zum Lebensgeist umgestaltete Ätherleib. Sie darf nicht zu früh erweckt werden, sonst kann sie den Menschen in ein Chaos stürzen. Bei dem spirituell unentwickelten Menschen ist sie die unbewusste Quelle der Zeugungskraft. Deshalb muss an dieser Stelle auch über den Umgang mit Sexualität gesprochen werden.

Schulungsweg und Sexualität

Dort, wo neues Leben entstehen soll, treffen die allerstärksten, die gewaltigsten Kräfte aufeinander. In einer Zeit, in der alles entmythologisiert ist, nimmt es nicht Wunder, dass dieser scheinbar alltägliche Akt, eben der Zeugungsakt, für die allermeisten Menschen gegenwärtig nichts Wunderbares oder Geheimnisvolles in sich birgt. Die Sexualität ist zum Konsumgut geworden, das man glaubt, als Recht einklagen zu können. In vielen Köpfen geistert die fixe Vorstellung herum, ohne Sexualität sei kein Glück und keine seelische Ausgewogenheit möglich. Das glaubt die Psychologie für alle verbindlich so festgestellt zu haben. Auch rein biologisch ist der Vorgang so gut untersucht wie noch zu keiner früheren Zeit. Man gibt sich damit zufrieden und ist froh, dass es infolge dessen so viele Möglichkeiten gibt, sich vor ungewollten Schwangerschaften zu schützen. Dass aber Sexualität viel stärker als in früheren Zeiten zum Problem geworden ist, will sich niemand recht eingestehen. Das mangelnde zwischenmenschliche Glück, die vielen Partnerschaftskonflikte und Ehescheidungen lassen erahnen, dass die gegenwärtigen Theorien nicht den Kern der Sache treffen. Und in der Tat, wenn man die Sexualität unter dem Gesichtspunkt der geistigen Kräfte, die ihr zugrunde liegen, untersucht, wirken die heutigen Ansichten im Allgemeinen wenig tauglich, um die Probleme zu verstehen oder gar lösen zu können.

Um sich den tatsächlichen geistigen Hintergründen der Sexualität anzunähern, sollen verschiedene Hinweise Rudolf Steiners, die aus seinen Untersuchungen resultieren und teilweise auch aus älteren Quellen stammen, herangezogen werden. Aber auch eigene Beobachtungen, die zu geistigen Forschungsergebnissen geführt haben, können das ergänzen.

Wichtig erscheint es mir, sich darüber klar zu werden, dass im Bereich des Stoffwechsels und noch wesentlicher im Bereich der Keimdrüsen die höchsten geistigen Gewalten tätig sind. Es sind diejenigen hierarchischen Wesen, die der Dreifaltigkeit am nächsten stehen und durch welche die vatergöttlichen Kräfte ihre Wirksamkeit entfalten. Sie schaffen in unserem Willenspol, dort wo wir vollkommen unbewusst sind. Wären wir dort bewusst, könnten wir diese Wesen beobachten. Wie mächtige Naturgewalten entfalten sie ihre Kräfte und halten unseren Leib und seine Prozesse am Leben. Die lebenschaffende und erzeugende Ätherkraft wird durch sie an die dafür besonders organisierten Keimdrüsen geleitet. Diese Organisation wiederum wird durch mächtige Mondenkräfte, die der Führung Jahwes unterstehen, den Naturrhythmen unterworfen. Verschiedene Weltenkräfte greifen an diesen Orten ineinander. Auch Ahriman hat hier seinen regulären Platz. Überall, wo Geist Materie erbilden soll, ist Ahriman tätig, und ebenso dort, wo Materie zu Geisteskraft wird. Das Erstere geschieht im Zeugungsakt, das Zweite bei der Nahrungsverwertung. Ahriman ist der reguläre Herr der Materie und des Todes. Dieser komplexe Wirkenszusammenhang wird noch komplizierter, wenn man die nun unberechtigte Einmischung Luzifers in diesen Bereich hinzu nimmt. Luzifer, der im Weisheitspol unseres Hauptes an seinem regulären Platze ist, stiftet im Sexualbereich Verwirrung. Das ist es, was uns heute so umtreibt. Er gaukelt uns vor, wir müssten zu unserem Glück auf jeden Fall sexuelle Befriedigung haben, und um die Sache noch komplizierter zu machen, bezeichnet man das, was mit »Liebe« wenig zu tun hat, mit dem Begriff *Liebe*. Es wird hier die geistige Kraft, die der Liebe zugrunde liegt, aber erst kultiviert und verwandelt werden muss, schon für Liebe gehalten.

Die hohe geistige Substanz, die uns von den Schöpfergeistern zur Verfügung gestellt wird, dieser unerschöpfliche Lebensquell, ist zugleich die Kraft, die sich zu Kundalini entwickeln kann, wenn sie von einem gereinigten Herzchakra verwandelt wird und von da aus wiederum die unteren Chakren durchstrahlt. Erst dann, wenn das geschehen kann, wird wahre Liebe möglich. Das ist der wahre Weinstock, von dem Christus spricht und der, wenn er sich entfaltet, die Wirbelsäule emporsteigt, in der Gegend des Herzchakras ein geistiges Herz bildet und sich über das Scheitelchakra mit den geistigen Welten verbindet.

Wer jetzt die Befürchtung hat, er müsse sich im Sinne einer kirchlichen Askese verhalten, um diese Kraft spirituell zu nutzen, hat diesen Zusammenhang falsch interpretiert. Um die Zielsetzung zur geistigen Entwicklung diesem Bereich einzupflanzen, braucht die Sexualität nicht unterdrückt werden, sondern sie wandelt sich als Folge der spirituellen Gesinnung und des fortgesetzten Umganges mit geistigen Inhalten so um, dass sie nicht mehr als bedrängend empfunden wird und ohne Verzicht beherrscht werden kann.

Eine bürgerlich-kirchliche Moral ist wenig geeignet, die notwendige Grundlage zu einem sachlichen, wirklichkeitsgemäßen Umgang mit diesem Bereich zu schaffen. Sexuelle Enthaltsamkeit an sich hat keinen Wert für eine Höherentwicklung. Eine prüde Moral geht völlig am Ziel vorbei, hingegen kann eine sinnvoll integrierte Sexualität, deren Ursprung und Kräftewirken sich der Mensch bewusst ist, zu einem menschenwürdigen Umgang damit führen. Auch Enthaltsamkeit bekommt einen ganz neuen Stellenwert, wenn man ihren tieferen Sinn versteht. Die unerschöpfliche Lebenskraft kann gezielt zur Umwandlung der Wesensglieder eingesetzt werden und steht so für spirituelle Erkenntnistaten zur Verfügung. Enthaltsamkeit wird hier nicht mehr als Verzicht erlebt, sondern als andere Möglichkeit der Ausschöpfung der Grundkraft des Menschen, als Folge der Geistesschulung.

Dieser tiefere Sinn bekommt noch eine weitere Dimension, wenn man die fernere Entwicklung ins Auge fasst. Die Vorstellung, der Mensch bliebe so beschaffen, wie er sich heute darlebt, ist naiv. Die Naturwissenschaft geht davon aus, dass der Homo sapiens seit etwa hunderttausend Jahren so ähnlich beschaffen ist, wie gegenwärtig, nur wäre er etwas wilder, primitiver und ungebildeter gewesen. Die zukünftige Entwicklung sieht man vorwiegend im technischen Bereich und in der Steigerung der intellektuellen Fähigkeiten. Diese Annahme ist aber ein Trugschluss. Weder war der prähistorische Mensch ein etwas verbessertes Tier, noch liegt die zukünftige Entwicklung in einer Steigerung der Intellektualität und der Technik. Der alte Mensch hatte zwar eine »primitive« Lebensweise, aber gleichzeitig eine hohe Spiritualität. Das Bewusstsein war von unserem heutigen gänzlich verschieden. Der Umgang mit geistigen Wesen und Verstorbenen war ständig erlebte Realität und setzte diese Menschen in die Lage, ein geistiges Wissen auch von dem Zeugungsprozess zu haben.

Daraus hat sich im Verlaufe vieler Jahrtausende innerhalb der führenden Priesterweisen der sogenannte *eugenetische Okkultismus* entwickelt. Das bedeutet, dass gewusst wurde, zu welchem Zeitpunkt überhaupt neues Leben erweckt werden konnte. Nur bei bestimmten kosmischen Konstellationen konnte damals Leben gezeugt werden. Die Priesterweisen schauten geistig den richtigen Zeitpunkt und setzten dann die Fruchtbarkeitsfeste und Zeugungsrituale an. Das waren heilige, göttliche Feste, Hochzeiten im wahren Sinne des Wortes, die nichts mit Lustorgien zu tun hatten. Spätere vergleichbare Gebräuche in manchen Kulturen, die mehr den orgiastischen Aspekt betonen, sind noch die letzten dekadenten Ausläufer der ursprünglichen heiligen Kulte. Da die Empfängnisbereitschaft damals noch ganz an den kosmischen Jahreslauf gebunden war und nicht in dieser Häufigkeit wie in heutiger Zeit möglich war, wurde aufgrund dieser ganz anderen Bewusstseinslage der damaligen Menschen auch der Zeugungsakt nicht so wie heute erlebt. Die körperliche Lust spielte kaum eine Rolle, sondern ein seliges Einssein mit dem göttlichen Urgrund, aus dem der Geisteskeim des Kindes herabstieg, wurde erlebt. Ein Geschlechtsakt ohne Zeugung war ganz undenkbar und völlig sinnlos. Erst als den Menschen dieses Eingebundensein in den Weltenprozess entfiel, nahmen der weibliche und männliche Rhythmus eine andere Häufigkeit an und man kann sagen, dass die Zyklen und die damit verbundenen Empfindungen immer mehr bis in die heutige Zivilisation entartet sind.

Unsere Art des sexuellen Erlebens und der damit verbundenen Probleme ist relativ neu. Gerade auch karmische Rückschauen zeigen, dass es sexuelle Probleme im heutigen Sinne früher nicht gab. Orientalische Kulturen, in denen die Männer mehrere Frauen hatten, sind relativ spät entstanden und hatten oft einen lebenspraktischen Sinn, der hier nicht näher beschrieben werden kann. Es gab und gibt auch gegenwärtig noch Kulturen, in denen auch die Frauen mehrere Männer haben können. Auch da ist in der Regel die spezielle Situation eines Volksstammes ausschlaggebend, die zu dieser Regelung geführt hat.

Der Zweck dieses bewusstseinsgeschichtlichen Rückblickes liegt darin, Verständnis dafür zu erwecken, eine zukünftige Evolution auf diesem Gebiet für möglich zu halten. Der Mensch wird sich in den nächsten Jahrtausenden in seiner Grundstruktur gewaltig ändern. Allerdings muss er, das heißt jeder Einzelne, bewusst an dieser Veränderung mitarbeiten wollen. Einer immer stärker fortschreitenden Vergeistigung gehen verschiedene Zwischenstadien voraus.

Innerhalb der nächsten drei Jahrtausende bedeutet das für einen anfänglich kleinen Menschenkreis, der aber zunehmend anwächst, dass er sich die Kenntnisse des eugenetischen Okkultismus, die bis ins zwölfte Jahrhundert hinein noch von einer kleinen Anzahl Eingeweihter gewusst und praktiziert wurden, wieder aneignet.[60a] Der innerste Kreis der Katharerbewegung beherrschte noch diese Gralsgeheimnisse. Doch durften sie damals niemals an die Öffentlichkeit gelangen und erst recht nicht an die Kirche ausgeliefert werden. Diese Institution hätte dadurch einen noch größeren Machtzugewinn erlangt und die Gefahr der missbräuchlichen Anwendung wäre gegeben gewesen. Keiner der eingeweihten Katharer hat den Gral verraten, alle sind mit diesem Wissen in den Tod gegangen. Der sogenannte Katharerschatz bestand aus diesem und anderem uralten Einweihungswissen.

Von der heutigen Zeit an können wir uns wieder, aber jetzt auf der Stufe der Bewusstseinsseele, diesen Geheimnissen annähern. Jeder Mensch, der an seiner geistigen Entwicklung arbeitet, wird allmählich in kommenden Inkarnationen zu diesem Wissen hinfinden können. Durch den Schulungsweg wird immer mehr Menschen die Umwandlung der Wesensglieder gelingen und damit wird auch dieser Zusammenhang immer deutlicher und die Beherrschung der Zeugungskraft für diese Menschen selbstverständlich sein. Dazu kommt die Fähigkeit, geistig beobachten zu können, wann sich welche Individualität bei welchen Eltern inkarnieren will. Bewusst wird ein solches Kind empfangen und umsorgt werden. Auch die Erziehung wird auf die betreffende Individualität abgestimmt werden können. Auf diese Weise werden eine unpassende Vererbung vermieden und edle Charaktereigenschaften gepflegt werden können. Dazu kann es dann durchaus auch nötig werden, dass ein ganz bestimmtes Paar für eine inkarnierende Individualität passender ist als eine andere Verbindung. Das heißt, dass die Ehe im heutigen bürgerlichen Sinne dann vermutlich anderen Formen des Zusammenlebens weichen muss. Wenn Eifersucht und Leidenschaft, alle die Begleiterscheinungen des partnerschaftlichen Lebens, durch den Schulungsweg überwunden sind, wird sich das ganze soziale Leben ändern. Der Mann wird seine in ihm schlummernden, weiblichen Anteile zur Geltung bringen können und die Frau ihre männlichen, da der Ätherleib, der gegengeschlechtlich ist, durch die Geistesschulung seine Entfaltung erfährt.

Das gilt für die Menschen, die jetzt beginnen, sich spirituellen Lebensweisen zuzuwenden. Ein anderer Teil der Menschen wird sich immer stärker dem Materialismus und seinen Rauschzuständen zuwenden. Diese unterschiedlichen Lebensformen werden die nächsten Jahrtausende bestimmen. Jeder hat aber die Möglichkeit, aus freiem Entschluss in den anderen Kulturstrom überzuwechseln. So wird der Teil der spirituellen Menschen mit fortschreitender Entwicklung größer werden, weil die Menschheitsprobleme in dieser Kultur echte Lösungen erfahren, während der andere sich in immer tiefere Katastrophen verstrickt.

Mit fortschreitender Vergeistigung der menschlichen Leiber wird die sexuelle Fortpflanzung ganz aufhören und anderen Formen der Zeugung weichen.[61]

Vor diesem Hintergrund kann jede Manipulation und jeder gewaltsame Eingriff in den Zeugungsvorgang hinterfragt werden. Geistige Beobachtungen zeigen, dass manche der heute populären Praktiken bedenkliche okkulte Wirkungen nach sich ziehen.

Beobachtung des Traumlebens

Ein wichtiger Bestandteil der Geistesschulung soll noch Erwähnung finden. Die Aufmerksamkeit auf die Schlafenszeit, besonders den Einschlaf- und Aufwachmoment fördert die Sensibilität für geistige Wahrnehmungen. In diese Nahtstellen zwischen Tages- und Traumbewusstsein können erste geistige Ahnungen hineinwirken, gerade auch, was karmische Zusammenhänge betrifft. Das gilt vor allen Dingen für das Erwachen. Wenn man immer wieder mit bestimmten Fragen in den Schlaf geht, kann man die Erfahrung machen, dass allmählich eine Gewissheit entsteht, in welcher Richtung die Antwort liegen könnte. Man kann in der Folge die Fragen immer bewusster einkreisen und gezielter stellen.

Auch die Traumbeobachtung bietet in diesem Bereich einen Quell der Selbstbeobachtung. Es ist dazu allerdings notwendig, die Traumsprache und Traumsymbolik lesen zu lernen. Als Vorstufe zur bewussten Imagination, aber auch als ständiger Gegenpol zu dieser, erfordert sie, sich mit Hilfe der allgemeinen Traumdeutung an die individuelle Traumsprache heranzuarbeiten. Jeder hat auch da seine ureigene Symbolik, die er nur deuten lernen muss, damit der Traum zum Erzieher werden kann.

Es gibt verschiedene Ebenen des Traumes:

- Den Organtraum, der auf bestimmte körperliche Störungen hinweisen kann.
- Den Seelentraum, der für die Selbsterkenntnis Wesentliches in symbolischer Form beitragen kann.
- Den Geisttraum, durch den geistige Wesen und höhere Welten, auch Verstorbene sich kundtun können.

Die Selbstbeobachtung während des Tages, auch während der Tagträume, jener halbbewussten Zustände, die immer in bestimmten Rhythmen auftreten, wird allmählich auch in das Traumleben übergeführt werden können und dieses immer durchsichtiger und klarer werden lassen.

Die Erweckung aller Chakren durch Christus

Die Übungen des Schulungsweges bilden die Struktur der feineren Wesensglieder. Meditation und Konzentration erwecken die Geistorgane zum Leben und Bewusstsein.

Als nächsten Schritt, nachdem man in den Grundübungen eine gewisse Sicherheit erlangt hat, wählt man sich einen geeigneten Meditationsinhalt aus. Es gibt zahlreiche Mantren Rudolf Steiners, die den drei oberen Chakren zugeordnet sind. Darüber hinaus gibt es Mantren, die den drei Polen: Denken, Fühlen und Wollen entsprechen. Die Auswahl ist so groß, dass man in Gefahr gerät, den Faden zu verlieren. Es ist ratsam, sich zu Beginn ein Mantram zu wählen, zu dem man eine gute innere Beziehung aufbauen kann, und sich damit vertraut zu machen: erst gedanklich jeden Satz, dann jedes Wort verinnerlichen und ganz darin ruhen bis der Inhalt ins Gefühl hinabsteigt, dort lebendig, warm und hell wird. Dann muss man lernen, was man so lebendig erzeugt und liebgewonnen hat mit dem Willen zu ergreifen und in das betreffende Chakra hineinzukonzentrieren.

Diese drei Teile sind immer zu durchlaufen, wenn die Meditation greifen soll. Ein reines Nachdenken genügt nicht, der Fühl- und Willensanteil wird immer bedeutsamer werden.

Wenn man sehr lange mit einer bestimmten Meditation gelebt hat, kann es sein, dass man spürt, dass ein neuer Ansatz ergriffen werden muss. Jetzt kann man zielstrebiger aussuchen, da man mittlerweile weiß, welche Eigenschaften in den Chakren gefördert werden sollen. Man kann neue Mantren wählen und beobachten, wie sie wirken, wo sie hingehören.

Außer dem unerschöpflichen Fundus an Meditationsinhalten in Steiners Werk gibt es auch einen sehr sicheren Weg, die Chakren zu erwekken und gleichzeitig zu schützen. Das sind die Inhalte der *Evangelien,* im besonderen des Johannes-Evangeliums. Auch da hat uns Rudolf Steiner Anleitungen gegeben. In vielen Vorträgen spricht er über die Bedeutung des Johannes-Evangeliums, über das, was die Meditation der Passionsstufen und der »Ich-bin-Worte« in unser Seelengliedergefüge hineinbilden. Jede Stufe und jedes Christuswort hat einen Bezug zu einem bestimmten Chakram, zu dessen Eigenschaften und zu erweckenden Fähigkeiten (siehe Anhang).

Wenn man durch viele Jahre in willentlicher Hingabe mit diesen Worten lebt, sie systematisch der eigenen inneren Struktur einprägt, wird das Christuserleben zur dauernden Erfahrung.

Diese Christusbegegnung ist von der Erscheinung des Christus im Ätherleib und auch von mystischen Verzückungen zu unterscheiden. Sie ist eine stille, ständige Gewissheit, die geistig gesehen und gefühlt werden und bewusst und willentlich herbeigeführt werden kann.

Es ist dann durch den Schulungsweg eingetreten, was Rudolf Steiner andeutet, indem er sagt: Im abendländischen Schulungsweg träte an die Stelle eines Gurus zu Beginn ein Lehrer, der die Aufgabe eines weisen Ratgebers übernimmt. Im weiteren Verlauf des Weges wird Christus zum Guru. Es ist in der Tat so, dass man nun auch Hilfen für die weiteren Schritte und auch ganz persönliche Mantren von Christus erhalten kann.[62]

Welche Bedeutung hat die Kirche für den Geistesschüler?

Hier erhebt sich die Frage nach dem Sinn und der Berechtigung von *Kirche* für den sich in einer Geistesschulung befindlichen Menschen.

Kaum ein Priester rät seinem ihm anvertrauten Schützling, sich auf einen selbstständigen spirituellen Weg zu begeben. So etwas wäre auch gegen die Verantwortung eines Priesters, der ja mit seinem Führungsanspruch an die Unmündigkeit der Gläubigen in religiösen Entscheidungen anknüpft. Besonders die katholische Kirche mit ihren Dogmen und sehr einengenden Vorschriften kann gar kein Interesse an selbstständigen geistigen Erkenntnissen ihrer Mitglieder haben. In eigeschränktem Maße gilt das auch für andere Glaubensgemeinschaften. Der Glaube an eine geistige Führung und Vollmacht verbietet ein eigenständiges Forschen. Daraus ergibt sich, dass ein spiritueller Weg immer auch Emanzipation von den Dogmen der Kirchen und der Führung durch die Priesterschaft bedeutet.

Das heißt aber nicht, dass man nun nicht mehr an kirchlichen Veranstaltungen teilnehmen dürfe. Das Erlebnis des Kultus im Zusammenhang mit einer Menschengemeinschaft kann durchaus auch die individuelle Begegnung mit Christus fördern, wenn der Priester und die Gemeinde echte Glaubenssubstanz haben. Ob das der Fall ist, kann der Betreffende über seine Chakren wahrnehmen. Häufig kommt es allerdings vor, dass die niedrige spirituelle Energie, die von dogmatisch gesinnten Menschen ausgeht, von dem in geistiger Entwicklung befindlichen Menschen als Schmerz und dunkle, einengende Gewalt erlebt wird. Da ist die Entscheidung gerechtfertigt, sich von einem solchen Gemeindeleben zurückzuziehen. Aber es gibt auch die Möglichkeit für einen spirituell hochentwickelten Menschen, die niedrigen Energien der anderen aufzuhellen und zu erhöhen. Das erfordert allerdings enorme Kraft und Ausdauer.

Die wahre Kirche Christi wird in der Zukunft immer stärker eine

Kirche des Herzens sein. Dort wo der Mensch am Geistig-Seelischen des anderen Menschen erwacht, kann Christus wirksam sein, und ein neuer Kultus, ein neues Ritual entsteht, welches von jedem Menschen, der diese Erlebnisse hat, vollzogen werden kann. Die Christuserfahrung im eigenen Innern wird zur Christusbegegnung am anderen Menschen. Das hat Rudolf Steiner vorgeschwebt, als er seine Vorträge zu einer neuen Gemeinschaftsbildung und zum umgekehrten Kultus gehalten hat.[63]

Aber auch in den Grundlagen und Prinzipien zum neuen Kultus in der Christengemeinschaft ist diese Christuserfahrung veranlagt.

Warum kein Yoga?

Der Yogaweg erfreut sich zunehmender Beliebtheit auch in allen westlichen Ländern. Da ich selber keine Erfahrungen mit Yoga habe, kann ich nur durch meine durch äußere Beobachtungen einerseits und durch die Charakterisierungen Rudolf Steiners andererseits gewonnene Einstellung einige Anmerkungen machen.

Der Yoga ist in einer Zeit entstanden, als die Blüte der Hochkultur in Indien stattfand. Die feinere Ausgestaltung des Ätherleibes, des Empfindungsleibes und der Empfindungsseele wurden in den vorchristlichen Jahrtausenden durch Yoga unterstützt. Die sehr stark körperbezogenen Übungen wirken auch vorwiegend auf diese Seelenglieder. Das Ziel des Yoga ist die Erleuchtung, die Einswerdung mit dem Göttlichen und die Überwindung der Leibgebundenheit, das heißt die Entwicklung von Atma in sehr kurzer Zeit, um den Kreislauf der Inkarnationen zu beenden.

Der *Kriya-Yoga*, von Paramahansa Yogananda für den modernen westlichen Menschen entwickelt, verfolgt dieselben Ziele. Viele Menschen gehen diese Wege mit Erfolg und kommen zu geistigen Erfahrungen. Es wird von Christus und Christusbewusstsein gesprochen, wobei aber Christus als einer der vielen Gottessöhne oder Christusträger angesehen wird, ein großer Prophet und Religionsgründer unter vielen. Das Wort Christusbewusstsein steht hier für die Vereinigung mit Gott.

Hinter Yogananda, der am 7. März 1952 bewusst seinen Körper verließ, um in den Mahasamadhi einzugehen, den endgültigen Austritt aus dem physischen Dasein, steht sein Guru Sri Yukteswar und hinter diesem Babadschi. Von dieser geheimnisumwitterten Gestalt wird erzählt, sie sei seit Jahrhunderten inkarniert, könne sich nach Belieben entmaterialisieren und wieder fleischliche Gestalt annehmen. Seinen Schülern erscheint er plötzlich aus dem Nichts, um genauso wieder zu verschwinden. Er wird von seinen Anhängern als viel höher stehend als Jesus angesehen und man sagt, er selber erwarte, dass sich dieser vor ihm verneige.

Ich bin mir bewusst, dass ich in der Kürze der Darstellung diesen sehr eindrucksvollen Persönlichkeiten und ihrer großen Anhängerschaft nicht gerecht werden kann. Doch möchte ich nicht versäumen, auf gegenwärtig sehr aktive Yoga-Anhänger hinzuweisen.

Eine andere Yoga-Richtung ist der *integrale Yoga*. Vielleicht ist diese Bewegung von ihrem Umfang her gar nicht so bedeutend. Erstaunlich ist nur, dass in anthroposophischen Zusammenhängen ganze Gruppen in dieser Richtung arbeiten. Deshalb möchte ich kurz aus meiner Sicht darauf eingehen. Wie bei allen Yoga-Schulen, geht es auch hier nur über eine Person als Guru. Auch hier stehen Körperübungen im Vordergrund, eine Auseinandersetzung mit philosophischen und wissenschaftlichen Grundlagen, mit dem europäischen Zeitgeist wird nicht als wesentlich angesehen. An dieser Stelle stehen östliche Gurus als Vorbilder. Auch wenn einige Anhänger dieser Methode sich häufig auf Rudolf Steiner berufen, so kann das denjenigen, der im anthroposophischen Werk zu Hause ist, nicht darüber hinwegtäuschen, dass Anthroposophie in ihrem Grundanliegen nicht verstanden worden ist.

Jeder kann seine eigenen Entscheidungen treffen. Wenn jemand den Yoga-Weg für sich als den angemessenen hält, sollten die Mitmenschen das respektieren.

Problematisch ist es nur, wenn man nicht mehr unterscheiden kann, dass der anthroposophische Weg dem diametral gegenüber steht. Der östliche Weg will aus der Erdenevolution aussteigen, der westliche – und das gilt nicht nur für den anthroposophischen Weg – will Mitarbeiter an der Erdenevolution sein. In dieser Tradition standen die Gralsbewegung, die Tempelritter wie auch im Anschluss daran die Rosenkreuzer und Freimaurer. Auf diese Traditionen hat die Anthroposophie gebaut.

Rudolf Steiner charakterisiert die drei möglichen Schulungswege – den Yogaweg, den christlich-johanneischen und den christlich-rosenkreuzerischen – in sehr vielen Vorträgen in seiner theosophischen Zeit. Durchweg rät er dem Europäer ab, östliche Wege zu wählen und begründet das mit der anderen Beschaffenheit unserer Leiber im Unterschied zu dem asiatischen Menschentypus und vor allem mit der Unzeitgemäßheit, die ich schon angeführt habe. Eine Schulung, die vor fünftausend Jahren oder noch früher gut war, kann man nicht ohne Schaden auf das heutige Bewusstsein übertragen, und die Tatsache, dass ein Guru unerlässlich ist, deutet schon darauf hin, dass einerseits Gefahren drohen und andererseits das Freiheitsbedürfnis der Bewusstseinseele eingeschränkt wird.

In späteren Jahren beurteilt Rudolf Steiner den Yogaweg noch schärfer als zu Beginn seines Wirkens in der theosophischen Bewegung, da er damals offensichtlich Rücksicht auf die bis dahin vorherrschende Yogapraxis in diesen Kreisen genommen hatte. Ebenso wie er erst Verständnis für ein esoterisches Christentum erwecken musste, konnte er erst allmählich seinen von ihm für den neuzeitlichen, europäischen Menschen entwickelten Schulungsweg, den christlich-rosenkreuzerischen, einführen. In einem Vortrag von 1921 heißt es: »Da kommen wir dazu, ausdrücklich betonen zu müssen, dass diese Methode zur Inspiration, wie ich sie eben geschildert habe, eigentlich nur von dem modernen Menschen so ausgebildet werden kann. In älteren Phasen der Menschheitsentwickelung wurde sie mehr instinktiv ausgebildet, und wir finden eine solche Ausbildung im indischen Yogasystem, das nicht erneuert werden kann. Es ist unhistorisch und im geisteswissenschaftlichen Sinn so furchtbar dilettantisch, wenn man das alte Yogasystem wieder erneuern will. Das geht zu Werke mit gewissen menschlichen Kräften, die eben nur einem früheren Entwicklungszustand der Menschen angemessen waren. Es geht zu Werke unmittelbar mit der Entwicklung gewisser rhythmischer Prozesse. Indem der Yogi in bestimmter Weise atmet, will er ausbilden mehr durch das Physisch-Körperliche dasjenige, was der moderne Mensch durch das Seelisch-Geistige ausbilden muss. ...Wir gelangen gewissermaßen als moderne Menschen dazu, von oben herunter durch rein geistig-seelische Übungen in uns die Kraft auszubilden, die sich dann hineinlebt als Kraft der Inspiration in die rhythmische Organisation des Menschen.«[64]

Der Lichtseelenprozess als anthroposophischer Yoga

Der anthroposophische Weg hat das Ziel, die Bewusstseinsseele zu entwickeln, um die Erde zum Positiven verändern zu können, sie gänzlich zu durchchristen, sie zum Leib Christi zu machen. Dazu ist die Bewusstwerdung über die Sinne und das Gedankenleben unerlässlich. In dem Zyklus »Die Sendung Michaels« nennt Rudolf Steiner diesen zeitgemäßen Ansatz den *Lichtseelenprozess* gegenüber dem *Luftseelenprozess* des alten Yoga.[65] Im Folgenden sollen einige wichtige Aussagen dieses Vortrages zusammengefasst werden.

Der zentrale Gedanke ist wieder die absteigende Evolution bis zum Mysterium von Golgatha und die von da ab beginnende aufsteigende, wobei eine Art Umstülpung stattfindet. In alter Zeit, als der indische Yoga seine hauptsächliche Entfaltung erlangte – etwa zweitausend Jahre vor Christus –, hatte die Atemluft noch eine ganz andere Beschaffenheit als in der Zeit nach dem Mysterium von Golgatha und besonders in der gegenwärtigen Zeit. Die alte Geistigkeit, die früher mit der Atemluft eingesogen wurde, ist einer antimichaelischen Geistigkeit gewichen. Wenn man heute das Yoga-Atmen betreibt, dringen ahrimanische Elementarwesen in den Menschen – Rudolf Steiner sagt sogar: »in die Menschheit« – ein. Und weiter: »Wir können sie nur vertreiben, wenn wir an die Stelle des Yogamäßigen das Richtige setzen von heute. … Dieses Richtige kann nur angestrebt werden, wenn wir uns einer viel feineren Beziehung des Menschen zur Außenwelt bewusst werden, so dass mit Bezug auf unseren Ätherleib etwas stattfindet, das immer mehr und mehr in unser Bewusstsein hereinkommen muss, ähnlich wie der Atmungsprozess …es ist ein ähnlicher Prozess vorhanden in allen Sinneswahrnehmungen.«

Es werden anschließend Nachbildübungen mit einer Kerzenflamme beschrieben. An dem Abklingen des Nachbildes ist der Ätherleib sehr beteiligt. »In diesem Prozess steckt etwas sehr, sehr Bedeutsames. Da drinnen ist nun das seelische, das vor drei Jahrtausenden mit der Luft ein- und ausgeatmet worden ist. Und wir müssen lernen, in einer ähnlichen Weise den Sinnesprozess in seiner Durchseelung einzusehen, wie man vor drei Jahrtausenden den Atmungsprozess eingesehen hat. – Das hängt damit zusammen, dass der Mensch vor drei Jahrtausenden in einer Nachtkultur lebte. … Wir aber müssen die Feinheiten unseres Verkehrs mit der Welt ausbilden so, dass wir in unserem Aufnehmen der Welt nicht bloß sinnliche Wahrnehmungen haben, sondern Geistiges haben. Wir müssen uns gewiss werden, dass wir mit jedem Lichtstrahl, mit jedem Ton, mit jeder Wärmeempfindung und deren Abklingen in seelischen Wechselverkehr mit der Welt treten, und dieser seelische Wechselverkehr muss für uns etwas Bedeutsames werden.« Weiter weist er hin auf den Zusammenhang in vorchristlicher Zeit mit dem Atmungsprozess und dem Bewusstsein der Präexistenz der Seele, das seit *Aristoteles* immer mehr verschwindet. »Aus all dem, was unser Kopfbewusstsein wurde, verschwindet die Präexistenz. Wenn wir das Beseeltsein unserer Sinnesempfindungen wieder haben werden, dann werden wir wieder einen Kreuzungspunkt haben, und in diesem Punkt werden wir den menschlichen Willen, der heraufströmt aus der dritten Bewusstseinsschicht, … erfassen. Da werden wir zu gleicher Zeit etwas Subjektiv-Objektives haben … Von außen wirken die Weltgedanken in uns hinein, von innen wirkt der Menschheitswille hinaus. Und es durchkreuzen sich Menschheitswille und Weltengedanken in diesem Kreuzungspunkt, wie sich im Atem das Objektive mit dem Subjektiven einstmals überkreuzt hat. Wir müssen fühlen lernen, wie durch unsere Augen unser Wille wirkt, und wie in der Tat die Aktivität der Sinne leise sich hineinmischt in die Passivität, wodurch sich Weltgedanken mit Menschheitswillen kreuzen. Diesen neuen Yogawillen, den müssen wir entwickeln. Damit wird uns wiederum etwas Ähnliches vermittelt, wie vor drei Jahrtausenden den Menschen in dem Atmungsprozess vermittelt wurde. Unsere Auffassung muss eine viel seelischere, eine viel geistigere werden. … Wir müssen das Licht beseelt denken. … Wir müssen uns klar darüber werden, dass da Seele durch den Weltenraum dringt auf den Schwingen des Lichtes. Und zu gleicher Zeit müssen wir einsehen, dass das so nicht war in der Zeit, die unserem Zeitalter vorangegangen ist. In der Zeit die unserem Zeitalter vorangegangen ist, ist dasselbe an die Menschheit durch die Luft herangekommen, was jetzt an uns herankommt durch das Licht. Das ist ein objektiver Unterschied im Erdenprozess. … Und mitten hinein fällt, den Übergang des einen in das andere bedeutend, das Mysterium von Golgatha.«

Der gesamte Aufbau der anthroposophischen Geistesschulung über die vielen Jahre berücksichtigt diese wichtige Tatsache. Am Anfang stehen Gedankenübungen, die zu Seelenübungen erweitert werden. Es folgen die Neuimpulsierungen aller Künste. Und das ist der wesentliche Griff, der eine kultivierte Sinnesschulung möglich macht. Alle Künste in diesem Geiste gepflegt, wirken in einer ganz bestimmten Weise auf die Chakren und die Wesensglieder des Menschen. Architektur, Plastik, Malerei, Musik, Sprache Dichtung und Eurythmie sind der neue Yogawille, auch wenn Rudolf Steiner das in diesem Vortrag nicht so ausdrücklich sagt. Für den, der sein Werk kennt und selber künstlerisch tätig ist, besteht daran kein Zweifel.

»So beginnt Anthroposophie überall mit Wissenschaft, belebt ihre Vorstellungen künstlerisch und endet mit religiöser Vertiefung; beginnt mit dem, was der Kopf erfassen kann, geht an das heran, was im weitesten Umfange das Wort gestalten kann und endet mit dem, was das Herz mit Wärme durchtränkt und das Herz in die Sicherheit führt, auf dass des Menschen Herz sich finden könne zu allen Zeiten in seiner geistigen Heimat, im Geistesreich. So sollen wir auf dem Wege der Anthroposophie ausgehen lernen von der Erkenntnis, uns erheben zur Kunst und endigen in religiöser Innigkeit.«[66]

Der anthroposophische Weg setzt im Stirnchakra an und gestaltet von dort aus Gefühl und Wille durch *Imagination.* Sie führt zur Kunst und die durchdringt den mittleren Bereich, schafft dort Bewusstsein, um Unten und Oben wach zu verbinden – *Inspiration.* Sie ergreift den Willen und verbindet ihn mit dem Denken – *Intuition.*

Wirkensarten der Widersachermächte

Hier geht es vor allem um die Wahrnehmungsart böser Wesenheiten. Wie »sehen sie aus« oder wie »fühlen sie sich an«? Kann ich sie von guten Wesen unterscheiden? Kann ich mich vor ihnen schützen?

Jeder Mensch hat seine individuelle Wahrnehmungsart. Das zeigt sich schon bei physischen Wahrnehmungen. Psychologische Versuchsreihen haben gezeigt, dass ein ganz bestimmtes Ereignis von dreißig Menschen, die es miterlebt haben, sehr unterschiedlich geschildert wird, wenn sie einzeln vernommen werden.

Die meisten Menschen beobachten sehr ungenau, vor allem bei unvorhergesehenen Ereignissen. Aus dem Grunde gibt es auch so viele Missverständnisse zwischen den Menschen. Jeder beobachtet und erlebt anders, nur die groben Sinneseindrücke werden übereinstimmend geschildert. In die feineren Zusammenhänge mischt sich sogleich das ganz persönliche Empfindungsurteil.

Wenn das schon im äußeren Leben der Fall ist, wie viel mehr können geistige Wahrnehmungen davon betroffen sein! Deshalb ist es unerlässlich, seine genaue Beobachtungsfähigkeit zu schulen, und dazu dienen die Seelenübungen wie auch die künstlerische Betätigung. Aber es kann nie ganz ausgeschlossen werden, dass noch subjektive Elemente hineinspielen.

Auch scheint es eine Tatsache zu sein, dass geistige Wesen, die guten wie die bösen, individuelle Charakterzüge und Gestalten haben. Und diese hängen mitunter mit der Eigenart des betreffenden Menschen zusammen, bei dem sie erscheinen und zu dem sie auch gehören, in der Regel durch viele Inkarnationen. Allerdings gibt es auch Wesen, die neu hinzukommen. Jede Tat und Untat schafft neue Elementarwesen; die wiederum ziehen höhere oder niedere Geistwesen an, je nach der Beschaffenheit der Tat. Auch eine menschliche Begegnung kann dazu führen, dass man entweder mit positiven oder negativen Elementarwesen des anderen behaftet, oder von dem Dämon des Anderen attackiert wird.

Es gibt im Wesentlichen drei Kategorien von Widersachermächten, die jeweils vielfältige Erscheinungformen annehmen können. Hier können nur die hervorstechenden Merkmale beschrieben werden, um auf einen wichtigen Bereich geistiger Erfahrungen hinzudeuten, über dessen Beschaffenheit man nicht im Unklaren sein darf, wenn man geistige Welten betritt.

Die *luziferischen Geister* sind diejenigen, die uns am längsten auf unserem Entwicklungsweg begleiten. Man könnte vielleicht sagen, sie sind die am wenigsten gefährlichen. Aber sie sind auch diejenigen, die sich am besten maskieren können und darin liegt eine große Gefahr für denjenigen, der das nicht durchschaut. Luzifer und Christus sind Brüder im Kosmos. Sie haben mancherlei Gemeinsamkeiten und nur in Bezug auf den Menschen gehen ihre Interessen in verschiedene Richtung. Das mag manch einem befremdlich erscheinen, weil die gängige Vorstellung von Luzifer ihn eindeutig als teuflisches Wesen einordnet. Wenn man aber tatsächliche geistige Erlebnisse beurteilen will, muss man viel stärker differenzieren und auf die wirklichen und nicht die vermeintlichen Eigenschaften schauen.

Luzifer verkörpert kalte Weisheit und leidenschaftliche Schönheit. Vorwiegend in diesen zwei Formen erscheinen auch die luziferischen Engel der einzelnen Menschen. Sie nehmen die Gestalten sehr schöner Wesen an, die uns ins Licht führen wollen, die uns in heiliger Reinheit von der Erdenentwicklung abschneiden wollen, indem sie uns die himmlischen Freuden versprechen; das ist die eine Erscheinungsform. Der andere Aspekt Luzifers will uns zu sinnlicher Leidenschaft anstacheln. Sehnsüchte, Wünsche, Eitelkeiten, Stolz haben hier ihren Grund.

In den Mysteriendramen tritt vorwiegend dieser letztgenannte in Erscheinung.

Im individuellen Erleben sind enorm viele Varianten möglich. So kann eine verliebte Person, die wissen möchte, welche der zwei möglichen Frauen oder Männer, die sie liebt, die oder der Richtige ist, die Erfahrung machen, dass sie einen Geistraum mit allerlei schönen Gegenständen betritt. Wenn die oder der Betreffende nach oben schaut, kann es passieren, dass kleine, süßlich lächelnde Engel auf duftigen rosa Wölkchen im Kreise schweben. Das ist ein eindeutiges Erlebnis, das zum Nachdenken anregt.

Von dem kalten stolzen Luzifer, einer eindrucksvollen Lichtgestalt, strahlt schmerzendes, kaltes Licht aus. Durch dieses strahlende Licht kann er von Christus unterschieden werden, dessen Licht ein milde webendes ist. Es gibt aber auch schöne, gütige, liebliche Engel, die trotzdem luziferischen Charakter haben. Sie erscheinen meist bei Menschen, die in ihrer Entwicklung schon weit fortgeschritten sind, aber doch ihren luziferischen Anteil noch nicht ganz verwandelt haben. Das zu erkennen fällt oft sehr schwer und nur der konsequente Entschluss, diese Anteile erkennen zu wollen und umzugestalten, hilft diesen daraus entstandenen schmerzhaften Zustand zu beenden: Man ist Christus zugeneigt und trotzdem quält Luzifer noch. Nur die energische Ausrottung der noch an Leidenschaften gebundenen Eigenschaften kann Abhilfe schaffen. Dadurch wird der luziferische Doppelgänger erlöst und er wird zum Helferwesen. Er kann dadurch seine Entwicklung zum Engel erreichen und wird von dem Archai Michael in die Schulung aufgenommen. Die erlösten luziferischen Engel sind kleiner von Gestalt als die regulär entwickelten Engel.

Die *ahrimanischen Wesen* sind leichter zu erkennen, da sie hässlicher und unangenehmer sind, aber sie bedrohen auch mehr. Sie flößen Angst ein, sind aggressiv. Angst, Enge und Ahriman (iranisch *angra mainyu)* haben eine gemeinsame sprachliche Wurzel. Sie sind Wesen, die sich von unseren Ängsten ernähren. Überall wo Angst erzeugt wird und Enge entsteht, ist Ahriman am Werk. Sein Anblick, seine Kälte, seine Härte, seine Grausamkeit, sie sind die Geißel, die Knute mit der er uns sich gefügig macht. Er will uns an die Erde fesseln und ein ewiges Reich der Materie bilden. Seine Erscheinungsformen sind zahllos. Seinen Typus kann man an der Holzplastik Rudolf Steiners, dem »Menschheitsrepräsentanten«, am besten studieren. Das vorspringende Kinn, die fliehende Stirn und die hornartigen Auswüchse sind bezeichnend. Die volkstümliche Vorstellung von Satan oder Mephistopheles kommt dem sehr nahe.

Neben diesem klassischen Bild ist noch eine Kategorie schwarzer, dreieckiger zuckender Köpfe an dünnen Spiralen zu nennen. Sie wirken in der Materie und allen mechanischen Einrichtungen. Überall wo Technik entwickelt oder benutzt wird, sind ahrimanische Wesen in ihrem heimatlichen Element.

Im menschlichen Körper und Ätherleib hat man es oft mit Drachenwesen zu tun, die von unten aufsteigen, auch groteske Tierformen oder verzerrte Fratzen annehmen können. Das Erbilden von Materie und das Zerstören ist das reguläre Werk Ahrimans, deshalb können wir noch nicht auf seine Tätigkeit verzichten. Er zerstört durch Kälte und schädliche Umweltgifte den Ätherleib und von dorther die Physis und erscheint dann in der Gestalt des Todes.

Im gegenwärtigen Zeitraum kann er noch nicht gänzlich von uns überwunden werden, aber wir dürfen ihm nur begrenzten Zutritt zu unserem Inneren gewähren. Man kann mit ihm ins Gespräch kommen und ihm die Schranken weisen. Er muss lernen, uns zu dienen, anstatt uns in seinen Dienst zu zwingen. Das lernt er am besten, wenn wir uns künstlerischen Prozessen hingeben und ihm erklären, dass sein Nützlichkeitsprinzip hierbei fehl am Platze ist. Kunst ist das hervorragende Mittel ahrimanische Wirkungen zu paralysieren, auch für kommende Weltzyklen.

Das eigentliche ahrimanische Reich befindet sich in der Sechsten Schicht des Erdinneren, es wirkt durch die Erdanziehungskraft und den Magnetismus. Wir hängen wie an geistigen Fäden an diesen Schichten fest und vulkanische Leidenschaft steigt von dort in unseren Willenspol. Je stärker wir durch die oberen geistigen Kräfte den unteren Pol umformen, um so schadloser können wir mit diesen unteren Regionen umgehen. Man sollte aber niemals ohne Begleitung durch einen Engel oder Erzengel diese Reiche betreten. Es ist nicht möglich, in diesem Zusammenhang ausführlich über die neun Schichten des Untersinnlichen zu sprechen, doch ist es notwendig, darauf hinzuweisen, dass diese Sphären existieren.[67] Wie eine Spiegelung der neun oberen Hierarchien in deren Gegenteil kann man sich diese untersinnlichen Kräfte vorstellen. Sie sind notwendig und doch für uns Menschen Unheil bringend, wenn wir sie nicht durchschauen. Wenn man in der geistigen Entwicklung weiterschreiten will, kommt man nicht umhin, sich auch mit diesen Bereichen auseinanderzusetzen, sobald man die genügende spirituelle Sicherheit entwickelt hat.

So wie die oberen kosmischen Sphären ihren Schwellenhüter in der Gestalt des Archai Michael haben, tritt auch für diese unteren Bereiche eine Hütergestalt auf. Es ist die zur Erdenmutter gewordene himmlische Weisheit *Sophia.* Sie hat sich mit der Mutter Jesu verbunden und erscheint den Menschen an heiligen Quellen und Orten. So wie Jahwe uns vor der Achten Sphäre schützt, bewahrt sie uns vor den schädlichen Kräften der Unterwelt und verbindet uns mit den stärkenden Kräften des Erdorganismus. Der Geistesschüler sucht die bewusste Verbindung mit Sophia wenn er die unteren Sphären erkennen will.[68]

Die eigentlich bösen Wesen sind *Asuras mit ihrem Sonnendämon Sorat.* Sie bringen dem Menschen keinen Nutzen sondern nur Schaden. Sie haben einen absoluten Willen zum Bösen und wollen den Menschen in seinem ewigen Wesenskern, seinem Ich zerstören. Das ganze Ich können sie zwar nicht erreichen, aber sie können Stücke aus ihm herausreißen. Die Angriffe dieser Wesen sind grauenhaft und ihr Vernichtungswille kann den Menschen an den Rand des Wahnsinns bringen. Sie sehen auch grauenhaft aus und übersteigen Ahriman bei weitem an Hässlichkeit. Überall, wo der Mensch sich perversen Orgien hingibt, haben sie leichtes Spiel, Macht zu gewinnen.

Sie wollen zusammen mit Luzifer und Ahriman ein eigenes Reich gewinnen, die bereits erwähnte *Achte Sphäre*. Die steht außerhalb der regulären sieben planetarischen Entwicklungszustände und befindet sich okkult hinter dem Mond. Um die Menschen vor einem zu frühen Eingreifen dieser Wesen zu schützen, bevor sie genügend Ich-Stärke entwikkelt haben, hat der Eloha Jahwe sich von seinem Wohnort auf der Sonne auf den Mond begeben, um wie ein Schutzschild die schädlichen Wirkungen der Widersacher abzumildern. Aber umso freier der Mensch in seinem Ich wird, umso stärker muss er selbst diesen Schutz aufbauen. Nur wache Ich-Kraft kann diesen Schutz gewähren. Deshalb sind alle tranceartigen Zustände so gefährlich für die gegenwärtige und zukünftige spirituelle Entwicklung. Noch sind wir durch die Opfertat Jahwes geschützt, aber wir werden immer mehr in die Eigenverantwortung entlassen.

Das bedeutet auch, dass uns die Widersacher tatsächlich erscheinen und bedrohen und wir ihre Eigenschaften und Erscheinungsweisen kennenlernen müssen, um uns vor ihnen zu schützen und sie unschädlich machen zu können. Bevor sie imaginativ sichtbar werden, sind sie häufig schon spürbar. Während Luzifer warme, wonnige Gefühle verursacht, erlebt man ahrimanische Angriffe als Kälte, bis hin zum Schmerz. Die bedrohlichste Erscheinungsform ist aber eine unvermittelt auftretende Angst, die keinen äußeren Grund hat. Da diese Wesen sich an den karmischen Doppelgänger heften, ihn als Einschlupftor benutzen, ist häufig auch ein Doppelgängererlebnis damit verbunden. Noch stärker bedrohen die asurischen Wesen, bis hin zum Gefühl vernichtet, ausgelöscht zu werden. In solchen Momenten hilft nur die Gewissheit und das absolute Vertrauen, mit Christus verbunden zu sein, um diese Attacken zu bestehen.

In der *Imagination* kann das unvermittelte Auftauchen dieser grauenhaften Gestalten auch Ängste auslösen, doch das erstarkte geistige Bewusstsein, das errungen worden ist, gibt die Möglichkeit mit viel mehr Besonnenheit diesen Wesen zu begegnen. Man kann sie ansprechen und dadurch verlieren sie schon an Kraft. Wenn man dazu noch eine höhere Wesenheit, den Engel oder den Schwellenhüter Michael um Hilfe bittet, werden einem Wege gezeigt, diese Bedrohungen unschädlich zu machen.

In der *Inspiration* versuchen die Widersacher, sich der Mantren, die man gerade meditiert, zu bemächtigen und die Worte in ihr Gegenteil zu verdrehen. Das ist besonders tückisch und geschieht dann, wenn man an der Grenze zur geistigen Welt nicht mehr ganz wach ist. Nun muss ja die Tageswachheit verschwinden und einer neuen, höheren Wachheit weichen – und an dieser Nahtstelle lauert die Gefahr. Sehr schnell muss man dann eingreifen und den Schaden wieder bereinigen. Das sind die Beutestücke, die die Widersacher für die achte Sphäre gewinnen wollen. Die muss man ihnen sogleich wieder entreißen.

In der *Intuition* erfolgen die Angriffe frontal auf das Ich. Wenn das Denken nicht gereinigt, nicht klar und logisch und lebendig ist, sind hier die größten Einfallstore für Verwirrungen. Man muss mutig den Wesen entgegentreten können, aber nicht mit ihnen verschmelzen, sie in ihrem Charakter erkennen, aber nicht mit ihnen eins werden, wie das bei höheren Wesen unabdingbar ist. Das heißt, sie bis zu einem gewissen Grade erkennen, aber standhaft im eigenen Ich mit den höheren Geistern verbunden bleiben. Man nimmt dann an der Intuition seiner Helferwesen, dem Engel, Erzengel und Archai teil.

Es kann nur bei einem Versuch bleiben, diese komplizierten Vorgänge zu beschreiben. Doch jede Höherentwicklung schließt diese Auseinandersetzung mit den Finstermächten mit ein, da wir durch diese Entwicklung besonders interessant für die Widersacher werden. Wer keine geistigen Angriffe erlebt, kann auch sicher sein, dass noch keine wesentliche Entwicklung stattgefunden hat. Die fortschreitende Entwicklung ist erst durch die Auseinandersetzung mit den bösen Kräften möglich. Die tragen wir seit Urzeiten mehr oder weniger verborgen mit uns herum. Sie waren notwendig für unsere Bewusstwerdung, sie haben uns Entwicklungsimpulse eingepflanzt, aber wir müssen sie wieder überwinden und dadurch die Stärke zum Guten in Freiheit erlangen. Sie wirken wie ein Dünger zum Guten. Nur durch Erkenntnis des Bösen kann auch das Gute in Erscheinung treten.[69]

Weitere Beispiele geistigen Erlebens

Eine ganz aktuelle Erfahrung machte eine Persönlichkeit, mit der ich über einige Monate karmisch arbeitete. Nach einem Besuch der Ausstellung »Körperwelten« unterhielten wir uns über die möglichen Ursachen und Folgen dieser Art der Präparation, bevor ich sie mit einer ganz anderen Frage in die Imagination führte. Diese Frage war bei ihr aus Sorge um einen Menschen entstanden, den sie aus seiner Kinderzeit kannte und von dessen Eltern sie erfahren hatte, dass bei ihm, einem jungen Mann, schwere Depressionen aufgetreten waren, er sich aber vollends aus dem Einflussbereich der Eltern zurückgezogen hatte. Die Frage lautete: Kann man diesem Menschen, ohne Kontakt mit ihm zu haben, helfen? Kann man die karmische Ursache seines Elends erkennen? Ich war nicht sicher, ob diese Fragen eine Lösung finden würden, doch wurden erstaunliche Zusammenhänge erfahrbar.

Der junge Mann wurde in einer früheren Inkarnation sichtbar, mit welchem wohl seine jetzigen Eltern, die keine Neigung zu spiritueller Weltanschauung haben, in Beziehung standen, aber nicht die Persönlichkeit, welche die Zusammenhänge jetzt schaute. Dieser arme Mensch war in eine endlose Bandage eingewickelt, fast wie eine Mumie gut verpackt und musste von uns »ausgewickelt« werden. Ein geschundener Körper erschien, der von einer Schar düsterer, vermummter Gestalten rituell, zu schwarzmagischen Zwecken misshandelt worden war. Es waren die beiden jetzigen Eltern des damaligen Opfers bei den Tätern zu erkennen. Sie waren die Priester, die das schaurige Ritual vollzogen, um Macht zu gewinnen und zu steigern.

Wir haben im Anschluss eine sehr sorgfältige Transformation für diesen jungen Mann und die mit ihm verbundenen Menschen vorgenommen und die geistig schauende Persönlichkeit hat weitere Meditationen für ihn gemacht. Eine Überprüfung einer Wirkung kann leider nicht stattfinden, da gegenwärtig kein direkter Kontakt besteht.

Darauf geschah etwas sehr Seltsames: Die präparierten Leichen der Ausstellung tauchten sehr real anschaulich wieder auf. Nun aber konnten dichte graue Wolken über den Präparaten wahrgenommen werden, und in diesen Wolken ließen sich die an die Körper gebannten Individualitäten der Verstorbenen wahrnehmen. Die haben ein deutliches Gruppengefühl, drängen sich aneinander und müssen in der Nähe ihrer Körper bleiben. Es gibt keinen Lichtbereich über ihnen, sie müssen hilflos in dieser dunklen Wolke bleiben. Als wir geistig fragten, weshalb diese Menschen den Entschluss gefasst hatten, sich präparieren zu lassen, wurde von der geistigen Welt erklärt, dass sie in früheren Leben in ähnlicher Weise wie zuvor bei der geschilderten Persönlichkeit erlebt, in schwarzmagische Praktiken verwickelt waren. Auf unsere Frage, ob und wie diesen Toten zu helfen sei, wurde geistig mitgeteilt: Nachts könne man meditativ mit ihnen arbeiten und sie über das Geistige aufklären und man solle die Körper nicht mehr als Menschen ansehen, sondern nur als Modelle, das würde die Toten erleichtern.

Man könnte jetzt einwenden, diese Erlebnisse seien Assoziationen aus der frischen Erinnerung, die nun imaginativ auftauchten. Es ist natürlich nicht zu beweisen, dass ein tatsächlicher Zusammenhang besteht. Vielleicht sollte auch nur mit einem symbolischen Hinweis die vorangegangene Frage nach der Ursache des Bedürfnisses, sich auf diese Weise präparieren zu lassen, beantwortet werden. Zumindest kann einleuchten, dass der Materialismus, der bei den meisten Anwärtern der Präparation vorhanden ist, eine Folge schwarzmagischer Praktiken aus früheren Leben ist.

Ein weiteres sehr aufschlussreiches Erlebnis hatte eine Persönlichkeit mit ihrer kürzlich verstorbenen Tante und mit deren vor zwanzig Jahren verstorbenen Mutter, ihrer Großmutter. Das soll aus dem Grunde hier mitgeteilt werden, weil ein häufiges Argument der Warner vor karmischen Rückschauen sich auf ein angeblich unkontrollierbares Hereinwirken Verstorbener bezieht.

Es waren dieser Persönlichkeit in vielen Sitzungen die Höhen und Tiefen ihrer eigenen Vergangenheit sehr klar zum Bewusstsein gekommen. Viele jetzige Ereignisse fanden ihren Grund in weit zurückliegendem komplexen Geschehen. Auch zwischen den Sitzungen hatte sie weiterführende geistige Erfahrungen machen können.

Das langsame Sterben und der Tod der Tante bewirkten Beklemmung und Befreiung zugleich.

Als wir einige Wochen danach wieder zu einer Sitzung zusammenkamen wurden sehr finstere Zusammenhänge gezeigt, die sich allmählich als fremde, nicht eigene Erlebnisse entpuppten:

Sie sieht ein weißes Tuch mit Spitzen, riecht Weihrauch und fühlt sich in einer Kirche, weiß nicht, wer sie ist, der Weihrauchgeruch erzeugt ein unangenehmes Empfinden. Sie hat ein zerrissenes Gefühl, es ist dunkel. Sie fällt in einen tiefen Abgrund. Sie fühlt sich in einem tiefen, finsteren Loch zusammengepresst und kann sich nicht bewegen. Sie spürt die Tante, sie *ist* jetzt die Tante, das ist furchtbar, ganz entsetzlich. Sie fühlt sich in deren Körper drin, es ist furchtbar dunkel. Ihr Kopf wird jetzt ein bisschen frei, die Tante bleibt auf einem Stuhl sitzen und sie selber kann sich aus deren Körper herauswinden. Im Unterleib ist sie noch mit der Tante verbunden. ...Sie sieht Rot, rotes Blut und spürt einen Schmerz im Herzen.

Sie fühlt sich jetzt in einer italienischen Stadt während der Renaissance-Zeit. Aber über dem Ganzen ist ein dunkler Schleier. Sie glaubt, sie hat etwas Schlimmes getan. Sie fühlt sich als Mann in einer Mönchskutte. Sie sieht ein gebogenes Messer und glaubt jemanden zu töten. Ein Brunnenbecken, in dem Blut ist, und ein Kind, was getötet worden ist – es ist eine Horrorvorstellung. Sie ist das nicht! – Jetzt fühlt sie ganz deutlich, dass das nicht ihre Hände sind, die diese Untat begehen, ganz deutlich wird es, dass ihre Tante dieser Mönch war, der aus politischen Gründen diesen Mord begangen hat. Allmählich werden weitere Zusammenhänge deutlich: Die verstorbene Großmutter hatte ein hohes kirchliches Amt inne (Kardinal). Sie selber ist auf der Seite der Edelleute, ist mit der Situation nur am Rande verbunden, fühlt sich wie hineingepresst und hat keinen Einfluss darauf. Ihre Großmutter erlebt sie in der damaligen Inkarnation als sehr böse und intrigant. Jetzt erkennt sie, dass der Mönch/Tante im Auftrag des Kardinals/Großmutter das Kind tötet, ein Kind von hohem Rang und politischer Bedeutung, und das Kind erkennt sie als ihren jetzigen Vater, der noch lebt.

Im Weiteren wurde klar, dass Familienkarma sich nicht nur auf Vererbungszusammenhänge bezieht, sondern ein tiefgehendes Mittragen auch der fremden Schuld, als Mitwisser, nicht Täter, bedeutet. Es waren schon andere Dramen mit diesen Personen aus früheren Sitzungen bekannt geworden. Wie schon an früherer Stelle beschrieben, ist mit solchen Einblicken in das Karma anderer nahestehender Personen die Aufgabe verbunden, dem Verstorbenen bei der Aufarbeitung und Lösung von seinen Untaten behilflich zu sein, um dadurch auch sich selbst und andere zu befreien. In diesem Fall ist der Vater, der ganz offensichtlich unter den zerstörerischen Einflüssen seiner Mutter und Schwester gestanden hat, in einem krankhaften Zustand von Menschenscheu und Rückzug, auch seiner Tochter gegenüber, befallen gewesen.

Bald nach der Sitzung war eine leise Umstimmung bei ihm zu bemerken gewesen. Wie der weitere Verlauf sein wird, muss abgewartet werden.

Die Notwendigkeit karmischer Erkenntnis im Bereich von Pädagogik und Heilpädagogik

Es war für Rudolf Steiner eine Grundforderung, dass Karmaerkenntnis für den Waldorflehrer wie auch den Heilpädagogen und Arzt ein Übfeld würde. Eine spirituelle Pädagogik, welche die sich in ein karmisches Umfeld einlebenden jungen Seelen tatsächlich in ihren Individualitäten erfassen kann, ist ohne das Erschauen des Karmas schwer möglich.

Junge Kinder bis etwa zum neunten Lebensjahr haben oftmals noch unbewusste und halbbewusste Erinnerungen an ihre letzte Inkarnation.

Ein Beispiel:

Einem älteren Oberstufenlehrer, der karmische Einblicke hat, passierte Folgendes: Kurz nach der Einschulung im Herbst lief eine Erstklässlerin auf ihn zu, umarmte die Beine des Lehrers und sagte: »Ich muss schnell wachsen, weil ich dich heiraten möchte.« Der verblüffte Lehrer antwortete: »Das wird wohl nicht so einfach sein.« Nachdenklich ging er fort. Einige Tage später kam es wieder zu einer Begegnung im Flur und wieder umarmte das Kind seine Beine und sagte diesmal: »Ich kenne dich, du warst mit mir zusammen im Himmel.« Und etwas enttäuscht fuhr es fort: »Weißt du das nicht mehr?« Der überraschte Lehrer ging der Sache geistig nach und fand heraus, dass das Mädchen, so wie er selber, schon in diesem Jahrhundert verkörpert war und damals zu den Schülern Rudolf Steiners zählte. Auch damals hatte ein freundschaftliches Verhältnis zwischen den beiden bestanden. Als das Kind älter wurde, vergaß es diese Zusammenhänge und Fragen. Doch konnte der Lehrer aus der Distanz feine Beobachtungen an der Schülerin machen, die sein karmisches Forschungsergebnis immer wahrscheinlicher werden ließen. Das Kind entwickelte sich harmonisch und seine Erkenntnisse fanden keine äußere Nutzanwendung.

In einem anderen Falle hätte eine solche Anwendung ein schlimmes Schicksal verhindern können, wenn die Kollegen auf diesen Lehrer gehört hätten: Ein sehr schwieriger Junge bereitete einigen Lehrern sehr viele Probleme und sie gaben es mit ihm auf. Dieser Lehrer fand durch seine geistigen Nachforschungen heraus, dass in einem erst ganz kurz zurückliegenden Leben dieser Junge als Afrikaner mitansehen musste, wie seine Eltern von einer Gruppe weißer Machthaber auf grauenhafte Weise zu Tode gequält worden sind. Er selber wurde alleingelassen und ist anschließend verhungert. Dieses Erlebnis saß noch ganz tief und frisch in ihm drin. In seiner jetzigen Klasse wurde er gehänselt und er selber provozierte seine Mitschüler hasserfüllt. Durch Erkenntnis der zuständigen Lehrer hätte dem Jungen geholfen werden können und müssen, um seine tiefen Verletzungen heilen zu können. Sie hatten aber selber keinen Zugang zur Karmaforschung, fühlten sich einfach nur überfordert und schickten den Jungen von der Schule.

Hier hätte das Karma eine Wendung zum Positiven nehmen können, wenn Kraft und Mut der Verantwortlichen stark genug gewesen wären. Die allgemeine Überforderung an den Schulen mag die Entscheidung entschuldigen.

Nicht nur Lehrer, auch Eltern können vor falschen Entscheidungen gewarnt werden, wenn sie sich um geistige Erkenntnisse bemühen.

Einer jungen Mutter, die mit ihren drei Kindern in einer Entscheidungssituation um Klarheit rang, wurden in einer geistigen Schau die möglichen Folgen gezeigt. An ihrem jetzigen Wohn- und Arbeitsort gibt es keine Waldorfschule. Die Alternativen für die Kinder waren Hauptschule und Gymnasium oder für die ganze Familie Umzug und Aufgabe der jetzigen Lebensgrundlage.

Die Sitzung begann mit symbolischen Bildern, die uns anfangs irritierten, aber im nachhinein klar wurden. Unter anderem erschien ein hoher Turnschuh, dann eine Wiese mit Löwenzahn, die sich in einen Fußballspielplatz verwandelt. Taschen und Schuhe stehen herum, und dann erkennt sie ihren jetzt achtjährigen Sohn als sechzehnjährigen mit seinen Kameraden auf diesem Platz beim Spiel. Sie stellt die Frage: Sollen wir an dem jetzigen Ort bleiben? Es wird eindeutig mit »Nein« geantwortet, und zur Illustration sieht sie sich am jetzigen Wohnort in Lumpen gehüllt. Es wurde dann ganz drastisch darauf hingewiesen, dass der jetzt achtjährige Junge sich sehr negativ entwickeln könne, wenn er die Hauptschule im Dorf besuchen müsse. Weiter wurde gesagt, wenn er das Gymnasium besuchte, könne zwar die negative Entwicklung verhindert werden, aber die Kluft zwischen Eltern und Kind würde sehr groß. Es wurden weitere Entscheidungsmöglichkeiten gezeigt, die für die Entwicklung der Kinder förderlich seien.

Das Lösen karmischer Knoten

Gewichtige Fragen schließen sich an: Kann Karma, wenn es erkannt wird, aufgelöst werden? Kann Karma, auch ohne dass es erkannt wird, aufgelöst werden? Müssen zur Karmaauflösung alle Beteiligten die Erkenntnis und den Willen zur Auflösung haben?

Die Voraussetzungen können mittlerweile klar geworden sein. Sie sind in den seltensten Fällen erfüllt. Weil wir uns seit Urzeiten kennen und viele wichtige, mehr oder weniger dramatische Ereignisse miteinander gestaltet haben, ziehen wir uns wie Magnete gegenseitig an. Nach einer kurzen Phase der Sympathie kehren die alten Verhaltensmuster sehr schnell wieder zurück: Machtansprüche, Unterdrückung, Bekämpfung oder Scheinheiligkeit und Heuchelei usw.

Die Übung der Selbsterkenntnis im herkömmlichen Sinne geht in der Regel nicht über Selbstbespiegelung und Nabelschau hinaus. Wenn aber doch der Entschluss da ist, in die Tiefe zu gehen, folgt die Übung, sich selber wie von außen mit den Augen eines anderen anzuschauen. Das ist viel schwerer und muss über lange Zeit praktiziert werden. Dazu gehört auch, nicht seine vermeintlichen Fehler anzuschauen, sondern das, was wirklich noch fehlt, also Eigenschaften, die man erreichen will. Das sind erste Voraussetzungen für einen Erkenntnisweg, der aber doch nur dann wirklich Wandlung bringt, wenn echte Karmaerkenntnis eintritt.

Hat nun ein Einzelner einer karmischen Gruppe eine weitgehende Erkenntnis und die anderen Beteiligten nicht, so ist mit großer Wahrscheinlichkeit nur eine Teillösung möglich. Die Erfahrung zeigt aber, dass in vielen Fällen doch eine Änderung zum Positiven hin erfolgt. Man darf sich aber keiner Illusion über die komplexen Voraussetzungen des gegenseitigen Verzeihens und der Verzeihung durch Christus hingeben.

Die Christusworte am Kreuz können uns darüber belehren: »Vater vergib ihnen, denn sie wissen nicht was sie tun.« Und: »Wahrlich, wahrlich ich sage dir, heute noch wirst du mit mir im Paradiese sein.« Und im Vaterunser heißt es: »Und vergib uns unsere Schuld, wie auch wir vergeben unseren Schuldigern.« Das Vergeben ist die Voraussetzung, dass auch uns vergeben werde, aber die Vergebung ist auch auf die Einsicht dessen angewiesen, dem vergeben werden soll. Denen, die nicht wissen was sie tun, kann Christus nicht selber verzeihen, er bittet seinen himmlischen Vater, das zu tun. Noch weniger ist die Möglichkeit bei dem lästernden Schächer am Kreuz gegeben. Der hat keine Einsicht, sondern er ist voller Hass. Aber der, dem die Schuld bewusst ist und der sie bereut, der kann unmittelbar Erlösung und Vergebung erlangen. Wenn selbst Christus an diese Gesetze gebunden ist und nur dem vergeben kann, der volle Einsicht in seine Verfehlungen hat, sind wir in unserer charakterlichen Schwäche noch viel mehr diesem Gesetz unterworfen. Keiner von uns ist nur annähernd so sündenlos wie Christus. Wenn ich einem anderen vergeben will, steigt mir ob meiner eigenen schweren Untaten die Schamröte ins Gesicht, die mir durch meine karmische Erkenntnis bewusst geworden sind. Das Wort vom Vergeben erscheint mir dann zu groß. Nur Christus hat ein Recht zu vergeben, wir aber müssen unsere gegenseitigen Untaten durch Erkenntnis auf eine neutrale Ebene stellen und versuchen durch Wiedergutmachung einen Anfang setzen, der in der Zukunft allmählich die Fähigkeit wachsen lässt, die karmischen Knoten zu lösen. Dann kann Verzeihung in Vereinigung mit Christus erst den vollen Ausgleich schaffen.

Bis das gelingen kann, müssen wir geduldig an kleinen Schritten arbeiten. Wieviel verkappter Hass und Groll lagert in den Seelengründen und wirkt über das Unterbewusstsein zerstörerisch. Und da können wir ansetzen in einer ehrlichen Karmaerkenntnis und -aufarbeitung. Wenn das der Einzelne tut, ist viel gewonnen. Wenn solches in Gruppen, in Arbeitsgemeinschaften geschieht, könnte sehr viel an alter Schuld aufgearbeitet werden. Das wären wohl jahrelange Prozesse, da erst das persönliche Schicksal erkannt und erfahren werden muss, ehe die karmischen Knoten aufgeknüpft werden können. In solchen Gruppen könnten alle Vorbehalte verschwinden und Verzeihung durch Christus wirken. Eine höhere Gruppenseele fände einen Raum, um starke Zukunftsimpulse zu setzen.

In einzelnen Fällen mag so etwas möglich sein und auch geschehen. In der Regel ist erst einmal der Einzelne mit seiner Erkenntnis alleine und die dazu gehörigen Mitmenschen wollen gar nichts davon wissen. Und in manchen Fällen ist so eine Einzelerkenntnis auch Anlass zu neuem Streit, da Neid und Argwohn aufkommt.

So bleibt dem Einzelnen nichts übrig, als kurzerhand erst einmal die gesamte karmische Last der ihm verbundenen Menschen in sein Bewusstsein aufzunehmen und an einer Teillösung zu arbeiten. Die Bereitschaft zum stellvertretenden Leiden, ohne Vorteile zu erwarten, ist eine urchristliche Gesinnung, die auf diese Weise geübt werden kann.

Geistige Erkenntnisstufen als Grundlage und Grenze karmischer Erkenntnis

Um seine eigenen karmischen Erlebnisse erkennen zu können, muss man sich die Fähigkeit der *imaginativen* Anschauung des eigenen Äther- und Astralleibes erwerben.

Um den Zusammenhang mit anderen, karmisch verbundenen Menschen zu erkennen, muss man die *Inspiration* innerhalb der *Imagination* erreichen.

Um sich selber im geschichtlichen Umfeld zu erkennen, muss die *Intuition* innerhalb der *Imagination* hinzukommen.

Um fremdes Karma eines karmisch verbundenen Menschen erkennen zu können, ist die Stufe der *Inspiration* und innerhalb dieser die *Imagination* und *Intuition* erforderlich.

Um das Karma eines nicht karmisch verbundenen Menschen erkennen zu können und ebenso allgemeine geschichtliche Zusammenhänge, muss man die höchsten Stufen der *Intuition* entwickelt haben, um die allgemeine *Akashachronik* erreichen zu können.

Die richtige Selbsteinschätzung gewinnt man, wenn man sich diese Stufen ganz nüchtern klar macht. Eine Selbstüberschätzung birgt Gefahren in sich. Größenwahn, Überheblichkeit mit der Folge des Abdriftens vom rechten Wege kann die Folge sein.

Ebenso wenig sollte man aber sein Licht unter den Scheffel stellen. Auch wenn die Flamme noch nicht so groß ist, kann sie dem Einen oder Anderen schon leuchten.

Während der Rückschau in die Inkarnationen können beide genannten Versuchungen auftreten. Die meisten Menschen treffen auf gute und schlechte Leben, das heißt, man kann wechselweise in Euphorie und Depression geworfen werden.

Auch wenn man ein oder mehrere Leben in Heiligkeit verbracht hat, muss man auf der Stufe der *Bewusstseinsseele* wieder unten mit den Lernschritten beginnen. Die Entwicklung geht nicht linear, sondern spiral- und wellenförmig. Nach einer erreichten Höhe erfordert gerade die Bewussseinsseelenentwicklung, dass die früheren Fähigkeiten, die immer in einem Umfeld eines Mysteriums oder einer Glaubensgemeinschaft gewonnen wurden, nun aus vollkommener Eigeninitiative wieder entwickelt werden. Zwar bilden die bisherigen Erfahrungen einen gewissen Schutz vor einem allzu steilen Abfall, aber die heute geforderte Selbsteinweihung baut nur noch auf den Ratgeber und Helfer bis zu einem gewissen Grade, nicht mehr auf den Hierophanten, der die volle Verantwortung übernimmt. Diese Eigenverantwortlichkeit erfordert Mut und Ausdauer und ist ein mühsamer Weg durch all die genannten Stufen. Er wird sich in vielen Fällen über mehrere Inkarnationen erstrecken. Davor nicht zurückzuschrecken und an der Überwindung der Angst zu arbeiten, fordert die *Bewusstseinsseele.*

Auch jemand der früher häufige Einweihungen hatte, hat heute schwer zu kämpfen. Und Jemandem, der nie Einweihungen hatte, ist es heute möglich, sich einen Zugang dazu zu erarbeiten. Allerdings ist es etwas ihm völlig Fremdes und er weiß vielleicht nicht, was er suchen soll, weil ihm die unbewusste Erinnerung daran fehlt. Doch die allgemeine menschliche Entwicklung, in deren Verlauf die Wesensglieder einer immer stärkeren Lockerung anheim fallen, wird vielen geistig offenen Menschen die Wege erschließen.

In diesem Sinne ist auch dieses Buch gemeint: als Anregung, Mut zu entwickeln und den Weg der geistigen Entwicklung zu beschreiten und sich auch gegebenenfalls für eine Zeit lang helfen zu lassen, Anleitung zu holen, bis das selbstständige Weiterarbeiten gelingt. Auch ich fühle mich auf dem Wege und im Werden, aber was ich mir sicher erarbeitet habe, möchte ich an andere Menschen weitergeben.

»Man kann hinsehen auf den Inschriftspruch der ägyptischen Isis: Ich bin das All, ich bin die Vergangenheit, die Gegenwart und die Zukunft; meinen Schleier hat noch kein Sterblicher gelüftet –, und wie man auf der anderen Seite aufnehmen kann dasjenige, was von der Gegenwart an und in die Zukunft hinein gewissermaßen der andere, der ergänzende Spruch sein muss: Ich bin der Mensch. Ich bin die Vergangenheit, ich bin die Gegenwart, ich bin die Zukunft. Meinen Schleier sollte jeder Sterbliche lüften.«[70]

ANHANG

Einige Auszüge aus Aufsätzen im »Jahrbuch für anthroposophische Kritik«

Wenn die Bewusstseinsseele den Astralleib soweit erzogen hat, dass Manaskräfte in ihm aufleuchten, kann ein bewusstes Ergreifen des mehr oder weniger vorbereiteten Keimes des Lebensgeistes durch den Willen des Ich erfolgen.

Durch kultische Verrichtungen, die in alten Kulturen immer Kunst und Magie zugleich waren, ist dieses Wesensglied veranlagt worden.

So haben auch heute und in Zukunft vor allem die Künste einen wesentlichen Anteil an der Ausgestaltung der sieben Stufen der Buddhi-Entwicklung.

In der Baukunst projizieren wir die Gesetze des physischen Leibes in die äußere Materie. Das plastische Element schlägt die Brücke zum Ätherleib. Die Verbindung zwischen Äther- und Astralleib bildet die Malerei.

In diesem veredelt die Malerei die Empfindungsseele zum bewussten Ergreifen der Imagination: »In eigentümlicher Weise erlebt die übersinnliche Erkenntnis die Malerei. Sie steht für die übersinnliche Erkenntnis einzig da ... Auch der Seher ist genötigt, das Erleben der geistigen Welt, das, was er gestaltlos erlebt, in gestaltete, in dichte Welt umzusetzen.

Es geschieht, indem er das ... so umsetzt in innere Anschauung, in Imagination und es ausfüllt mit Seelenstoff. ... Er schafft im innerlichen, schöpferischen, seherischen Zustand das Gegenstück zur Malerei.«

Im musikalischen Schaffen und Erleben taucht das Ich in den Astralleib hinein.

Sprachkunst und Dichtung führen in den Bereich von Manas.

Die Bewegungskunst in Form der Eurythmie soll schließlich alle Bestrebungen zu einem Höhepunkt führen, der Ausbildung der Buddhi.

Rudolf Steiner deutete eine weitere zukünftige Kunstform an. Es könnte das eine Art geistig-ätherische Architektur, aus Liebesformen erbaut, ähnlich den atlantischen Mysterienstätten, aber nun von Menschengemeinschaften bewusst – nicht mehr von oben gelenkt – willenshaft erbildet, sein.

Aus: »Skizzenhafter Überblick über die zu entwickelnden höheren Wesensglieder des Menschen: Manas und im Besonderen Buddhi«
(Jahrbuch für anthroposophische Kritik 1996)

Es ist auffallend, dass Rudolf Steiner kaum Übungen zur Ausbildung der zweiblättrigen Lotusblume angibt. Auch seine Beschreibung der Eigenschaften dieses Organs fallen eher dürftig aus im Gegensatz zu der Beschreibung der weiteren Chakren. Man könnte denken, die Konzentrationsübungen zum Kehlkopf- und Herzchakra dienten auch der Ausbildung der zweiblättrigen Lotusblume.

Aber dies ist zu einfach gedacht. Oftmals weist Rudolf Steiner darauf hin, dass ein sinnlichkeitsfreies Denken Voraussetzung für die moderne Geistesschulung sei. Um diese Fähigkeit zu erlangen, habe er die Bücher »Wahrheit und Wissenschaft« wie auch »Die Philosophie der Freiheit« geschrieben.

Meine persönliche Ansicht, die möglicherweise korrigiert werden kann, ist, dass die Beschäftigung mit diesen Werken im besonderen auf die zweiblättrige Lotusblume wirkt.

In »Die Geheimwissenschaft im Umriss« findet sich die Aussage: »Es ist der Weg, welcher durch die Mitteilungen der Geisteswissenschaft in das sinnlichkeitsfreie Denken führt, ein durchaus sicherer. Es gibt aber noch einen anderen, welcher sicherer und vor allem genauer, dafür aber auch für viele Menschen schwieriger ist. Er ist in meinen Büchern ›Erkenntnistheorie der Goetheschen Weltanschauung‹ und ›Philosophie der Freiheit‹ dargestellt ... Es stehen diese Schriften auf einer sehr wichtigen Zwischenstufe zwischen dem Erkennen der Sinnenwelt und dem der geistigen Welt.«

In dem Zyklus »Mysterienstätten des Mittelalters« (GA 233a) geht Rudolf Steiner etwas deutlicher auf die zweiblättrige Lotusblume ein. Es wird dort der Zusammenhang des Einwirkens des Mondes auf das Rückenmarksystem und den Sehnerv gezeigt.

Der Mondrhythmus von achtundzwanzig Tagen bringt achtundzwanzig bis dreißig Rückenmarksnerven und achtundzwanzig bis dreißig Nervenfasern des Sehnervs hervor. Das Auge ahmt das Rückenmark nach.

Weiter wird die Sonnenwirkung auf die zwölf Hauptnerven des Gehirns beschrieben. Nun ist es das Geruchsorgan, welches in zwölf Strängen des Riechnervs das Gehirn nachahmt. Ein kleiner embryonaler Mensch liegt am Konzentrationspunkt der zweiblättrigen Lotusblume zwischen den Augenbrauen.

Wenn der Geistesschüler einen stark konzentrierten Gedanken meditiert, bildet er diese Tätigkeit ins Astrallicht hinein. Dadurch wird die zweiblättrige Lotusblume ausgebildet, in Tätigkeit versetzt und bildet sich somit zum geistigen Wahrnehmungsorgan aus.

Aber bevor diese Ausbildung stattgefunden hat, ist sie auch schon in passiver Weise tätig: »... er (der Mensch) schreibt fortwährend alles dasjenige, was in seinen Gedanken ist, in das Astrallicht hinein. Das Schauen befähigt ihn dann nur das, was er hineinschreibt, eben zu verfolgen, wahrzunehmen und auch anderes damit wahrzunehmen, namentlich den wahren Unterschied von Gut und Böse ... Dem Schüler wurde klargemacht: Wenn er dieses Organ gebraucht, das ein ins Astrallicht hinaufgehobenes Geruchsorgan ist, dann lernt er die wahre Stofflichkeit aller Dinge kennen, die wahre Materie.«

In »Wie erlangt man Erkenntnisse der höheren Welten?« wird von einem durch die Übungen erzeugten Mittelpunkt im Kopfe gesprochen. Es ist dies das sinnlichkeitsfreie Denken, was diesen Mittelpunkt der Strömungen des Ätherleibes hervorbringt. »Nur eine solche Geheimschulung hat den vollen Erfolg, welche zuerst diesen Mittelpunkt schafft.«

Der weitere Verlauf des Schulungsweges verlagert durch mannigfaltige Übungen diesen Punkt erst in den Kehlkopf und später in das Herzorgan. Dort wird dann in der Nähe der Herzlotusblume der nun fein strukturierte Ätherleib ein herrlich leuchtendes Mittelpunktsorgan haben.

Man sieht, es sind zwei Dinge auszubilden: die Lotusblumen als Organ des Astralleibes; sie wiederum wirken auf den Ätherleib, der dadurch bestimmte Strukturen erhält, die wahrnehmbar und spürbar sind.

Im selben Werk spricht Rudolf Steiner von der Erfahrung des niederen Selbst, in dem das höhere Selbst auf der nun erreichten Stufe aufleuchtet, und fährt dann fort: »Und nun« (d.h. nach der Ausbildung der anderen Lotusblumen) »ist die Zeit gekommen, um die zweiblättrige Lotusblume in der Augengegend zu gebrauchen. Fängt sie an sich zu bewegen, so findet der Mensch die Möglichkeit, sein höheres Ich mit übergeordneten geistigen Wesenheiten in Verbindung zu setzen.« Im Weiteren wird noch einmal auf die Bedingung der klaren logischen Schulung und gesunden Urteilskraft hingewiesen, als Grundlage der Geburt des höheren Selbst.

Eine weitere Aussage Rudolf Steiners scheint mir ebenfalls sehr bedeutsam zu sein. Er nennt die Stirnlotusblume verschiedentlich ein »Willensorgan«. Dadurch werden wiederum andere Aussagen beleuchtet: Die Rosenkreuzerschulung ist eine Willensschulung, im Gegensatz zu den vorchristlichen Einweihungsschulen, welche die Denkkräfte üben mussten, und die frühen christlichen und mittelalterlichen Schulungen pflegten besonders die Gemütskräfte. Heute ist es wichtig, den Willen ins Denken zu bringen, und das wirkt auf die zweiblättrige Lotusblume.

Zur Ausbildung der sechzehnblättrigen Lotusblume dienen die von Rudolf Steiner gegebenen Übungen zu den Wochentagen, analog dem achtgliedrigem Pfad des Buddha und den Seligpreisungen der Bergpredigt im Matthäus-Evangelium. In »Wie erlangt man Erkenntnisse der höheren Welten?« beginnt Rudolf Steiner mit der Beschreibung dieser Übungen: »Der Mensch muss auf gewisse Seelenvorgänge Aufmerksamkeit und Sorgfalt verwenden, die er gewöhnlich sorglos und unaufmerksam ausführt.« Es wird hier begonnen mit der Ordnung des Gedankenlebens, aber im Sinne einer Selbstbeobachtung. In diesem Falle ist es nicht die Konzentration auf einen bestimmten Gedanken, sondern: »Eine jede Vorstellung soll in ihm Bedeutung gewinnen. Er soll in ihr eine bestimmte Botschaft, eine Kunde über Dinge der Außenwelt sehen ... Sein Streben soll dahin gehen, unrichtige Vorstellungen aus seiner Seele zu entfernen.«

In diesem Zusammenhang kann es hilfreich sein, sich öfters während des Tages in dem normalen Gedankenablauf zu unterbrechen und zu versuchen, rückwärts die Gedanken und Sinneseindrücke der letzten fünf oder zehn Minuten zu verfolgen, um dadurch das Denken stärker unter Kontrolle zu bekommen. Die zweite Übung ist, gedankenloses Handeln zu unterlassen, sondern sich zu der unbedeutendsten Sache bewusst zu entschließen.

Die dritte Übung wendet sich der Kontrolle der Rede zu.

Auch dort gilt die Unterscheidung des Wesentlichen vom Unwesentlichen. Das ist besonders schwierig, da man kein abgehobener Sonderling werden soll. Es kann auch wesentlich sein, in einer bestimmten Situation eine scherzhafte, humorvolle Bemerkung zu machen. Es gilt auch hier, geistesgegenwärtig zu sein.

»Der vierte Seelenvorgang ist die Regelung des äußeren Handelns.« Hier geht es im Gegensatz zur zweiten Übung, die eine eher passive Kontrolle des normalen, alltäglichen Handlungsablaufs ist, um die aktiven Entschlüsse des äußeren Handelns: »Er sucht sein Tun so einzurichten, dass es sich harmonisch eingliedert in seine Umgebung, in seine Lebenslage usw. ... Wo er aus sich heraus handelt, da erwägt er die Wirkungen seiner Handlungsweise auf das Deutlichste.«

Die fünfte Übung »liegt in der Einrichtung des ganzen Lebens ... Übergeschäftigkeit und Lässigkeit liegen ihm gleich ferne ... Gesundheitspflege, Gewohnheiten usw. richtet er für sich so ein, dass ein harmonisches Leben die Folge ist.«

»Das sechste betrifft das menschliche Streben. Der Geheimschüler prüft seine Fähigkeiten, sein Können und verhält sich im Sinne solcher Selbsterkenntnis. Er versucht nichts zu tun, was außerhalb seiner Kräfte liegt; aber auch nichts zu unterlassen, was innerhalb derselben sich befindet. Andererseits stellt er sich Ziele, die mit den Idealen, mit den großen Pflichten eines Menschen zusammenhängen.«

»Das siebente in seinem Seelenleben betrifft das Streben, möglichst viel vom Leben zu lernen.«

»Das achte endlich ist: der Geheimschüler muss von Zeit zu Zeit Blicke in sein Inneres tun ... sorgsam mit sich zu Rate gehen ...«

In den »Anweisungen für eine esoterische Schulung« (GA 245, jetzt in GA 267) werden diese Übungen den Wochentagen zugeordnet. Es ist sinnvoll, in dieser Reihenfolge zu verfahren. Man kann den Zusammenhang mit den Planeten erkennen und durch Vertiefung in die Übungen Bezüge zu den Metallen und zu anderen den Planetenkräften entsprechenden Ausgestaltungen und Gesetzmäßigkeiten erkennen.

Im Zyklus »Das Initiaten-Bewusstsein« (GA 243) gibt es gewisse Hinweise auf den Zusammenhang der Metalle mit der Geistesschulung. Dort wird zuerst beschrieben, wie in älterer Zeit den zur Einweihung vorbereiteten Menschen die Metalle in hochpotenzierter Form zum Zwecke geistiger Erfahrung verabreicht worden sind.

Das war in der alten Zeit aufgrund einer ganz anderen Beschaffenheit der Körperlichkeit ein angemessener Weg, um zu übersinnlicher Wahrnehmung zu kommen. Weiter heißt es dort, dass in der heutigen Zeit der einzig richtige Weg darin besteht, dass der Mensch sich seelisch bekannt macht mit der Wesenheit des Metalls (Kupfer).

Es wird weiter angedeutet, wie man so etwas meditieren könne, indem man Farbe, Fundorte, chemische Beschaffenheit usw. betrachtet und sich ein Gefühl davon verschafft, auf das man sich konzentriert.

Es ist eine Möglichkeit, auf diese Weise die Übungen für die Wochentage, die das Kehlkopfchakra strukturieren, zu erweitern und wirksamer zu machen, indem durch ein solch vertieftes Meditieren neue Weltzusammenhänge aufgehen können.

Die sieben Metalle wirken auf die sieben Chakren wie folgt:

Scheitel:	Blei	–	Saturn
Stirn:	Zinn	–	Jupiter
Kehlkopf:	Eisen	–	Mars
Herz:	Gold	–	Sonne

Solarplexus:	Kupfer	–	Venus
Nabel :	Quecksilber	–	Merkur
Basis:	Silber	–	Mond

Ausgehend von dieser erweiternden Übung für das Kehlkopfchakra können alle anderen Chakren beeinflusst werden.

Ein zusätzlicher Aspekt dieser Übungen kann die dreifache Gewissensbildung innerhalb der Empfindungsseele, der Verstandesseele und der Bewusstseinsseele sein.

In der Empfindungsseele:

Die Gefühle und Empfindungen werden kultiviert, indem man sich keine negativen Neigungen gestattet, auch keine Schwärmerei.

In der Verstandesseele:

Man lässt keine Dummheiten, Verkehrtheiten durchgehen.

In der Bewusstseinsseele:

Mit Wachheit und Geistesgegenwart werden alle Prozesse beobachtet, nichts gelangt unkontrolliert ins Bewusstsein.

Die Fähigkeiten, die herangebildet werden, beschreibt Rudolf Steiner in »Wie erlangt man Erkenntnisse der höheren Welten?« (GA 10): »Man muss sich noch klarmachen, dass die Wahrnehmungen der einzelnen geistigen oder Seelensinne einen verschiedenen Charakter tragen.« Die sechzehnblättrige Lotusblume »nimmt Gestalten wahr. Die Gedankenart, die eine Seele hat, die Gesetze, nach denen eine Naturerscheinung sich vollzieht, treten für die sechzehnblättrige Lotusblume in Gestalten auf. Das sind aber nicht starre, ruhige Gestalten, sondern bewegte, mit Leben erfüllte Formen.«

Die zwölfblättrige Lotusblume

Die sogenannten sechs Nebenübungen sind in den »Anweisungen für eine esoterische Schulung« am Anfang, noch vor den Übungen für die Wochentage, plaziert.

Es ist sinnvoll, mit diesen Übungen, welche die Harmonisierung des Herzchakras bewirken sollen, zu beginnen, da sie gleichzeitig auch das Stirnchakra beeinflussen und ebenso in den unteren Bereich wirken. Des öfteren führt Rudolf Steiner aus, dass das Herz sich zum Denkorgan entwickeln soll und dass in der Nähe des Herzens das geistige Zentrum der Kundalinikraft ausgebildet wird.

Doch muss man im Laufe des Weges dazu kommen, alle Übungen, die des Kehlkopfes wie die des Herzchakras, ständig nebenher laufen zu lassen. Das mag anfangs mühselig und umfangreich erscheinen, wird aber im Laufe der Zeit zu einer Gewohnheit, die man nicht mehr missen kann, die auch in fast jeder Situation geschehen kann, dann auch immer weniger Mühe macht.

Aber aller Anfang ist schwer. Viele schrecken vor dem Umfang der Übungen erst einmal zurück.

Es beginnt mit der Gedankenkonzentration, die in diesem Fall aktiven Charakter hat: es ist die Konzentration auf einen selbstgewählten Gegenstand. Es kommt dabei weniger auf den Denkinhalt an, sondern auf die Willenskraft, die im Verweilen bei dem Gegenstand aufgebracht wird.

Die nächste Übung ist ein physisch ausgeführter, selbst bestimmter Willensakt. Dazu ist nicht geeignet, was zu den normalen, notwendigen Tätigkeiten gehört.

Das Dritte ist die Erlangung des Seelengleichgewichtes.

Das Vierte, die Positivität, wird erreicht, indem man in negativen Ereignissen, Tatsachen usw. den positiven Aspekt aufsucht.

Die fünfte Eigenschaft ist die Unbefangenheit und Vorurteilsfreiheit.

Die Harmonie aller Eigenschaften gilt als sechste, alle anderen zusammenfassende Qualität.

Wichtig ist es, die Empfehlung ernst zu nehmen, die jeweilige Übung mit den in den esoterischen Stunden angegebenen Strömungen abzuschließen. Diese sind solange vorzunehmen, bis sie spürbar werden. Ein leises Strömen im Ätherleibe wird wahrnehmbar. Zuerst soll der Mittelpunkt an der Stirn erscheinen. Später wird der Mittelpunkt in den Kehlkopf verlegt und danach erst im Herzen gebildet. Dazu werden bestimmte Mantren meditiert. Es genügt nicht ein rein gedankliches Meditieren, sondern willenhaft erlebtes. Dies meint ein Einprägen bestimmter Formeln, das noch beschrieben werden soll.

Die Herzlotusblume vermittelt Wahrnehmungen der Seelenwärme und Seelenkälte, ebenso ein tiefes Verständnis für Naturvorgänge: Wachsen und Vergehen, die ebenso Seelenwärme und -kälte ausströmen.

Die zehnblättrige Lotusblume

In der zehnblättrigen Lotusblume sind alle zwölf Sinne zentriert. Zur Ausbildung derselben ist eine weitgehende Kontrolle notwendig. Die aktive Übung ist das Bewusstmachen der Sinne und dann ein vorsätzliches Ausschalten aller Sinne. Die mehr passive Sinneskontrolle muss, so oft es geht, vorgenommen werden: es ist zu überprüfen, welche Sinne z.B. angesprochen werden und in Aktion sind, um sie gegebenenfalls auszuschalten. Nichts Unkontrolliertes soll in uns hineingelangen. Die Beobachtung wäre: welche Sinneseindrücke führen zu bestimmten Gedanken, Einfällen, Ideen? Das Entlarven und Wegschaffen von Illusionen ist notwendig.

»Das Leben des Geheimschülers muss ein Leben in Aufmerksamkeit sein ...« In diesem Zusammenhang ist es hilfreich, sich gründlich mit der Sinneslehre Rudolf Steiners zu befassen.

Eine voll ausgebildete zehnblättrige Lotusblume hat die Fähigkeit der Aurawahrnehmung und kann auch deren Interpretation entwickeln, da sie gleichzeitig das Organ des analytischen, intellektuellen Denkens ist. Man kann tief verborgene Eigenschaften des Menschen durch sie wahrnehmen.

Licht und Farbe, aber auch Talente und Fähigkeiten von Seelenkräften und verborgene Eigenschaften der Natur können nun erkannt werden. Es wird dieser Lotosblume die Farbe Gelb zugeordnet. Das dazugehörige Organ ist das Sonnengeflecht (Solarplexus). Weitere Eigenschaften sind: die Beziehungen zu anderen Menschen, Bindungen und Trennungen.

Die sechsblättrige Lotusblume

Die schwerste Arbeit ist im Zusammenhang mit der sechsblättrigen Lotusblume in der Nabelgegend zu leisten.

Leib, Seele, Geist müssen in vollkommene Harmonie gebracht werden. »Der Leib muss so veredelt und geläutert werden, dass seine Organe zu nichts drängen, was nicht im Dienste der Seele und des Geistes geschieht ... Eine Tugend, zu der man sich erst zwingen muss, ist für die Geheimschülerschaft noch wertlos.«

Durch diese ausgebildete Lotusblume erlangt der Geistesschüler die Fähigkeit, mit höheren geistigen Wesenheiten in Kontakt zu treten.

Ein noch höheres Organ

In »Wie erlangt man Erkenntnisse der höheren Welten?« wird nun ausführlich von der notwendigen Entwicklung eines noch höheren Organs gesprochen, welches seinen Mittelpunkt in der Herzgegend erhalten soll – das Kundalinilicht. Es ist notwendig, sorgfältig an diesem Organ zu arbeiten.

Hier soll nur angedeutet werden, dass innerhalb der umfangreichen Anweisungen einige wesentliche Fortschritte erreicht werden müssen. Es soll gelernt werden, die Strömungen des Ätherleibes in bewusster Weise zu lenken. »Der Zweck dieser Entwicklung ist, dass sich in der Gegend des physischen Herzens eine Art Mittelpunkt bildet, von dem Strömungen und Bewegungen in den mannigfaltigsten geistigen Farben und Formen ausgehen. Dieser Mittelpunkt ist ... ein wunderbares Organ.«

Da dieses Organ in der Nähe der zwölfblättrigen Lotusblume liegt, muss diese ganz besonders sorgfältig ausgebildet sein. Es wird aber nicht sogleich dieser Mittelpunkt ausgebildet, sondern zuerst der schon anfangs genannte Punkt im Kopfe. Wenn dieser genügend befestigt ist, wird er in die Gegend des Kehlkopfes verlegt. »Ein weiteres Üben befähigt den Schüler, die Lage seines Ätherleibes zu bestimmen, ihn zu bewegen ... Diese Fähigkeit wird durch Strömungen bewirkt, welche ungefähr längs der beiden Hände verlaufen und die ihren Mittelpunkt in der zweiblättrigen Lotusblume in der Augengegend haben ... Die Strahlungen, die vom Kehlkopf ausgehen, gestalten sich zu runden Formen, von denen eine Anzahl zu der zweiblättrigen Lotusblume hingehen, um von da aus als wellige Strömungen den Weg längs der Hände zu nehmen.«

Diese Ströme werden zu einer Art Netzhaut, die eine Grenze des Ätherleibes bildet. »Dadurch wird der Mensch für diese äußeren (kosmischen) Strömungen empfindlich. Sie werden ihm wahrnehmbar.«

Nun wird der Mittelpunkt in der Herzgegend gebildet. »Das geschieht wieder durch die Fortsetzung der Konzentrations- und Meditationsübungen.« Jetzt »wird der Mensch mit dem ›inneren Wort‹ begabt«.

Es werden weitere wichtige Übungen ausgeführt, die zu dem Erlebnis des niederen und des aus diesem hervortretenden höheren Selbst führen.

Jetzt ist der Zeitpunkt gekommen, »um die zweiblättrige Lotusblume in der Augengegend zu gebrauchen. Fängt sie an, sich zu bewegen, so findet der Mensch die Möglichkeit, sein höheres Ich mit übergeordneten geistigen Wesenheiten in Verbindung zu setzen.« Eine weitere Folge der Erlangung des Bewusstseins vom höheren Selbst ist die Erkenntnis des eigenen Bleibenden, d.h. Karmaerkenntnis.

Im folgenden Kapitel »Veränderungen im Traumleben des Geheimschülers« wurde in der ursprünglichen Fassung in der Zeitschrift »Luzifer-Gnosis« vom Kundalinifeuer und Kundalinilicht gesprochen. Später hat Rudolf Steiner diesen Ausdruck in »geistige Wahrnehmungskraft« umbenannt. Es ist dies das schon beschriebene Mittelpunktsorgan des Ätherleibes in der Herzgegend.

Aus dem bisher Ausgeführten geht hervor, dass zuerst mit einer Ausbildung der Organe des Astralleibes begonnen wird, aber bald auch schon Wirkungen im Ätherleib spürbar werden müssen, da sich in ihm das eigentliche, geistige Wahrnehmungsorgan entwickelt.

Die vierblättrige Lotusblume

Es fällt auf, dass weder die vierblättrige, noch die achtblättrige Lotusblume näher beschrieben wird. Rudolf Steiner erwähnt, dass damit Geheimnisse verbunden sind, die so ohne weiteres nicht veröffentlicht werden dürfen. Im Verlauf der Entwicklung erlebt der Schüler durch die genannten Übungen auch eine Belebung dieser Organe. Es scheint, dass mit der Ausbildung der sechzehn- und zwölfblättrigen Lotusblume auch auf die vierblättrige eine Wirkung ausgeübt wird. Es ist damit allerdings eine besondere Einstellung zur Sexualität notwendig. Man kann nicht mehr so unbeschwert mit diesem Bereich umgehen, wie es in heutiger Zeit üblich geworden ist. Es ist der Bereich, in dem die höchsten Hierarchien ihren Wirkensort haben. Im Zeugungsprozess verbinden sich diese göttlichen Wesen mit dem Herrn der Materie, mit Ahriman. Es ist ein rein magisches Wirken, welches der Mensch triebhaft in Gang setzt. Diese Magie kann unbewusst oder bewusst missbraucht werden. Der Mensch, der verantwortlich mit diesem Kraftpotential umgeht, kann durch den Schulungsweg allmählich lernen, diesen Bereich zu verwandeln und als unerschöpflichen Kraftquell für die höhere Schulung zu gebrauchen. »Das Sexuelle ... wird ... wenn wir es in seiner immer höheren und höheren Natur sehen, der zweite Logos ... durch das Buddhi-Prinzip hinaufsteigend wurde es das Christusprinzip.«

Die achtblättrige Lotusblume (Scheitelchakra)

Sie wird in der östlichen Weisheit die tausendblättrige Lotusblume genannt. Rudolf Steiner hat über das Scheitelchakra sehr wenig gesagt. Ich will versuchen, einige Hinweise anzudeuten und dann auch auf andere Quellen zurückgreifen. Die organische Grundlage dieser Lotusblume ist die Zirbeldrüse (Epiphyse), ein in alten Zeiten sehr regsames Organ, welches beim heutigen Menschen verkümmert ist. Durch den Schulungsweg wird dieses wieder entwickelt und zum hellsichtigen Organ werden. In den esoterischen Stunden findet man eine Stelle, die die Funktion etwas erhellt: »Wenn die Schleimdrüse (Hypophyse) die Zirbeldrüse (Epiphyse) mit goldenen Fäden umströmt, dann ist der Zeitpunkt gekommen, wo die Umwandlung des Astralkörpers zum Geistselbst, zum Manas, so weit fortgeschritten ist, dass nun der Ätherkörper in die Buddhi verwandelt werden kann.« An anderer Stelle wird von einer zukünftigen zweiten Wirbelsäule gesprochen, welche durch Zirbel- und Schleimdrüse organisiert wird. Die wenigen Aussagen Rudolf Steiners über die Aufgabe und Beschaffenheit des Scheitelchakras können vorsichtig aus Erfahrungen ergänzt werden. Im Scheitelchakra sind wir mit allen himmlischen Hierarchien bis hinauf zum göttlichen Urgrund verbunden. Auch der persönliche Engel wirkt über diesen Strom, der, wenn er voll entwickelt ist, bis in die Füße, d.h. in die Fußchakren, spürbar ist. Die Farbe dieser Lotusblume ist Violett als Grundfarbe, bei weiterer Ausbildung erscheint auch Weiß und Gold.

(Die Zitate stammen aus GA 10: Wie erlangt man Erkenntnisse der höheren Welten? / GA 13: Die Geheimwissenschaft im Umriss / GA 94: Kosmogonie / GA 233a : Mysterienstätten des Mittelalters / GA 104: Die Apokalypse des Johannes / GA 245: Anweisungen für eine esoterische Schulung / GA 243: Das Initiaten-Bewusstsein / GA 93a: Grundelemente der Esoterik / GA 264: Zur Geschichte und aus den Inhalten der ersten Abteilung der Esoterischen Schule 1904-1914)

Aus: »Gesetzmäßigkeiten der Geistesschulung«
(Jahrbuch für anthroposophische Kritik 1997)

Zusammenfassung wichtiger Übungen

Einige Übersichtstabellen über die Chakren, ihre Eigenschaften, Bezüge und dazu förderliche Übungen sind nur als unverbindliche Versuche gemeint. Davon starre Regeln ableiten zu wollen, wäre nicht gut, da die Regeln offen sind, manche Bezüge überschneiden sich oder lassen sich auch nicht schlüssig nachweisen. Zugrunde liegen die Angaben Rudolf Steiners und meine eigenen Erfahrungen, die gegebenenfalls korrigiert werden können, wenn sich für den Einzelnen anderes ergibt. Die individuelle Erfahrung und Beschaffenheit muss in jedem Falle berücksichtigt werden.

Ein verantwortungsbewusster, sorgsamer Umgang mit allen Übungen ist Voraussetzung, um Gefährdungen vorzubeugen. Die vorbereitenden, sogenannten Nebenübungen, können auch Grundübungen genannt werden. Sie müssen grundsätzlich immer nebenher verrichtet werden. Das sind im Wesentlichen die Übungen für Kehlkopf- und Herzchakra. Aber auch die anderen Chakren sollen im Bewusstsein und unter Kontrolle sein. Vor allem Gedankenleben und Sinneswahrnehmungen sollen bewusst erzogen und alles Umherschweifen allmählich immer mehr vermieden werden.

Zu den Mantren ist zu vermerken, dass sie hochwirksam sein können und ein leichtfertiges Ausprobieren auch unvorhersehbare »Nebenwirkungen« haben kann. Die natürliche Begleiterscheinung der Geistesschulung besteht in einer stärkeren Lockerung der Wesensglieder, die leicht zu krankhaften Veränderungen führen kann, wenn die Schulung nicht energisch und konsequent regelmäßig betrieben wird.[71]

Heute sind alle Esoterischen Stunden und auch die Klassenstunden von Rudolf Steiner durch die Nachlassverwaltung veröffentlicht worden. Jedem sind alle Texte zugänglich. Doch die ursprüngliche Geheimhaltung hatte durchaus den Sinn, mögliche Anwender vor unreifem Umgang damit zu schützen. Die Zeitentwicklung machte es notwendig und möglich, da viel mehr Menschen spirituell wacher geworden sind, als es noch vor wenigen Jahrzehnten der Fall war, alle Texte freizugeben. Wenn die von Rudolf Steiner ausführlich beschriebenen Grundregeln der Geistesschulung beachtet werden, kann der Gefahr einer Entgleisung vorgebeugt werden. Auf dem Hintergrund dieser Tatsache sollen die folgenden Tabellen und Mantren zur Anregung dienen.

I. Übersichtstabellen

a)

Planeten	*Endokrine Drüsen*	*Chakram*
Saturn	Epiphyse/Zirbeldrüse	Scheitel / achtblättrig
Jupiter	Hypophyse	Stirn / zweiblättrig
Mars	Nebenschilddrüse	Kehlkopf / sechzehnblättrig
Sonne	Thymusdrüse	Herz / zwölfblättrig
Venus	Solarplexus	Magen / zehnblättrig
Merkur	Nebennieren	Leber, Pankreas / sechsblättrig
Mond	Keimdrüsen	Eierstöcke, Hoden / vierblättrig

b)

Eigenschaften	*Übungen*
Acht Engel verbinden mit dem Höheren Selbst und allen Hierarchien	Weisheit
Logisches, lebendiges, sinnlichkeitsfreies Denken und Klarheit im Reden Entwickelt sich zur Imagination	Philosophie, Mathematik Studium esoterischer Lehren
Wahrnehmung von Gestalten und Formen der Naturgesetze, wellige Strömungen werden zur Grenze des Ätherleibes	Acht Übungen, den Wochentagen zugeordnet
Wahrnehmung von Seelenwärme und -kälte, Lebensregeln, Tiefes Verständnis für Naturvorgänge	Sechs Nebenübungen
Wissenschaft, Intellekt, Nerven-Sinneszentrum von Antipathie Geistige Farben und die Aura werden sichtbar	Kontrolle und Beherrschung aller Sinne, Bekämpfung
Verkehr mit hohen geistigen Wesen durch überwundene Leidenschaften	Harmonie von Leib, Seele, Geist

und Begierden
Durch Entwicklung des Ätherleibes werden bewusste Ströme ausgebildet, die zur Erweckung der Kundalinikraft führen. Nachdem von oben nach unten gearbeitet worden ist, werden diese Ströme nun die Wirbelsäule emporgelenkt und mit dem Scheitelchakra verbunden. Der kosmische Strom fließt jetzt frei durch alle Chakren bis in die Hand- und Fußchakren.

c)
Sieben Gaben des Heiligen Geistes

Weisheit	Gottvater und alle Hohen Hierarchien	Atma
Einsicht	Heiliger Geist	Manas
Gottesfurcht	Christus und Maria	Buddhi
Rat	Christus	göttlicher Wille, geistige Liebe wird zum neuen Geistesherzen
Erkenntnis	Christus	gereinigter Astralleib wird Manas
Stärke	Isis-Sophia-Maria	göttlicher Wille verbindet sich mit der Erden-Mutter
Frömmigkeit	Gottvater	durchdringt und wandelt den Willen der Tiefen mit dem Willen der Höhen

II. Die sieben Stufen der Geistesschulung und der Passionsstufen und die sieben Geheimnisse bei Rudolf Steiner

Der christlich-rosenkreuzerische Weg	*Der johanneische Weg*	*Geheimnis*
Studium	Fußwaschung	Geheimnis des Abgrundes
Imagination	Geißelung	Geheimnis der Zahl
Okkulte Schrift	Dornenkrönung	Geheimnis der Alchemie
Bereitung des Steines der Weisen	Kreuztragung	Geheimnis des Todes
Versenkung in den Zusammenhang von Mikrokosmos und Makrokosmos	Mystischer Tod	Geheimnis des Bösen
Zusammenwachsen des Logos mit der ganzen Welt	Grablegung	Geheimnis des Wortes
Gottseligkeit	Auferstehung	Geheimnis der Gottseligkeit

Bezüge zwischen den Chakren, den Wesensgliedern, den Künsten und den planetarischen Entwicklungsstufen

Scheitel:	zukünftige Kunst	Vulkan	Atma
Stirn:	Eurythmie	Venus	Buddhi
Kehlkopf:	Sprache, Dichtung	Jupiter	Manas
Herz:	Musik	Erde	Ich, Bewusstseinsseele Verstandesseele
Solarplexus:	Malerei	alter Mond	Astralleib Empfindungsseele

Nabel:	Plastik	alte Sonne	Ätherleib Empfindungsleib
Basis:	Architektur	alter Saturn	Physischer Leib

Diese Zuordnung ist vor einigen Jahren nach einer Beschäftigung mit den Kunstvorträgen Rudolf Steiners als Versuch entstanden und beansprucht keine Vollständigkeit.

Erweckung der Chakren durch Meditation und Konzentration

Von Rudolf Steiner gegebene Mantren aus der Esoterischen Schule für das Herzchakra:

Strahlender als die Sonne
Reiner als der Schnee
Feiner als der Äther
Ist das Selbst
Der Geist in meinem Herzen.
Dies Selbst bin ich,
Ich bin dies Selbst.

Für das Stirnchakra:

Ich trage Ruhe in mir,
Ich trage in mir selbst
Die Kräfte, die mich stärken.
Ich will mich erfüllen
Mit dieser Kräfte Wärme,
Ich will mich durchdringen

Mit meines Willens Macht.
Und fühlen will ich
Wie Ruhe sich ergießt
Durch all mein Sein,
Wenn ich mich stärke,
Die Ruhe als Kraft
In mir zu finden
Durch meines Strebens Macht.[72]

Aus dem ersten Mysteriendrama »Die Pforte der Einweihung«.
Zur Vorbereitung des Karmaschauens, im Zweifelsfalle nur unter Anleitung zu meditieren:

Des Lichtes webend Wesen, es erstrahlet
Durch Raumesweiten,
Zu füllen die Welt mit Sein.
Der Liebe Segen, er erwarmet
Die Zeitenfolgen,
Zu rufen aller Welten Offenbarung.
Und Geistesboten, sie vermählen
Des Lichtes webend Wesen
Mit Seelenoffenbarung;
Und wenn vermählen kann mit beiden
Der Mensch sein eigen Selbst,
Ist er in Geisteshöhen lebend.

Des Lichtes webend Wesen, es erstrahlet
Von Mensch zu Mensch,
Zu füllen alle Welt mit Wahrheit.
Der Liebe Segen, er erwarmet
Die Seele an der Seele,
Zu wirken aller Welten Seligkeit.
Und Geistesboten, sie vermählen
Des Menschen Segenswerke
Mit Weltenzielen;
Und wenn vermählen kann die beiden
Der Mensch der sich im Menschen findet,
Erstrahlet Geisteslicht durch Seelenwärme.[73]

Der Aufbau des Rosenkreuzes als erste Stufe geistigen Bewusstseins

In der »Geheimwissenschaft im Umriss« beschreibt Rudolf Steiner die Rosenkreuzmeditation als Beispiel der inneren Versenkung. Im Gegensatz zu der Samenkornmeditation, die in »Wie erlangt man Erkenntnisse der höheren Welten?« empfohlen wird, die zu einem Versenken in die Naturreiche führen soll, geht es bei der Rosenkreuzmeditation um die Versenkung in das eigene Innere, wie auch um den Kontakt zu höheren geistigen Welten. Als das Buch 1909 veröffentlicht wurde, bestand schon eine mehrjährige Tradition innerhalb der Esoterischen Schule. In vielen esoterischen Stunden hatte Rudolf Steiner Ausführungen zum Rosenkreuz gemacht. Manche dieser Ausführungen weichen von dem grundlegenden Aufbau aus der Geheimwissenschaft etwas ab, widersprechen aber in ihrem Sinn in keiner Weise dieser Grundlage. Auch meine Erfahrung geht in die Richtung, dass im Laufe jahrelangen Umganges mit diesem Ursymbol geistiger Schulung, neue Aspekte des anfänglichen Sinnes hinzukommen. Man erfasst es in seiner Tiefe und begreift, dass es Ausdruck der gesamten planetarischen Evolution ist. Zu diesem Ursymbol gesellen sich weitere Metamorphosen, die in die Zukunft führen. Aber auch als Tor in vergangene Leben kann es dienen. Deshalb möchte ich, bevor ich die schon angeführten Wege noch einmal zusammenfassend darstelle, die Anregung geben, auch das Rosenkreuz zu einem vertrauten Gefährten auf geistigem Wege zu machen. Man kann es innerlich zum Leben erwecken, dann beginnt es zu sprechen, zu warnen, zu schützen, zu trösten.

Das schwarze tote Holz des Kreuzes steht sowohl für die leblose Materie wie auch für den verhärteten Menschenleib, der durch Begierde und Leidenschaft ungeeignet geworden ist, Geistiges in sich aufzunehmen. Die Evolution durch die Naturreiche führt zum Tod am Weltenkreuz. Die Verführung innerhalb des Astralleibes, die seit der Geschlechtertrennung vorhanden ist, trägt den Todeskeim in sich. So bedingen sich Sexualität und Tod gegenseitig, denn jegliche Begierde findet ihren Tod in der Erfüllung und das physische Leben, welches eine Vielfalt von Begierden notwendig erzeugt, endet mit Alter und Tod.

Der Schulungsweg beginnt mit einer Reinigung und Umwandlung des Begierdenleibes, der ein Teil der Seele ist und diese anfangs in hohem Grade ausfüllt. Durch diese Umwandlung werden auch die todbringenden Kräfte allmählich überwunden, was in fernerer Zukunft in einigen Jahrtausenden (ca. 7 000 Jahre) zu einer Vergeistigung der Physis für den fortschrittlichen Teil der Menschheit führt. Die erblühenden roten Rosen am schwarzen, toten Holze, symbolisieren diese Alchimie des Menschen.

Der Aufbau des Rosenkreuzes beginnt mit der inneren Betrachtung der wachsenden Pflanze, die noch von keiner Begierde weiß, sich hingebungsvoll Erde und Kosmos weiht. Über die Stufe des Tieres, die Rudolf Steiner in der Geheimwissenschaft auslässt, ziehen in den Menschen Begierden und Leidenschaften ein, die ihn regelrecht umstülpen, ihn zur umgekehrten Pflanze machen. Er erblüht nicht mehr wie die Pflanze zum Kosmos hin, sondern wendet seine Fortpflanzungsorgane dem Erdmittelpunkt zu. Er ist mit seiner Leidenschaft auch an gewisse Kräfte des Erdinneren gebunden. Die Emanzipation von diesen Kräften bewirkt Läuterung und Durchgeistigung der verdorbenen Materie. Sie kann jetzt wieder reines Leben in symbolischer Gestalt der roten Rosen hervorbringen.

Wenn man lange und intensiv diese Meditation macht, verwandelt sich das schwarze Kreuz zur hellen Leuchtekraft und bringt neue Symbole hervor, die sehr individuell sein können. Die weisen einen Weg, der in geistige Welten oder auch in eine frühere Inkarnation führen kann.

Die Karmaübungen Rudolf Steiners im Verhältnis zu der von mir praktizierten Methode

Oft bekomme ich den Einwand zu hören, was ich praktiziere, ginge nicht über das Denken oder strenge den Willen nicht genügend an. Diese Einwände kommen in der Regel von Menschen, die sich gar nicht oder nur flüchtig mit meiner Methode vertraut gemacht haben und die von Rudolf Steiner nur die Übung aus den Karmabänden kennen. Dieser Einwand ist völlig unzutreffend und ist Folge einer zu geringen Kenntnis der tatsächlichen Vorgänge innerhalb der Wesensglieder einerseits und der mannigfaltigen Aussagen Rudolf Steiners andererseits.

Die bekannte Karmaübung ist ein spezieller Ansatz in bestimmten Situationen und wenig geeignet, das gesamte Karma zu erkennen. Aber Ausschnitte dramatischer Erlebnisse in einzelnen Leben mit karmisch zusammenhängenden Menschen können auf diese Weise bewusst werden.

Das ist allerdings oftmals erster Anlass, zum Beispiel nach einem Konflikt oder Unfall oder dergleichen, die Frage nach dem Karma überhaupt zu stellen. Und da setzt Rudolf Steiner ganz lebenspraktisch an, als er 1924 nach der Neugründung der Gesellschaft auch den Karmaimpuls, nun zum drittenmal, anregen möchte. Diese Übung ist als Anfangsübung aus konkretem Anlass gegeben. Ich bin davon überzeugt, dass Rudolf Steiner, hätte er länger gelebt und hätten seine damaligen Anhänger wirklich in der Richtung geübt, weitere Wege der Karmaschau entwickelt hätte, die dann tiefer und umfassender ins Einzelkarma hineingeführt hätten. Er hätte sie vielleicht ganz konkret mit einzelnen Schülern entwickelt, wie er es mit nahestehenden Schülern schon begonnen hatte.

Die genannte Übung aus einer gegebenen Situation heraus ist auf jeden Fall immer brauchbar und hilft auch mir ergänzend in solchen Fällen. Es ist hier kein Entweder-Oder, sondern ein Sowohl-als-auch. Ein einzelnes Leben, welches für eine Individualität wesentlich zu erkennen ist, muss mit einer aktuellen Konfliktsituation gar nichts zu tun haben und umgekehrt kann eine Konfliktsituation die Ursache in einer für die Gesamtinkarnationsreihe unwesentlichen Ausruhinkarnation haben. Diese Karmaübung ist für Teilerkenntnisse gut geeignet und kann als Ausgangslage für eine vertieftere, weitere Karmaforschung dienen.

Um in zusammenhängende Lebensereignisse zu gelangen und deren sinnvolle Zusammenhänge mit mehreren anderen Leben zu erkennen, ist die Trainierung der Ausdehnung des Äther- oder Zeitenleibes in die Vergangenheit (Akasha-Chronik) unerlässlich,[74] und dazu dient die von mir praktizierte Vorgehensweise. Sie ist ganz in Anlehnung an den Aufbau der anthroposophischen Meditation gehalten:

- Gedankliche Vertiefung
- Gefühlsmäßige Erwärmung
- Willentliche Ergreifung des imaginativen Bildaufbaues

- Herstellung der Gedankenleere unter starker Konzentration
- Hereinwirken symbolischer Bilder
- Hereinwirken lebendiger geistiger oder karmischer Zusammenhänge
- Inspirative und intuitive Erkenntnis dieser Zusammenhänge, die meistens Ergebnis einer längeren Arbeitsepoche ist.

Alle Übungen zur Imagination und zur Erlangung karmischen Bewusstseins im Überblick

Es soll hier ein allgemein möglicher Aufbau der meditativen Imaginationsübungen gegeben werden. Dabei ist für den Übenden zu berücksichtigen, dass die individuellen Veranlagungen auch individuelle Abweichungen nötig machen können.

Aufbau des Lichtraumes und Kontakt mit dem Engel und dem höheren Selbst

Als einleitende Meditation eignen sich besonders gut die beiden Mantren: »Des Lichtes webend Wesen...«. Wenn sie innig meditiert werden, wirken sie magisch auf das Chakrasystem und erwecken karmaschauende Kräfte.

Der entstehende geistige Lichtraum wird noch einmal bewusst befestigt, indem man sich darauf konzentriert. Man schaut geistig nach oben und erkennt einen Lichtkanal, in dem der Engel sichtbar werden kann. Zumeist gelingt es am Anfang nicht gleich, den Engel zu sehen.

Es genügt dann, ihn in seinem Bewusstsein anzusprechen und um seine Anwesenheit zu wissen. Diese Gewissheit, dass der Engel als geistige Realität da ist und helfen will, ist die wahre Glaubenskraft.

Der Glaube ist eine magische Kraft und kein Fürwahrhalten wie oft angenommen wird. Er kann Berge versetzen, nämlich in der ätherischen Welt und im Geistigen. Von dort aus kann er auch seine Wirksamkeiten bis ins Physische hinein ausdehnen und Wunder wirken. Diese Wunder heben nicht die Naturgesetze auf, sondern schöpfen sie voll aus. Dem hohen Eingeweihten ist es möglich, in der Verbindung mit Christus mit den ätherischen Elementarwesen im Einklang zu wirken.

Die hier gemeinte Meditation ist ein erster, ganz bescheidener Beginn zu solcher zukünftigen Wirksamkeit. Die Entstehung des inneren Lichtraumes ist die erste geistige Kraftwirkung, die sich vielleicht erst nach vielen Versuchen in Erscheinung bringt. Dieser Lichtraum wird mit einer dunkelblau-violetten Schutzhülle umgeben, die vor störenden Einflüssen aus der menschlichen und geistigen Welt abschirmt. Niemand darf ungebeten diesen Schutzraum betreten. Dadurch ist gewährleistet, dass die Engel und das höhere Selbst des Menschen die geistigen Eindrücke hereinschicken.

Nach der Bitte an den Engel erfolgt die Bitte an das eigene höhere Selbst, den geistigen, reinen Wesenskern, der immer in der geistigen Welt lebt, der immer mit Christus verbunden ist, auch wenn wir selber davon kein Bewusstsein haben. Ein geistiges Band bildet die Brücke zum höheren Selbst. Dieses Band gilt es zu verstärken und zum geistigen Verbindungskanal umzuwandeln. Dann hat das höhere Selbst die Möglichkeit, sein Wissen, nämlich die gesamte Inkarnationsreihe mit allen Zuständen zwischen den Leben, uns in sinnvollen Schritten zu eröffnen.

Wenn der Lichtraum in einem stabilen Zustand ist, was nicht gleich beim ersten Mal gelingen muss, kann man mit wachem, konzentrierten Bewusstsein abwarten, ob erste imaginative Eindrücke auftreten. Imaginationen sind zu Beginn sehr flüchtige Erscheinungen, die kurz aufleuchten und schon wieder verschwunden sind, ehe man sich ihrer ganz bewusst geworden ist. Diese Schwierigkeit ist schon beschrieben worden. Man muss mitunter sehr lange üben, ehe diese Wahrnehmungsform bewusstseinsmäßig genutzt werden kann.

Es kann auch geschehen, dass der Lichtraum da ist, die Konzentration aber nachlässt, weil keine Imaginationen wahrgenommen werden. In dem Fall kann man eine weitere Einstiegshilfe aufbauen. Dazu ist der schon beschriebene Turm oder auch der Sakralbau gut geeignet.

Turmimagination

Innerhalb des Lichtraumes stelle man sich einen beliebigen Turm oder Tempel/

Kirche vor. Auch wenn man glaubt, es sei eine willkürliche, subjektive Konstruktion, wird man sehr bald feststellen, dass man relativ geringen Einfluss auf seine Schöpfung hat. Erscheint ein luftiges Gebilde als Aussichtsturm muss man erst einmal damit leben und versuchen ihn zu besteigen.

Vielleicht hat man oben eine gute Aussicht und die Landschaft bietet Möglichkeiten, etwas zu erfahren. Man kann dann versuchen wieder herabzusteigen und einen Weg zu suchen. Dabei ist sehr darauf zu achten, ob Gegenstände oder Gestalten auftauchen. Sie selber und ihr Verhalten müssen genau betrachtet werden. Sie sind Spiegelbilder der momentanen oder tieferen Probleme, die man hat.

Ist der Turm stabil und solide gebaut, kann man nachschauen, ob ein Eingang da ist, eine Tür, die man öffnen kann, ob sich eine Treppe findet, die man besteigen kann. Alle Widerstände, die sich auftun, hängen mit momentanen oder generellen Schwierigkeiten zusammen, an deren Überwindung man arbeiten muss.

Kann die Treppe ohne Schwierigkeiten erklommen werden, ist es immer erfreulich, wenn oben auch eine Tür erscheint, die man öffnen kann. Wenn ein Raum betreten werden kann, ist wiederum alles genau anzuschauen: gibt es Fenster, gibt es Möbel oder andere Gegenstände, vielleicht eine Truhe, die geöffnet werden kann? Jedes Teil, was erscheint, hat eine symbolische Bedeutung und muss genau registriert werden, um es später deuten zu können.

Wenn eine Gestalt auftritt, wird es besonders spannend. Sie könnte einen Aspekt des Doppelgängers verkörpern. Es gibt allerdings für alle Erscheinungen mehrere Deutungsmöglichkeiten. Deshalb ist es gut, sich gerade anfangs erst einmal damit zu begnügen alles sorgfältig zu registrieren, um nach einem längeren Prozess mit etlichen Sitzungen dieser Art zu einem Urteil zu kommen.

Vielfältige Erscheinungsformen sind möglich, die hier nicht alle angeführt werden können.

Wichtig ist es, alle Erscheinungen, auch wenn es liebe Menschen sind, zum Beispiel die eigenen Kinder, Eltern oder Partner, den Engeln zur Transformation zu übergeben. Nicht nur problematische Beziehungen, auch zu abhängigkeitsbezogene Verbindungen behindern die Entwicklung aller Beteiligten und müssen zum Positiven verwandelt werden. Mit der Bitte um Transformation schickt man alles Erschienene in den Lichtkanal, der den Geistraum mit der Engelwelt verbindet. Auch dieser Prozess verläuft nicht immer gleichmäßig; manchmal muss man richtig schwer mitarbeiten, weil manche Wesen sich nicht lösen wollen. Gerade dann ist es notwendig, dass man durchhält.

Solche Reinigungsimaginationen kann man mehrmals vornehmen, eigentlich immer, wenn man denkt, dass sich störende Anteile angesammelt haben. Das kann nach Konflikten, nach unangenehmen Erlebnissen günstig wirken. Aber auch, um an tiefere Schichten der Vergangenheit heranzukommen.

Übung, um eine frühere Inkarnation zu erkennen

Das Mantram, der Aufbau des Lichtraumes, die Verbindung mit den höheren Welten geht allen Übungen voran.

Man kann jetzt mit der Bitte, wichtige Ereignisse einer früheren Inkarnation zu erfahren, wieder den Turm als Einstiegshilfe nehmen oder eine andere Variante.

Sehr hat sich die Vorstellung einer Höhle bewährt. Man versetzt sich willentlich und gefühlsmäßig in eine angenehme, warme Höhle mit der Empfindung, dort geruht zu haben.

Es ist dunkel oder dämmerig. Man weiß, die Höhle befindet sich in dem Land, in dem man damals geboren wurde. Aus dem Zustand der Ruhe erhebt man sich, tastet den Höhlenboden mit den Füßen, die Wände mit den Händen ab. Wenn man etwas Orientierung gefunden hat, sucht man einen Gang, der nach draußen führt, meist leicht bergan. Man muss richtig mit *seinem Ätherleib gehen*, die Beine bewegen, den Felsen fühlen. Nach einer Weile schimmert das Licht des Höhlenausganges, den man dann kurz darauf erreichen kann. Nun ist es wichtig hinauszutreten und sich in der Landschaft zu orientieren. Es kann sein, dass das Tageslicht so hell ist, dass man erst nichts wahrnehmen kann oder dass Nebel über der Gegend liegt. In diesem Falle bittet man den Engel, bei der Klärung der Sicht behilflich zu sein. Gelingt die Wahrnehmung, kann man versuchen, weiterzuschreiten und sich an dem Ort zu orientieren. Wenn man Mut und Kraft genug hat, kann man an die wesentlichen Ereignisse durch die geistigen Helferwesen herangeführt werden.

Es sind oftmals die traumatischen Inkarnationen, die zuerst aufsteigen und da liegt auch das wesentliche Problem: Am Anfang fehlt meist der Mut und die Erfahrung durchzuhalten und nicht davor zurückzuschrecken. Man muss in die schrecklichen Erlebnisse noch einmal eintauchen, um sie lösen zu können. Es muss dies nicht immer das letzte Leben gewesen sein.

Es kann manchmal sogar schon sehr lange zurückliegen und trotzdem noch belastend für die Gegenwart wirken.

Im Laufe von vielen Sitzungen wird man in sehr weisheitsvoller Weise von dem Engel und dem höheren Selbst an viele Leben und ihre sinnvollen Bezüge untereinander herangeführt. Zumeist findet ein Wechsel schrecklicher und erhabener Erlebnisse statt, so dass man nie gänzlich niedergeschmettert wird. Am schwersten sind die eigenen Untaten zu ertragen. Sie anzuschauen kann vorübergehend depressive Verstimmungen hervorrufen. Es muss aber gerade die Frage nach dem eigenen Vergehen Triebfeder aller Karmaforschung sein, um seinen eigenen Doppelgänger und die mit ihm verbundenen Dämonen zu befreien.

Lautet die Frage nur: Bin ich diese oder jene geschichtliche Größe gewesen, sollte man die Arbeit am Karma noch etwas zurückstellen.

Tauchen aber doch wider Erwarten Zusammenhänge auf, die einen geschichtlichen Bezug erahnen lassen, muss man sehr sorgfältig alles prüfen, ehe man sich mit einer bestimmten historischen Person identifiziert.

Falls Daten, vor allen Dingen Sterbedaten der gemeinten Person vorliegen, kann man diese durch ein von anthroposophischen Astrologen entwickeltes, neues astrologisches System von einem dazu befähigten Astrologen überprüfen lassen. Das gesamte Karma ist im Geburtshoroskop abgebildet und kann für einen mit diesem Wissen und Können vertrauten Astrologen gefunden werden. Wenn keine Daten vorhanden sind, stößt diese Methode an Grenzen. Doch ist zu hoffen, dass die Forschung so weit fortschreitet, dass auch ohne genaue Daten karmische Tendenzen aus dem Horoskop abzulesen sind.[75]

Den Abschluss jeder Karmaschau bildet wieder eine sorgfältige Transformation. Aber auch schon während einer Sitzung kann, wenn Stockungen eintreten, man nicht weiter weiß, eine Zwischentransformation erfolgen.

Übung zum Erkennen des Doppelgängers

Nach dem nun schon gewohnten, zum Ritual gewordenen Aufbau, kann man mit der Bitte um Doppelgängererkenntnis, den Turm oder auch Tempel oder Kirche wählen. Es ist auch gut, den Engel um Begleitung zu bitten, da man in diesem Falle oftmals die Tiefen betritt. Es kann sein, dass man erst einmal an eine Tür geführt wird die man öffnen muss. Dazu gehört Mut, denn man weiß, es könnte ein Furcht erregendes Wesen dahinter lauern und dieses Wesen spiegelt einen Anteil des eigenen Seelenwesens, das man im Alltagsbewusstsein nur allzu gerne verdrängt. Egal wie diese Gestalt auch aussehen mag, es ist gut, sie anzusprechen, mit ihr in ein Gespräch zu kommen. Sie wird sich vielleicht im Verlaufe dieses Gespräches ändern, auch ihre freundlichen oder leiderfahrenen Seiten zeigen. Man kann das Maß der unerlösten Anteile, seine Einseitigkeiten, die Mischung zwischen Gut und Böse erahnen. Wenn man die Frage an den Doppelgänger stellt, welche Schritte zu unternehmen sind, um ihn, das heißt uns selbst, aus dieser misslichen Lage zu befreien, zeigt er Wege oder gibt symbolische Zeichen, gelegentlich kann man auch Worte oder ganze Sätze vernehmen, aus denen man Lösungsmöglichkeiten ablesen kann.

In manchen Fällen wird man von da aus auch direkt an den Ursprungsort des Übels gebracht, entweder im momentanen Leben oder in einer vergangenen Inkarnation.

Eine mögliche Variante ist der Weg in die Tiefe, wenn der Engel das für möglich oder nötig hält. In Begleitung des Engels steigt man eine Treppe oder einen Gang hinunter. Auch dabei gilt es zu beobachten, wie die Orte die man betritt beschaffen sind, da diese Beschaffenheit Aufschluss gibt über die eigene Beziehung zu den Orten und Wesen, denen man begegnet.

Am Anfang sollte man aber doch vorsichtig sein, zu tief hinunterzusteigen, die höllischen Gegenden erfordern sehr viel Erfahrung und Seelenstärke und können auch Gefahren in sich bergen.

Alle die beschriebenen Aktionen sind imaginativ-inspirative Schauungen im ausgedehnten Äther- und Astralleib. Auch in diesem veränderten Bewusstseinszustand bleibt das Wachbebewusstsein voll erhalten, der Körper ist noch wahrnehmbar, wenn auch herabgedämpft oder verändert. Insofern braucht man keine Bedenken zu haben, nicht mehr zurückkommen zu können. Bei Zuständen in denen das Körperbewusstsein ganz erlischt, können stärkere Angstempfindungen auftreten, ob die Gefahren größer sind, ist aber nicht sicher. Die Anschauungen sind da unterschiedlich.

Der eigene Wohnort im Geistigen

Nach den ersten Orientierungen im Geisterland, wird die schon beschriebene Unternehmung notwendig, eine eigene Behausung zu bauen. Wie wir im Physischen eine Wohnstatt brauchen, müssen wir uns auch im Geistigen einen vertrauten Ort einrichten. Zu Beginn wird es ein kleiner Bau sein, der einige Male umgebaut werden wird. Er ist der getreue Spiegel unserer geistigen Entwicklung und insofern auch um- und ausbaufähig. Die geistige Welt ist weich und bildsam und in ständiger Bewegung. Trotzdem erhalten solche Bauten eine gewisse Stabilität. Sie sind so stabil wie unser geistiges Innenleben.

Auch hierbei ist der Engel unser bester und treuester Ratgeber und Helfer. Im Laufe der Entwicklung treten andere geistige Helfer hinzu, weitere Engel, noch höhere Wesen

Und es kommt der Moment, wo der große Hüter der Schwelle in der Gestalt des Michael als Antlitz Christi erscheint und die weiteren Wege aufzeigt.

Die einzelnen Schritte in diesen Prozessen sind ganz individuell und können hier nur angedeutet werden.

Es ist gut, diesen neuen Wohnort als Ausgangspunkt für alle weiteren geistigen Unternehmungen zu wählen, in die Höhen und in die Tiefen wie auch in frühere Leben.

Die Engelwelt zeigt die Wege, die beschritten werden können. Das können Brücken oder Treppen sein oder mannigfache andere Varianten, die an die verschiedenen geistigen Orte führen. Auch der Gebrauch der *Seelenflügel* wird gelernt, wenn weite Geisträume überquert werden müssen.

Begegnungen mit Luzifer und Ahriman

Wann diese ständigen Gesellen unserer Entwicklung erstmalig sichtbar in Erscheinung treten, ist individuell ganz unterschiedlich. Es kann gleich zu Beginn der ersten Imagination ein Hereinwirken dämonischer Wesen stattfinden. Das tritt zumeist bei Menschen auf, die schon stark an ihrer Selbsterkenntnis gearbeitet haben und die erforderliche Reife erlangt haben, so etwas auszuhalten. Doch sollte im Verlaufe etlicher Sitzungen mit dieser Auseinandersetzung in jedem Falle begonnen werden, wenn sich diese Wesen nicht von selber zu Worte melden.

Bei dem ungebetenen Hereinwirken handelt es sich in der Regel um konkrete karmische Hintergründe, durch die diese Wesen Zutritt erlangt haben. Dem muss man in der Folge auf die Spur gehen.

Bei dem vorsätzlichen, gezielten Kontakt zu diesen Wesen, ist ein besonderer geistiger Schutz durch den Engel und spezielle Schutzsymbole oder -meditationen wichtig. Es ist in diesem Zusammenhange das Rosenkreuz und der Merkurstab, so wie Rudolf Steiner diese Symbole gegeben hat, sehr hilfreich.[76]

Wie man zu persönlichen Schutzsymbolen kommen kann, soll im Anschluss beschrieben werden. Bei diesen Begegnungen kann man Fragen stellen. Man erhält meistens auch Antworten. Die Widersacher verführen uns zu Lüge und Irrtum, dürfen aber selber nicht lügen, vor allem nicht, wenn man sie nach ihrer Identität fragt. Ihre Antworten stellen aber immer eine einseitige Sicht der Dinge dar, die ihre Interessen berücksichtigen.

Es ist wichtig, sie bewusst wieder zu verlassen oder entlassen und selber geistiges Licht durch die Chakren auszustrahlen. Diese Strahlung ist ihnen auf Dauer unangenehm, sie werden weichen.

Die luziferischen Wesen wirken schön und verführerisch, auch leidenschaftlich zum Warmen, Schwülen hin. Die ahrimanischen sind kalt, hart, erschreckend hässlich, bindend und zwingend. Eine Eigenschaft aller Widersacher ist, dass sie zwanghaft wirken und aggressiv. Darin unterscheiden sie sich von den guten Wesen, die niemals bedrängen oder unsere Freiheit beeinträchtigen wollen. Jede ichhafte Entscheidung, die wir treffen, ist im Sinne der fortschreitenden Mächte eine richtige Entscheidung. Die Widersacher halten uns in Angst und Unselbstständigkeit.

Übung zur Erlangung eines persönlichen Schutzsymboles

Das ist eine Übung, die man vor allen anderen machen kann oder in dem Moment, wo die innere Notwendigkeit auftritt.

Man stelle sich hierzu vorstellungsmäßig an einen Berghang mit dem Bewusstsein, dass man hinuntergehen möchte und von unten auf der anderen Seite wieder einen Berg besteigen möchte. Die Bitte an die geistige Welt geht voran, beim Erreichen des Gipfels dieses gewünschte Symbol sehen zu dürfen. Wichtig ist, wie bei all diesen Aktionen, die *Bewegung der geistig-ätherischen Beine*. Diese Anstrengung verhilft zu dem gewünschten Erfolg und der erste Gegenstand, der auf dem Gipfel entgegenleuchtet, ist das persönliche Schutzsymbol.

Eine andere Variante ist, dass man sich auf dem Berg einen Tempel vorstellt, in welchem ein weiser Lehrer oder Priester uns dieses Symbol übergibt.

Über die Autorin

Durch die Kriegsereignisse wurde Heide Oehms 1942 nicht am Heimatort der Eltern im Ruhrgebiet, sondern im Harz geboren. Ein Lazarettaufenthalt und anschließender Genesungsurlaub des Vaters ermöglichte diesem, sein angestrebtes Kunststudium in Weimar zu beginnen, er musste aber bald wieder an die Front nach Russland. Die Familie lebte im Umkreis der Kunststudenten und ihrem Professor und war in deren Gemeinschaft aufgenommen. Nach abenteuerlicher Flucht 1945 konnte der Vater die Ausbildung fortsetzen, musste aber gleichzeitig in dieser entbehrungsreichen Zeit Ideen entwickeln, um das Überleben der Familie zu sichern. Das gelang ihm durch die Herstellung von Schuhen und Ledertaschen.

Es war die Kunst der Malerei und die Überlebenskunst, aber auch die Natureindrücke der Weimarer Umgebung, die die frühe Kindheit prägten.

1947 wurde der Vater in die Uranbergwerke abkommandiert. Noch in der gleichen Nacht entschloss er sich zur Flucht ins Ruhrgebiet zu seinen Verwandten. Die Familie folgte vierzehn Tage später nach. Das Leben als freischaffender Künstler war mühsam, aber er konnte an Impulse der Vorkriegszeit anknüpfen. Freunde aus der Wandervogelbewegung trafen wieder zusammen und begannen mit Volkstanzgruppen und Jugendarbeit. Das wirkte sehr stark in das Familienleben hinein, und in die Zeit fiel auch eine erste Begegnung mit Anthroposophen und dem anthroposophischen Gedankengut.

1955 zog die Familie in die Eifel und die Eltern übernahmen eine größere Jugendherberge. Für Heide Oehms stellte sich in den nächsten Jahren heraus, dass ihre schwache Konstitution nicht ausreichte, die tägliche Strapaze der Zugfahrt zum Gymnasium durchzuhalten. Sie lernte damals durch das Musizieren ihren Mann kennen und entschloss sich, eine künstlerische Ausbildung an der Werkkunstschule in Trier zu beginnen. Es folgten die Heirat und die Geburt der vier Kinder.

Das ab dem vierzehnten Lebensjahr latent bestehende Interesse für religiöse und philosophische Fragen wurde drängender und entwickelte sich zur treibenden Grundkraft des Lebens. Neben der immer umfangreicher werdenden Haus- und Familienarbeit lief beinahe unbemerkt die Auseinandersetzung mit theologischen, philosophischen und psychologischen Weltanschauungsfragen einher.

Im persönlichen Umkreis bestanden allerdings nur wenig Möglichkeiten des Austausches.

Die innere Lebensführung gab dem Ehepaar Oehms den Impuls, den vom Schwiegervater ererbten Schreinereibetrieb aufzugeben und ganz neue Wege zu suchen. 1970 fanden sie eine Anstellung in einer anthroposophischen sozialpädagogischen Einrichtung, in welcher Paul Oehms seine Fähigkeiten in der Lehrlingsausbildung weiter erproben und entwickeln konnte, und Heide Oehms nahm zu ihren eigenen vier Kindern weitere acht Pflegekinder auf.

Es war für beide Ehepartner eine Zeit intensiven Lernens und Bewährens. Langsam wurde nun auch Anthroposophie tief vertraut. Das gab wiederum den Wunsch zu einer noch stärkeren Verbindung und Erfahrung mit anthroposophischen Tätigkeitsbereichen.

1973 fand Paul Oehms die Möglichkeit, an Waldorfschulen in Stuttgart und Engelberg die Tätigkeit als Werklehrer zu erüben, um dann ab 1974 an der Waldorfschule Krefeld sein endgültiges Aufgabenfeld zu finden.

Heide Oehms war mit der Tätigkeit innerhalb der Familie noch so ausgefüllt, dass sie keine äußere Berufstätigkeit anstrebte. Das gab ihr den Freiraum eines intensiven Studiums anthroposophischer Inhalte. Gleichzeitig begann sie wieder, die künstlerischen Tätigkeiten neu zu ergreifen. Durch private Studien und Kurse konnte sie solche Fertigkeiten erwerben, die ihr die Möglichkeit gaben, im Malunterricht der Oberstufe der Waldorfschule ab 1978 zuerst hospitierend, dann selbstständig unterrichtend, mitzuarbeiten.

Als die Kinder zu einer gewissen Selbstständigkeit herangewachsen waren, ergriff sie die Gelegenheit, an der Alanus-Hochschule für bildende und musische Künste in Alfter Malerei zu studieren und brachte 1985 die Ausbildung zum Abschluss.

Ab 1986 erfolgte eine freiberufliche Tätigkeit als Kursleiterin in Malerei und Einführung in die Anthroposophie. Der Schulungsweg, der immer schon als lebensnotwendig empfunden wurde, rückte noch stärker in den Mittelpunkt aller Tätigkeiten. Ab 1991 konnten die bisher sporadisch aufgetretenen geistigen Erfahrungen regelmäßig hervorgerufen werden. Es hat sich ihr besonders die Karmaforschung und Karmabegleitung zur Lebensaufgabe entwickelt.

Erste Veröffentlichungen wurden im »Jahrbuch für anthroposophische Kritik« im trithemiusverlag, München 1995, 1996, 1997 und 1998 möglich. Künstlerische Entwürfe wurden 1997 und 1998 für die Einbandgestaltung von Büchern vom Verlag Urachhaus verwendet.

Seit 1996 lebt sie freiberuflich tätig bei Trier.

Anmerkungen

1 »Das Ereignis der Christuserscheinung in der ätherischen Welt« (GA 118), »Vorstufen zum Mysterium von Golgatha« (GA 152) und viele weitere Vortragszyklen. (Die GA-Angaben beziehen sich immer auf die Gesamtausgabe der Werke Rudolf Steiners).

2 »Wie erlangt man Erkenntnisse der höheren Welten?« (GA 10), »Die Geheimwissenschaft im Umriss« (GA 13), »Die Stufen der höheren Erkenntnis« (GA 12), »Anweisungen für eine esoterische Schulung« (GA 245) und viele weitere Schriften und Vorträge zum Schulungsweg. Meine Arbeiten im »Jahrbuch für anthroposophische Kritik« 1995/96/97/98 beschreiben die speziellen Erfahrungen und Gesichtspunkte, die sich mir ergeben haben.

3 Dazu kann meine Arbeit im »Jahrbuch für anthroposophische Kritik« 1998: »Schöpferische Phantasie, Imagination und Vision. Ein Beitrag zum Verständnis der Geistesschulung« einige Anregungen und Verständnisgrundlagen bieten.

4 »Die Philosophie der Freiheit« (GA 4).

5 In den Vortragszyklen »Kunst und Kunsterkenntnis« (GA 271) und »Das Künstlerische in seiner Weltmission« (GA 276) beschreibt Rudolf Steiner sehr differenziert diese Zusammenhänge zwischen Wesensgliedern, Seelenfähigkeiten und den Künsten, die weit über meine schematische Darstellung, die nur zur Anregung dienen sollen, hinausgehen.

6 Rudolf Steiners Schriften zu Nietzsche, Haeckel und Darwin.

7 »Wiederverkörperung und Karma«. Fünf Vorträge, gehalten 1912 (GA 135).

8 »Esoterische Betrachtungen karmischer Zusammenhänge«, Band 2, Siebzehn Vorträge, gehalten 1924 (GA 236).

9 »Esoterische Betrachtungen karmischer Zusammenhänge« Band 5 (GA 239), Vortrag vom 13.6.1924.

10 Rudolf Steiner, »Makrokosmos und Mikrokosmos« (GA 119), Vortrag vom 25.3.1910.

11 Rudolf Steiner, »Vorstufen zum Mysterium von Golgatha« (GA 152), Vortrag London 1. 5. 1913

12 Chet B. Snow, »Zukunftsvisionen der Menschheit«, München 1991. Ein weiteres interessantes Buch ist: Joel L. Whitton, Joe Fischer, »Das Leben zwischen den Leben«, München 1989.

13 »Das Matthäus-Evangelium« (GA 123), Vortrag vom 11.9.1910

14 Es gibt mittlerweile eine Fülle esoterischer Literatur, die allerdings so verwirrend ist, dass die Gefahr besteht, dass man sich verzettelt oder ganz die Orientierung verliert. Trotzdem ist es wichtig, vergleichende Studien zu betreiben, um entweder den fundamentalen Unterschied zu Rudolf Steiners Werk zu erkennen oder in manchen Werken auch die Entdeckung machen zu können, dass Übereinstimmungen bestehen. Die Sicherheit im Urteil wächst durch eine solche Auseinandersetzung. Die aktuelle Bewusstseins- und Hirnforschung sollte nicht spurlos an uns vorübergehen. Die Tatsache übersinnlicher Bewusstseinszustände kann heute schon experimentell nachgewiesen werden.

15 Dionysius Areopagita hat als erster diese Hierarchienlehre deutlich beschrieben. Siehe dazu: Dionysius Areopagita, »Über die mystische Theologie«, Übersetzung und Kommentar von Wilhelm Maas, Herausgegeben von der Freien Hochschule der Christengemeinschaft, Stuttgart 1998.

16 Im letzten Teil des Buches werden weitere Ausführungen zu den Chakren folgen.

17 Im Anhang werden dazu Hinweise und Texte angegeben.

18 Rudolf Steiner, »Individuelle Geistwesen und ihr Wirken in der Seele des Menschen« (GA 178), Vortrag vom 16.11.1917.

19 Ausführungen darüber bei C.G. Harrison, »Das transzendente Weltall«, Nachdruck Stuttgart 1990
Rudolf Steiner in GA 93a, Vortrag vom 9.10.1905 sowie vom 16. und 17.10.1905 in: »Die okkulte Bewegung im neunzehnten Jahrhundert und ihre Beziehung zur Weltkultur« (GA 254), Vorträge vom 17. und 18.10.1915.

20 Rudolf Steiner, »Wie erlangt man Erkenntnisse der höheren Welten« (GA 10), Kapitel: »Der Hüter der Schwelle«.

21 »Die Geheimwissenschaft im Umriss« (GA 13), Dornach 1989, S. 309-314. Auch in den Bänden zur Esoterischen Schule findet man weitere Hinweise. Ebenso in meinen Ausführungen dazu im »Jahrbuch für anthroposophische Kritik 1997«.

22 Rudolf Steiner empfiehlt, sich als Gegenmittel zu Konzentrationsstörun-

gen den Merkurstab hell leuchtend gelb vorzustellen, darum die zwei Schlangen gewunden, die schwarze und die weiße als Sinnbild für Tag und Nacht oder irdisches Leben und Leben nach dem Tode (GA 101, 28.12.1907 und GA 266/1, diverse Stellen, siehe auch Anm. 28)

23 Hierzu Rudolf Steiners Schulungswerk »Wie erlangt man Erkenntnisse der höheren Welten« (GA 10), sowie weitere Schriften und Vorträge.

24 Meine Arbeit im »Jahrbuch für anthroposophische Kritik 1998«.

25 »Welche Bedeutung hat die okkulte Entwicklung des Menschen für seine Hüllen (physischen Leib, Ätherleib, Astralleib) und sein Selbst?« (GA 145, sechster bis neunter Vortrag, März 1913.

26 Bei Rudolf Steiner, Friedel Lenz, Rudolf Geiger und anderen.

27 Bei Rudolf Steiner in den Vortragsbänden zur Esoterischen Schule; in der Kabbala, verschiedene Ausgaben; Heinrich Cornelius Agrippa von Nettesheim »Die magischen Werke«; Viktor Stracke, »Das Geistgebäude der Rosenkreuzer«, Dornach 1993; Johann Valentin Andreae, »Die chymische Hochzeit des Christian Rosenkreuz« in deutscher Übersetzung von Dr. Walter Weber mit einem Vortrag von Rudolf Steiner, Basel 1987; »Die Bruderschaft der Rosenkreuzer«, Herausgegeben von Gerhard Wehr, Diederichs Gelbe Reihe 1984.

28 Zu Hexagramm und Pentagramm: »Zur Geschichte und aus den Inhalten der ersten Abteilung der Esoterischen Schule 1904 – 1914« (GA 264), S.138 ff. Zum Tarot: »Zur Geschichte und aus den Inhalten der erkenntniskultischen Abteilung der Esoterischen Schule 1904 – 1914« (GA 265), S. 361. Zum Caducäus: »Mythen und Sagen. Okkulte Zeichen und Symbole« (GA 101), Vortrag vom 28.12.1907 und »Aus den Inhalten der esoterischen Stunden I, 1904–1909« (GA 266/1), Dornach 1995, S. 205, 431f., 441f., 449f., 453f, 458f., sowie in »Der Dornacher Bau als Wahrzeichen geschichtlichen Werdens und künstlerischer Umwandlungsimpulse« (GA 287), Vortrag vom 19.10.1914 und »Das Miterleben des Jahreslaufes in vier kosmischen Imaginationen« (GA 229), Vortrag vom 7.10.1923

29 Lukas 9, 33.

30 Von Rudolf Steiner wird dieser Vorgang in »Wie erlangt man Erkenntnisse der geistigen Welten«, Ausgabe 1982, S. 165-166 beschrieben.

31 Eine besonders aufschlussreiche Arbeit liegt von der amerikanischen Psychologin Edith Fiore vor: »Besessenheit und Heilung«, Güllesheim 1997. Sie hat dort diese Erfahrungen mit Patienten unter Hypnose gemacht und dabei tiefliegende Zusammenhänge entdeckt.

32 GA 239, Vortrag vom 14.06.1924.

33 Die biblische Geschichte von Kain und Abel scheint dem zu widersprechen, doch kommt in ihr ein geistiger, mythologischer Aspekt zum Ausdruck und berücksichtigt nicht die biologische Evolution, die aus geistigen Rückblicken erahnt werden kann. Wie weit das wissenschaftlich überprüft werden kann, muss offen bleiben.

34 Rudolf Steiner, »Die Geheimwissenschaft im Umriss« (GA 13), S. 253-269 und »Esoterische Betrachtungen karmischer Zusammenhänge« Band 3 (GA 237), Vortrag vom 8.7.1924.

35 Wer war Melchisedek? Ist er ein hoher Eingeweihter oder ein göttliches Wesen? Es ist sicher, dass er eine übergeordnete Rolle in der Menschheitsentwicklung spielt. Wesentliche heilsgeschichtliche Impulse gehen von ihm aus. Oft wirkt er aus dem Hintergrund, lenkt die Geschicke einzelner Menschen und Menschengruppen, bereitet sie für karmische Zukunftsaufgaben vor. Im Vortragszyklus »Das Matthäus-Evangelium« (GA 123), beschreibt Rudolf Steiner diese geheimnisvolle Wesenheit und sagt, Melchisedek führe ein »ewiges Dasein«.

36 Rudolf Steiner, »Grundelemente der Esoterik« (GA 93a), 5.11.1905.

37 Rudolf Steiner, »Welche Bedeutung hat die okkulte Entwicklung des Menschen für seine Hüllen und sein Selbst« (GA 145), 26.3.1913.

38 Rudolf Steiner, »Von Seelenrätseln« (GA 21), Dornach 1960, S.142f.

39 Rudolf Steiner, »Die Geheimwissenschaft im Umriss« (GA 13), a.a.O. S. 309-314.

40 Rudolf Steiner, »Die Apokalypse des Johannes« (GA 104), 19.6.1908.

41 Paramahansa Yogananda, »Autobiographie eines Yogi«, München 1993.

42 Rudolf Steiner, »Das Prinzip der spirituellen Ökonomie im Zusammenhang mit Wiederverkörperungsfragen« (GA 109/111).

43 In dem Zyklus »Okkulte Geschichte« (GA 126) gibt Rudolf Steiner eine von diesen Aussagen abweichende Darstellung. Das ist erstaunlich, da der Zyklus GA 109/111 1909 gehalten wurde und die Vorträge in GA 126 gut eineinhalb Jahre später stattfanden. Es heißt dort (in der Ausgabe Dornach 1975 auf Seite 97): »Dann wurde er (Cusanus), wie Sie wissen, wiedergeboren, und zwar sehr bald in diesem Falle, als Nikolaus Kopernikus. Dieselbe Wesenheit, die in Nikolaus Cusanus war, wirkte weiter in Nikolaus Kopernikus.«

44 Jeremia 31, Vers 31-34.

45 Rudolf Steiner, »Die Geheimnisse der Schwelle« (GA 147), 27.8.1913.

46 Siehe Anmerkung 19.

47 Siehe hierzu Rudolf Steiner, »Aus der Akasha-Forschung. Das fünfte

Evangelium« (GA 148). Außerdem die vielen Vorträge Steiners über das Erscheinen des Christus im Ätherischen.

48 Rudolf Steiner, »Das Markus-Evangelium« (GA 139), 24.9.1912

49 Rudolf Steiner, »Das Matthäus-Evangelium« (GA 123), Vorträge vom 2. und 3.9.1910.

50 Rudolf Steiner schildert diese Zusammenhänge ausführlich in GA 182 »Der Tod als Lebenswandlung« im ersten und zweiten Vortrag (1917/18).

51 Rudolf Steiner, »Die Mission einzelner Volksseelen im Zusammenhang mit der germanisch-nordischen Mythologie« (GA 121).

52 Rudolf Steiner, »Rhythmen im Kosmos und im Menschenwesen. Wie kommt man zum Schauen der geistigen Welt?« (GA 350), Vortrag vom 25.7.1923.

53 Rudolf Steiner, »Geistige Hierarchien und ihre Widerspiegelung in der physischen Natur« (GA 110), Fragenbeantwortung vom 21.4. 1909.

54 Exodus 20; 5,6 und Deteronomium 5; 9,10.

55 Rudolf Steiner, »Geisteswissenschaftliche Menschenkunde« (GA 107), 10.11.1908.

56 Rudolf Steiner, »Soziales Verständnis aus geisteswissenschaftlicher Erkenntnis« (GA 191), 23.10.1919.

57 Paul Tholey, »Schöpferisch träumen«, Niedernhausen/Ts. 1989.

58 Rudolf Steiner, »Aus der Bilderschrift der Apokalypse« (GA 104a), Vortrag vom 15.5.1907, sowie »Die Theosophie des Rosenkreuzers« (GA 99), Vortrag vom 5.6.1907

59 Beispiele von Steiner-Texten finden sich unter anderem in GA 266/ III, S. 103.

60 Zum Studium und zur meditativen Betrachtung seien besonders empfohlen: »Das Farbenwort« von Hilde Raske, Stuttgart 1983, und »Die Goetheanum-Fenster«, Dornach 1996, Bild- und Textband. Besonders aufschlussreich sind Rudolf Steiners Entwurfs-Zeichnungen, in denen er den Formen und Bewegungen nachspürt. Es scheint nicht so eindeutig zu sein, wie die Chakren tatsächlich aussehen. Wahrscheinlich können sie verschiedene Formen annehmen, je nach Tätigkeit und Aufgabe.

60a Der eugenetische Okkultismus hat nichts mit völkischen oder rassischen Bestrebungen zu tun oder gar mit einer »Züchtung« besonderer Menschen. Er entstammt einem uralten Wissen um die geistigen Gesetze der Zeugung, welches mit Versiegen der Mysterien verloren gegangen ist. Der zukünftigen geistigen Entwicklung der Menschheit werden diese Bereiche kosmisch-menschlicher Zusammenhänge wieder zugänglich werden. (GA 182, 9.10.1918/GA 186, 1.12.1918).

61 In etlichen Zyklen Rudolf Steiners findet man Hinweise zur Fortpflanzung und Sexualität. Man muss diese Einzelaussagen allerdings innerhalb der Texte suchen: GA 147, »Die Geheimnisse der Schwelle«, Vortrag vom 5.8.1913; GA 182, »Der Tod als Lebenswandlung« Vortrag 9.10.1918; GA 178, »Was tut der Engel in unserem Astralleib?«; GA 186, »Die soziale Grundforderung unsere Zeit – In geänderter Zeitlage«, Vortrag vom 1.12.1918; GA 178, »Individuelle Geistwesen und ihr Wirken in der Seele des Menschen«, Vortrag vom 6.11.1917 und 25.11.1917; GA 173, » Kosmische und menschliche Geschichte«, Vortrag vom Vortrag 18. 12. 1917. Ein besonders interessanter Gesichtspunkt wird im Anhang von GA 93, Dornach 1979, S. 327-329, behandelt. Dieser Text stammt aus der theosophischen Überlieferung. Bedenkenswert sind in diesem Zusammenhang auch Ergebnisse aus Zukunftssitzungen, die Chet B. Snow (siehe Anm. 12) mit mehr als 2500 Versuchspersonen unter hypnotisch induzierter Trance gewonnen hat. Schon in etwa dreihundert Jahren soll nach den Beobachtungen etlicher Personen der prozentuelle Anteil von Menschen mit einer uneindeutigen Geschlechtlichkeit steigen. Solche Menschen, die heute noch unter ihrer Zwitterhaftigkeit leiden, fühlen sich demnach dann in einem glücklichen Zustand und geben sich nur noch spirituellen und kulturellen Aufgaben hin. Möglicherweise wäre das eine Zwischenstufe zur Vergeistigung der Sexualität.

62 Rudolf Steiner, »Vor dem Tore der Theosophie« (GA 95), Vortrag vom2.9.1906

63 Rudolf Steiner, »Anthroposophische Gemeinschaftsbildung« (GA 257), 27.2.1923 und 3.3.1923

64 Rudolf Steiner, »Naturbeobachtung, Mathematik, wissenschaftliches Experiment und Erkenntnisergebnisse vom Gesichtspunkte der Anthroposophie« (GA 324), Vortrag vom 22. März 1921.

65 Rudolf Steiner, »Die Sendung Michaels« (GA 194), Vortrag vom 30.11.1919.

66 Rudolf Steiner, »Anthroposophische Gemeinschaftsbildung« (GA 257), Vortrag vom 30.1.1923.

67 Rudolf Steiner hat in den frühen Vorträgen verschiedentlich diese neun Schichten des Untersinnlichen beschrieben: »Kosmogonie« (GA 94), sechzehnter Vortrag vom 12.6.1906; »Vor dem Tore der Theosophie« (GA 95), Vortrag vom 4.9.1906; » Das Christliche Mysterium« (GA 97), Vortrag vom 21.4.1906; »Geisteswissenschaftliche Menschenkunde« (GA 107), Vortrag vom 1.1.1909. Dieses geheime Wissen besaßen auch schon frühere Rosenkreuzerschulen.

68 Es ist für unsere gegenwärtige Zeit wichtig, sich eingehend mit der Wesenheit der Sophia zu befassen. Von Rudolf Steiner gibt es einige Vorträge vom 23. Bis 26.12.1920, in einem kleinen Bändchen zusammengefasst unter dem Titel »Die Suche nach der neuen Isis, der göttlichen Sophia«. Aus der nichtanthroposophischen Literatur ist empfehlenswert: Caitlin Matthews, »Sophia – Göttin der Weisheit«, Düsseldorf 1993.

69 Rudolf Steiner, »Vor dem Tore der Theosophie« (GA 95), Vortrag vom 29.8.1906.

70 Rudolf Steiner, »Mysterienwahrheiten und Weihnachtsimpulse. Alte Mythen und ihre Bedeutung« (GA 180), Vortrag vom 8.1.1918

71 In dem Zyklus »Welche Bedeutung hat die okkulte Entwicklung des Menschen für seine Hüllen und sein Selbst?« (GA 145) beschreibt Rudolf Steiner diese möglichen Veränderungen sehr ausführlich; ebenso wird in den Esoterischen Stunden Wesentliches dazu ausgeführt: »Aus den Esoterischen Stunden« (GA 266), Band 1 und 2. – Die Chakrenmeditation kann durch Verinnerlichung der Christusworte und -wunder in einer bestimmten Reihenfolge sehr wirksam vertieft werden. Das muss jedoch jeweils im individuellen Gespräch mit einem erfahrenen Lehrer erarbeitet werden.

72 Rudolf Steiner, »Anweisungen für eine esoterische Schulung« (GA 42/245), Dornach 1976, S. 80 u. 85.

73 Rudolf Steiner, »Vier Mysteriendramen« (GA 14), Dornach 1962, S. 67 und 111

74 Rudolf Steiner, »Makrokosmos und Mikrokosmos« (GA 119), Vortrag vom 25.3.1910. Hier, wie auch in anderen Vorträgen, wird der Vorgang des Hineingehens in den Ätherleib beschrieben.

75 Eine solche aus anthroposophischen Gesichtspunkten neu entwickelte Astrologie findet man bei Robert Powell in seinen Schriften: »Wege zu einer neuen Sternenweisheit«, Schaffhausen 1994, »Hermetic Astrology. Vol.1: Astrology and Reinkarnation«, Kinsau 1987, »Vol.2: Astrological Biography«, Kinsau 1989. Ein weiteres System wurde von Martin Feddersen, Dortmund, entwickelt.

76 Der Aufbau des Rosenkreuzes wird exemplarisch in »Die Geheimwissenschaft im Umriss« (GA 13), Dornach 1989, S. 309-314 dargestellt; außerdem wird in vielen esoterischen Stunden Näheres dazu ausgeführt.

Siegfried Woitinas

Zwischen Licht und Finsternis

Willensmagie, Hellsehen, Gedankenkraft
Sexualität oder Spiritualität
128 Seiten, kartoniert

Viele Menschen träumen davon, durch höhere Fähigkeiten mehr Einfluss auf ihre Umwelt, Macht über andere und eine intensivere Selbsterfahrung zu erlangen.
Siegfried Woitinas zeigt, wie sich die Menschheit im Laufe der Geschichte immer stärker von derartigen magischen Bewusstseinsformen emanzipiert hat. Heute wäre historisch die Möglichkeit gegeben, aufgrund der im Menschen vorhandenen Fähigkeiten Wege zu beschreiten, die eine Bewusstseinserweiterung in Freiheit ermöglichen. Insofern stellt die Wiederbelebung atavistischer Willens- und Sexualpraktiken grundsätzlich eine Herausforderung dar, die von größter Tragweite ist: Entscheide ich mich für einen spirituellen Lebenskurs oder gleite ich zurück in alte Evolutionsstufen?

Siegfried Woitinas

Von Leben zu Leben

Das neue Reinkarnationsgedächtnis
Leben zwischen den Leben
Erinnerungen an die Zukunft

168 Seiten, kartoniert

Viele Menschen haben heute ganz konkrete Erinnerungen an frühere Leben, die oft so eindringlich sind, dass sie zu einer tiefgreifenden Wandlung im Leben der Betroffenen führen. Siegfried Woitinas beschäftigt sich seit Jahrzehnten mit diesen Erfahrungen und hat zahllose Seminare und Vorträge darüber gehalten. Dabei bezieht er neben der Anthroposophie viele unterschiedlichen Sichtweisen und Strömungen mit ein.

Die lebendige Kursatmosphäre, die in diesem Buch erhalten werden konnte, macht es zugleich zu einer im besten Sinne voraussetzungslos leicht lesbaren Einführung in die Grundlagen der Anthroposophie.

URACHHAUS

Siegfried Woitinas

Jenseits von Zeit und Raum

Selbsterfahrung und Grenzerlebnisse
Traum, Schlaf und Tod
120 Seiten, kartoniert

Hat das Ich-Bewusstsein seine Grundlage nur im Gehirn? Wie kann das materielle Gehirn etwas nicht Körperliches wie Gedanken, Ideen oder Vorstellungen erzeugen?
Wie sind außerkörperliche Erfahrungen bei fast vollständiger Reduktion der physischen Gehirntätigkeit (z.B. in Todesnähe) erklärbar, die Höchstleistungen des menschlichen Geistes darstellen?
Daran schließen sich weitere Fragen: Ist auch das »Unbewusste«, bekanntlich die Basis von Kreativität und Intuition, im Gehirn als Funktion vorhanden? Wer ist die Instanz, die aus den unendlichen Gehirnfunktionen das auswählt, was im jeweiligen Moment den Sinn herstellt, die Verbindung zu dem, was dann als sinnvolle Handlung erfolgt? Welche Bewusstseinszu-stände gibt es und wie bestimmen sie unser Verhalten? Wie lassen sie sich erkennen und schulen?
Siegfried Woitinas zeigt, dass unser Bewusstsein, wenn es recht entwikkelt wird, das Tor zu neuen ungeahnten Dimensionen jenseits von Zeit und Raum bildet.

Ahriman – Profil einer Weltmacht

Mit Beiträgen von Rudolf Bind, Frans Carlgren, Friedhelm Dörmann, Michael Eggert, Marien Faasse, Georg Goelzer, Andreas Heertsch, Georg Kniebe, Christof Lindenau, Maarten Ploeger und Hans-Werner Schroeder

322 Seiten, kartoniert

Unsere Welt verändert sich heute in einem Maße, wie es seit dem Beginn der Neuzeit nicht mehr der Fall war. Doch was steckt eigentlich hinter der explosionsartigen Entwicklung neuer Technologien, den tiefgreifenden ethischen, gesellschaftlichen und politischen Umwälzungen, die sich heute vollziehen?

Nimmt man die Hinweise Rudolf Steiners als Leitfaden, so wird der Inspirator, die reale geistige Macht hinter den Kulissen vieler Zeitereignisse konkret benennbar. In der Anthroposophie wird sie mit dem Namen »Ahriman« bezeichnet. In diesem Buch wird versucht, den Wirkungen dieser »Weltmacht« auf einigen wichtigen Lebensgebieten nachzugehen.

Luzifer – Facetten eines Verführers

Mit Beiträgen von Ruth und Jörg Ewertowski, Ursula-Ingrid Gillert, Christopher Markus, Daniel Moreau und Martin Walker

280 Seiten, kartoniert

Schon seit dem Altertum gilt er als der große, pormetheische Versucher und Wohltäter der Menschheit, Bringer der Inspiration und Verführer zugleich. Neben dieser schillernden mythologischen Erscheinungsform gibt es aber noch höhere, geistige Wirkungen, die bis in die intimsten Winkel der menschlichen Seele reichen.

URACHHAUS

Der Krieg aller gegen alle und die Geburt einer neuen Brüderlichkeit

Mit Beiträgen von Adriaan Bekman, Markus Osterrieder, Baruch Luke Urieli und Frank Verborg

160 Seiten, kartoniert

Immer stärker scheinen sich Zerstörungskräfte auf den unterschiedlichs-ten Lebensgebieten bemerkbar zu machen. Können wir in ihnen die ersten Vorboten des »Krieges aller gegen alle« erkennen, von denen bereits Thomas Hobbes im 16. Jahrhundert sprach? Und woher nehmen wir die Kräfte, mit denen wir ihnen widerstehen können? Handelt es sich dabei um einen gesteigerten Egoismus oder um ein neues soziales Bewusstsein?

Aus dem Inhalt:

Ich und Du heute. Welche Kräfte wirken innerhalb menschlicher Gemeinschaften? / Die Zersplitterung der Sprachen / Die Zersplitterung der Völker / Die Zersplitterung der Familien und der Geschlechter / Die Zersplitterung der Intelligenz / Der Zusammenhang von Körperelektrizität und Willenskraft / Experimente des »mind control« / Das zunehmende Zerstörungspotential unseres Jahrhunderts / Die überall wirksame Gegenkraft: Brüderlichkeit und neue soziale Fähigkeiten